臺灣歷史與文化 研究輯刊

十九編

第 **17** 冊

鄭坤五及其文學研究(修訂版)(下)

林翠鳳 著

花木蘭文化事業有限公司

國家圖書館出版品預行編目資料

鄭坤五及其文學研究（修訂版）（下）／林翠鳳 著 -- 初版 --
新北市：花木蘭文化事業有限公司，2021〔民110〕
目 4+228 面；19×26 公分
（臺灣歷史與文化研究輯刊十九編；第 17 冊）
ISBN 978-986-518-465-0（精裝）
1. 鄭坤五 2. 文學評論
733.08   110000680

ISBN-978-986-518-465-0

9 789865 184650

臺灣歷史與文化研究輯刊
十九編　第十七冊　　　　　ISBN：978-986-518-465-0

鄭坤五及其文學研究（修訂版）（下）

作　　者　林翠鳳
總 編 輯　杜潔祥
副總編輯　楊嘉樂
編　　輯　許郁翎、張雅淋　美術編輯　陳逸婷
出　　版　花木蘭文化事業有限公司
發 行 人　高小娟
聯絡地址　235　新北市中和區中安街七二號十三樓
　　　　　電話：02-2923-1455／傳真：02-2923-1452
網　　址　http://www.huamulan.tw 信箱 service@huamulans.com
印　　刷　普羅文化出版廣告事業
初　　版　2021 年 3 月
全書字數　284764 字
定　　價　十九編 23 冊（精裝）台幣 60,000 元

鄭坤五及其文學研究（修訂版）（下）

林翠鳳　著

目
次

下　冊

第四章　詩歌文學研究

　　以詩歌記錄生活的鄭坤五，未及弱冠即工詩，一生詩齡超過六十年。在鄭坤五的漢詩寫作歷程中，以日本統治五十年為其生命的主要時期，也是詩歌寫作的高峰。其傳統漢詩的題材，便隨著詩人外在客觀環境的變遷、個人生活觸角的延伸，而展現出了多樣化的面貌。日治時期臺灣蓬勃發展的各地詩社，吸引著全臺有志詩人一同發聲聯吟，鄭坤五當年積極活躍於各詩會之間，作品中的擊鉢、課題詩佔有相當大的數量；又由於個人擅畫，其題畫詩因此獨出一格。而其白話詩以民歌輯評與新詩嘗試為突出，在臺灣的白話文運動及鄉土文學上具有獨特的地位。

第一節　擊鉢課題詩

一、臺灣擊鉢課題淵流

（一）擊鉢吟的實施

1. 擊鉢溯源

　　「擊鉢」初源於刻燭為詩的文人雅會，最早見於《南史‧王僧孺傳》〔註1〕記載。刻燭賽詩的活動，可以遠推至南朝時期，距今大約已有 1500 年的歷史。當時的規則僅僅只有限時一條而已，目的也很單純，就是朋友聯誼鬥捷的遊藝消遣。

〔註 1〕見《南史‧王僧孺傳》1463 頁，臺北：鼎文，1976 年。又《梁史》亦有傳。
　　　　明代張溥《漢魏百三家集》中有《王左丞集》傳世。

　　到了蕭文琰以「打銅缽立韻」，改蠟燭為銅缽，才是所謂的「擊缽」。初意當在創新玩法而已。目的則在朋友聯誼消遣之外，多了一些詩會競爭的熱鬧氣氛，是早期文人藉著詩歌恃才爭奇的一段佳話。

　　可見擊缽源於刻燭，其初始動機為「遊戲」，基本規則在於「限時」催詩。擊缽較之刻燭活潑，或許也因此，擊缽自此流傳漫衍不息，成為中國歷來各詩社的重要活動。在推陳出新以增趣味的心理下，由原來「限時」的基礎上，逐步地加上不同的規則，而成為限題、限韻、限體、限首數等可隨興要求的詩歌競技遊藝。

　　隨著時代的進步，將敲打銅缽限時，變化為焚香落銅錢，以其聲鏗然如鐘聲，而有「詩鐘」之名的出現。臺灣詩壇於光緒 11 年（1885）臺灣兵備道唐景崧到任後，倡拈題分韻，所編《詩畸》〔註2〕，總體存錄當時詩會佳作，是臺灣最早的詩鐘總集。其〈詩鐘凡例〉第一條載：

　　　　詩鐘者，仿刻燭擊缽故事，以鐘刻為限；或代以香，約二寸內外，

　　　　以一聯為一卷，隨投筒中，不拘作若干卷，限到截止，不得再投。

可見詩鐘優點在於計時較為精準客觀，當然也因此增加了競賽時的緊張與公正。其代之以香的作法，用意與效果相同。近人威子威《詩鐘小識》〔註3〕中有較為生動的描述：

　　　　曷為以鐘名？蓋詩鐘以敏捷為貴。命題時，爇香一炷，相距寸許，

　　　　墨識其處，以弱線綴金錢而懸焉。下承以銅盤，香燃及線，線斷錢

　　　　墜，鏗然作聲，如鐘鳴然，即一律撤卷。

「線斷錢墜，鏗然作聲」就是「限到截止」，分秒不差，清晰斷然。從刻燭、擊缽的消遣為尚，演變到詩鐘時，已經明顯地強化了競賽的意味。《詩畸》的〈詩鐘凡例〉中洋洋灑灑訂定了九大條的規則，其中還規定了投卷納費的數額、犯規罰錢的處理，實際呼應了〈凡例〉第七條所要求的「事雖游戲，規矩宜嚴，否則懶散，甚至爭訾。」

　　至於所謂的「課題」，初為課試作業之詩題，乃學生領題在一定時間內練習完成者。既非消遣，亦非競賽。後來乃成為詩社或詩會事先公告詩題、限韻，以方便參加者寫作的方法。特別在詩友無法聚首擊缽的情況下，這不失為一個折衷的良方。雖然等於直接截去了現場競詩娛樂的趣味，卻還是可以

〔註2〕唐景崧編《詩畸》，（北區）臺灣史蹟源流會印行，1982 年端午。
〔註3〕見張作梅《詩鐘集粹六種》第 288 頁。

達到切磋詩藝，以詩會友的基本目的。課題與擊缽最大的不同，在於擊缽為現場計時競詩，課題則可以不是現場。

2. 實施內容

擊缽詩以詩鐘為最小單位。因應擊缽吟的限時需要所製作的鐘具，臺灣地區最早應推光緒末年唐景崧所製之「斐亭詩鐘」。府城詩人謝石秋〈斐亭詩鐘歌　並序〉〔註4〕曾詳記其形製云：

> 詩鐘為灃陽唐維卿中丞手製，乃一櫝也，高尺許。內分兩函，函前題曰：「銅體嗣音」。內置鐘爐，爐焚香，繫線於鐘杵爐香之上。香爐線斷，杵放鐘鳴，則群忙交卷。蓋擊缽催詩之意也。函後曰：「錦囊同調」，內置牙籤，以便寫詩納之。

則唐景崧的詩鐘形如巾箱，以焚香繫線鐘鳴為之。

至日治時期，霧峰櫟社領袖全臺，於昭和6年（1931）成立三十週年時，曾鑄鐘三架以資紀念。其鐘銘曰：「小叩小鳴，大叩大鳴。願我多士，雅韻同賡。振聲發聵，勿墜清聲。」鐘形如罩，仿於古體。非為實用，僅作紀念而已。〔註5〕

近代文明大盛，時鐘手錶等計時器的發明，迅速地取代了以詩鐘計時的古法，更輕易而明確地達到「限時」競詩的要求。

時至今日舉行擊缽聯吟的實際程序如何？以筆者親身參與歷次聯吟詩會〔註6〕的經驗歸納，大約依以下步驟施行：

A. 司儀宣唱：聯吟大會開始。

B. 遴聘詞宗

由主辦單位或在場詩友推薦，以行公斷。每題二人制稱左右詞宗，三人制稱天地人，四人制稱春夏秋冬，五人制稱金木水火土，為避免單一評審主觀偏執故也。以年長或位尊者為首，如採合計方式，於分數

〔註4〕見賴子清編〈臺灣科甲藝文集〉，《臺北文物》8卷1期，1959年4月。

〔註5〕櫟社三十年紀念鐘今存霧峰明臺中學二樓展覽室。

〔註6〕以今年（2004）參與經驗為例，包括：彰化縣詩學研究學會舉辦臺灣省中部五縣市甲申年夏季、秋季聯吟大會（6月27日、10月17日）；嘉義麗澤吟社主辦慶祝嘉義市「諸羅建城三百年」甲申年全國詩人聯吟大會（10月3日）；中國詩人文化會主辦93年度第一次會員大會暨全國詩人聯吟大會（11月20日）；臺南縣鯤瀛詩社暨臺南縣國學會主辦甲申鯤瀛全國詩人聯吟大會（11月28日）等。

相同時，依此別之。

C.（次唱）擬題

聯吟體式由主辦單位定訂之，題目則由大會共推詞宗擬之。通常每題由二至四人協商擬定，以昭公信（非主辦單位事先準備）。

D. 拈韻

限平聲三十韻，任拈一韻，通常請女詩人當場抽韻。

E. 詞宗入闈

進入闈場預備評閱詩卷。

F. 謄稿（抄寫）

作品投稿後，再由主辦單位請專人抄寫，並核對筆跡，以免筆跡被認出，核對意在避免錯誤。謄稿完成，分編送交詞宗評閱。偶有因人手不足，未再抄寫者。近世也逐漸採用電腦打字、計分，效率頗高，值得推廣。

G. 放榜及頒獎（臚唱）

公布榜單及成績，入選者唱名頒獎。狀元、榜眼、探花的佳作，或得當場唱誦，並獲金牌。

在吟會進行之中，為舒緩緊張氣息，主辦單位常斟酌適當時間，穿插安排詩歌吟唱、朗誦等表演或比賽，成為名符其實的擊缽吟，也增添了吟會的活潑性和可看性。

連橫曾藉〈詩薈餘墨〉〔註7〕一角構畫了心中理想的詩會舉辦方式，他說：

> 近時吟社，每開大會，費款數百金，至者數百人，而僅作擊缽吟二三唱以了之，真是可惜！余意欲開大會，先出宿題，遍徵吟詠，攜之蒞臨。屆時復出一題，以古人之詩為韻，各拈一字，任選一體，矩篇巨製，聽客所為，當有佳章，以博藝苑。

所謂「先出宿題」、「屆時復出一題」，是在一次詩會中同時舉辦課題與擊缽，與當今臺灣許多詩會的舉行方式是極類似的。如此可以兼顧琢磨詩作，以及敏捷競才，是可謂兼容並蓄的良方。

擊缽、詩鐘、課題為臺灣詩壇近四百年來鼎足而三的活動方式，因應時

〔註7〕見連橫〈詩薈餘墨〉，收在氏著《雅堂文集》第265頁，臺灣銀行經濟研究室編「臺灣文獻叢刊」第208種，南投：臺灣省文獻委員會，1992年3月。

代的變化，而有互相融和的情形。早期傳統社會中，課題不僅為書院、私塾等育才學詩之用，也是吟社通常行用的活動法；擊缽、詩鐘則為詩社、詩會等消遣競才之樂。時至近代，雖詩教衰微，也往往大開吟會，預作課題，並當場擊缽，藉以弘揚詩學，提升詩教。

（二）臺灣擊缽課題的發展歷程

1. 明清時期

自明末大量中華文化傳入臺灣以來，詩歌文學勃興，可為臺灣傳統文學的代表。明鄭以來，緣於中原易主，兵馬倥傯，涉險渡海來臺的文士將兵，內心充滿著失國背鄉的鬱結心緒，成群相聚撫慰，在文獻中，屢屢可見明鄭寓臺人士以詩酒相慰的聚會，例如：

> 王忠孝，甲辰年（1600）……到臺，不圖宦達，惟日與流寓諸人，
> 肆意詩酒，作方外人……〔註8〕

擊缽課題屬於集體性的活動，是經由一般所謂的詩會或詩社所進行的文學活動。因此，透過對臺灣詩社發展歷程的瞭解，也就能大體掌握擊缽課題詩在臺灣的發展歷程。

以清康熙 24 年（1685）沈光文、季麒光等人創辦了臺灣史上第一個詩社——東吟社，開啟了臺灣詩人聚社競詠的濫觴。當時與會十四名社員的活動內容，根據沈光文〈東吟社序〉〔註9〕記載：

> 人喜多而不嫌少長，月有會而不辭風雨，分題拈韻〔註10〕，擇勝尋
> 幽。……名之曰「福臺閒詠」。初會，余以此間「東山」為題，……
> 次，陳雲卿即以「賦得春夜宴桃李園」命題，……鴻溪季蓉洲任諸
> 羅令，公餘亦取社題，相率唱和，扶掖後進，乃更名曰「東吟社」。……
> 會中並無絲竹，亦省儀文，夜不卜飲，詩成次晨，各攄性靈，不拘
> 體格，今已閱第四會矣。

〔註8〕見周元文《重修臺灣府志》。

〔註9〕見《臺灣府志》卷23藝文三。又龔顯宗主編《沈光文全集及其研究資料彙編》第24頁。臺南：臺南縣立文化中心，1998年12月。

〔註10〕分題：詩人會集，分探題目而賦詩，謂之，亦云探題。《滄浪詩話》：「古人分題，或各賦一物，如云送某人分題得某物也。」邵永寧詩：「客來留榻夜分題」。

分韻：數人相約賦詩，規定用某某等字為韻，個人分拈韻字，依韻而賦，謂之分韻。白居易：〈花樓望雪命宴賦詩〉：「素壁聯題分韻紅。」

根據上文，所謂「月有會而不辭風雨」，應是趨向於定期的例會；而群聚時的活動乃「擇勝尋幽」，遊山玩水，以聯誼為目的，非關經國濟世之大政，也因為是遊賞時的創作，故名之曰「閒詠」。所謂的「分題拈韻」，顯示的是遊賞風光時為增進趣味，所進行的消遣玩樂的遊戲規則——限題、限韻。文中指出了首二次的命題，而沈光文的〈郊遊分得青字〉〔註11〕，也應是當時詩會之作。所謂季蓉洲「公餘亦取社題，相率唱和」，則意謂詩題的預先公告，以聯絡同好相與唱和。再所謂「詩成次晨」、「不拘體格」，則明告時限寬裕、體格自由。

　　綜合而言，東吟社可說是清初旅臺文人在互攄性靈的基礎上，所進行的詩歌例會雅集。它們往往偕遊奇山異水，閒詠抒情。創作活動大約有二種：其一為分題分韻的課題詩，例如序中指出的〈東山〉、〈賦得春夜宴桃李園〉，這是詩社的主體活動；其二為即興分韻，例如沈光文的〈郊遊分得青字〉，當時並未預設題目，或因景生情，共倡書懷而已。而不論課題，抑是即興，除了分韻的必然規範外，詩題或設或不設，其餘則均無設限，文人可以充分自由選擇創作形式，具有高度的自我揮灑空間。東吟社的組成，重點不在競技鬥才，而是遣懷聯誼。

　　由於競技的成分較少，文人仍可用心於詩歌意境與格調的經營。雖然目前所能得見的可能為當時詩會的作品，僅沈光文〈郊遊分得青字〉一首而已〔註12〕，但謹請以此窺豹，試推察其一斑。沈氏〈郊遊分得青字〉〔註13〕云：

　　　　和風催我出郊去，好鳥還宜載酒聽。草色遙聯春樹綠，湖光倒映遠
　　　　峰青。歌喉潤處花初落，詩韻拈來醉欲醒。逸興強尋豁目處，頹然
　　　　獨立望滄溟。

在前三聯的明亮寫景情境中，至末聯逆轉直書其海外獨立、思歸不得的蒼涼心境，前後欣喜與悲沈的對比衝擊，不禁令人為之陪淚。這等心境，絕非刻

〔註11〕沈光文另有〈和曾體仁　賞菊分得人字〉一詩。據毛一波〈試論沈光文之詩〉與盛成〈沈光文自著詩文中之自述〉二作考察：此詩當為來臺前所作。毛氏、盛氏二文收在龔顯宗主編《沈光文全集及其研究資料彙編》，見第 185、426頁。

〔註12〕沈光文〈東吟社序〉末列社員十四人姓名籍貫，今能得見作品者僅沈氏與季麒光、陳元圖二人而已。參見徐坤泉纂修《臺灣省通志稿》卷六《學藝志文學篇》第一冊第39、42頁。臺灣省文獻委員會，1952 年 12 月。

〔註13〕見《臺灣府志》卷 23 藝文四。又龔顯宗主編《沈光文全集及其研究資料彙編》第 19 頁。

板競技之作所能相提並論。

　　雖然有關東吟社的文獻記載有限，不足以呈現其詩會全貌，但由上述的瞭解，則其活動的型態，大體上承襲了大陸地區詩社活動的樣貌，並以此初步建立了臺灣地區詩社活動的基本模式。

　　清朝領臺二百一十三年（1683～1895）之間，全臺各地推動詩教的社團，主要可分為二大類：其一為民間文人士紳組織成立者，如東吟社、荔譜吟社等；其二為附屬在各地書院、文昌祠下成立的詩文社，如仰山社、騰起社、文蔚社〔註14〕，但「由於清代是以八股文及試帖詩取士，重文輕詩，讀書人為了應試，所設立的社團幾乎都是文社。……只有文社沒有詩社。清代臺灣的文社，都附設於各地的文昌祠內。」〔註15〕因此不計此類附屬詩文社，則目前所知清代可稱為詩社者，共計僅有十六個。（詳附表：「清領時期臺灣詩社一覽表」）

表 18　清領時期臺灣詩社一覽表

序	社　名	成立年代	今日地點	成立者	活動型態
1	東吟社	康熙 24 年（1685）	嘉義	沈光文等	課題、閒詠。
2	鍾毓詩社	道光 6 年（1826）	雲林虎尾	林高全等	不詳。
3	竹城吟社	道光、咸豐年間	新竹市	鄭用錫等	閒詠。
4	潛園吟社	道光、咸豐年間	新竹市	林占梅等	課題、閒詠。有《潛園唱和集》、《潛園琴餘草》傳世。
5	斯盛社	咸豐 7 年（1857）7 月	新竹市	鄭景南等	習作、品論詩文。
6	竹社	同治 2 年（1863）	新竹市	科舉中人等	閒詠。
7	梅社	同治 2 年（1863）	新竹市	童生等	不詳。
8	崇正社	光緒 4 年（1878）	臺南市	許南英等	鬥韻敲詩。
9	蓮社	光緒初年	彰化鹿港	蔡德芳等	不詳。

〔註14〕仰山社，宜蘭仰山書院內。騰起社，清代彰化縣犁頭店街（今臺中市南屯）文昌祠內社學；文蔚社，清代彰化縣四張犁（今臺中市北屯）文昌祠內社學。見清代道光 10 年（1830）周璽編《彰化縣志》〈學校志〉。
〔註15〕見林文龍《臺灣的書院與科舉》第 114 頁。臺北：常民文化，1999 年 9 月一版一刷。

10	北郭園吟社	光緒 12 年（1886）前	新竹市	鄭如蘭等	課題、閒詠。
11	竹梅吟社	光緒 12 年（1886）	新竹市	蔡啟運等	擊缽聯吟。相傳有《竹梅吟社擊缽吟集》、《臺灣擊缽吟集》，今有《臺海擊缽吟集》傳世。
12	斐亭吟會	光緒 15 年（1889）	臺南	唐景崧等	擊缽、詩鐘為盛，有《澄懷園唱和集》傳世。
13	荔譜吟社	光緒 16 年（1890）	彰化	蔡德輝等	拈題賦詩、詩鐘律絕併課。
14	浪吟詩社	光緒 17 年（1891）	臺南	許南英等	課題、擊缽並盛。
15	牡丹詩社	光緒 17 年（1891）	臺北	唐景崧等	詩鐘大盛，有《詩畸》傳世。
16	海東吟社	光緒 20 年（1894）	臺北	林輅存等	擊缽。

※主要參考書目：

1. 連橫〈臺灣詩社記〉，《臺灣詩薈》第 2 號，第 95～99 頁，1924 年 3 月。
2. 賴子清〈古今臺灣詩文社〉（一），《臺灣文獻》10 卷 3 期，第 79～110 頁，1959 年 9 月。
3. 賴子清〈古今臺灣詩文社〉（二），《臺灣文獻》11 卷 3 期，第 74～100 頁，1960 年 9 月。
4. 廖雪蘭《臺灣詩史》，臺北：武陵出版社，1989 年 8 月。
5. 黃美娥《清代臺灣竹塹地區傳統文學研究》，輔仁大學中文研究所博士論文，1999 年 7 月。
6. 林文龍《臺灣的書院與科舉》，臺北：常民文化事業（股）公司，1999 年 9 月一版一刷。
7. 林翠鳳〈臺灣傳統詩歌及詩社〉，收在《九十一年暑期臺灣史研習營講義彙編》，南投中興新村：國史館臺灣文獻館，2002 年 7 月。

　　這十六個詩社主要集中出現在道光年之後，由於文獻不足，在東吟社成立之後二百年間的民間詩社資料付之闕如，有待探索。觀察此十六個詩社的活動型態，可以明顯地看到前後兩大階段的變化：

（1）前期以課題、閒詠為主

　　自東吟社以下，大約到光緒初年，除了斯盛社乃是為方便學子謀取功名、切磋詩文而設立外，其餘均多為課題、閒詠的活動。即使是「不詳」者，據常理推論，也應以從事課題、閒詠的可能性最大。蓋清代傳習試帖詩的責任並

不由詩社承擔，而政治大體穩定，文人並無太大的禁忌，這一時期詩社的創立者亦多為民間仕紳，其詩社雅會大體是以聯誼消遣為訴求。可惜在這段很長的時間內，至今未見有任何詩社詩集傳世。

（2）後期以擊缽、詩鐘為盛，而課題、閒詠不廢

自光緒中葉以後，三臺詩社風氣丕變，擊缽、詩鐘蔚然流行。擊缽者以竹塹蔡啟運為推手，詩鐘者以唐景崧為領袖。一則在福建盛行的擊缽聯吟此時傳入臺灣，競賽的趣味獨領風騷；二則上有所好，下有所效，顯宦名士熱衷擊缽敲鐘，臺地詩社自此無不風行草偃，缽鐘大響。

值得注意的是，擊缽、詩鐘傳入的數年之間，已有可觀的詩歌數量結集成冊。前者於光緒 12 年（1886）聯合竹社與梅社為竹梅吟社後，全力鼓吹擊缽吟。相傳有《竹梅吟社擊缽吟集》，惜今不傳，但足以具體佐證當時曾有的擊缽盛況。今傳有《臺海擊缽吟集》一冊，收錄自清代以至日治以來，該社七言絕句詩稿五百四十餘首。這是擊缽吟在臺灣發展最初期的見證；詩題上的類近，也顯示臺灣詩社受到福建地區擊缽模式的影響。〔註16〕

唐景崧於光緒 12 年（1886）宦臺，由兵備道擢升臺灣按察使，先於府城創立斐亭吟社，繼而北上另開牡丹詩社，名士薈萃，臺地吟風一時由南而北大盛。除前者有《澄懷園唱和集》傳世外，二社詩鐘之作輯為《詩畸》一書，為臺灣最早的詩鐘專輯，共收作者六十二人之四千餘首作品，內容包括正編合外編共九卷的七言詩鐘，及一卷的七言律詩。浩浩巨冊，為臺灣詩鐘史之大觀。

依據上述論述可見：清代臺灣詩社活動以課題、閒詠為初始，並相傳沿襲約二百年，歷史悠久，可惜均未見有任何詩集傳世。待至光緒中葉，擊缽、詩鐘傳入，竟有後來居上之強勢。至乙未割臺（1895）前的不到十年之間，已經成為北中南各地詩社運行的主體活動，並且也有擊缽吟集等的結集出版，足證當時風靡之速，及其風氣之盛。這樣的風潮並且延續至日治時期。

2. 日治時期

臺灣詩社原本都是小社，通常每社以 10 人為基準，屬於上層菁英的貴族文化活動，如唐景崧、邱逢甲等。及至日治時代，詩社的設立迅速擴張，據筆

〔註16〕《臺海擊缽吟集》今存二本：其一為陳燉厚毛筆抄本，藏中央圖書館臺灣分館；其二為刊本，今藏新竹縣文化局。參黃美娥《清代臺灣竹塹地區傳統文學研究》第 304、305 頁，輔仁大學中文研究所博士論文，1999 年 7 月。

者統計，日治五十年間，全臺已達到 309 社之數〔註17〕。傳統漢詩的寫作至此達到顛峰，加以在政權轉易，科舉絕途的情形下，加入詩社的人數快速攀升。臺灣在一時之間儼然成為海外詩鄉，上自日本總督倡導全島詩人聯吟大會，下至一般市井頻頻在各地舉辦詩人聯吟大會，詩歌文學風行草偃，擊缽吟風靡全島，成為最大眾化的文學活動。

擊缽吟的實行方式，有著明顯的遊戲競賽意味。舊時儒生仕途無望，消極者藉此作為排遣鬱悶，聯絡感情的管道；積極者以此維繫漢文化於不墜，以柔性抵抗殖民政府的日化。加之以當時日本官員多能詩，歷任總督往往橫槊賦詩，主辦揚文會、詩人聯吟會，舉行頒發紳章、慶老典等〔註18〕，藉以達到思想轉化、甚至消滅漢族意識的目的。日本政府對臺灣古典詩的態度，也促進了吟會的盛行。在這樣的風氣下，專門刊載擊缽吟課題的詩刊，終究應運而生了。昭和 5 年 10 月 30 日創刊的《詩報》，正具體反映了擊缽詩會的盛況。其宗旨揭示於第二期〈本報趣意〉〔註19〕中：

> 求各吟社將擊缽吟課題諸詩選惠下合刊，互〔註20〕通聲氣，交換見識。
>
> 學校已廢漢文，書房不容易設，鼓舞讀漢文，惟此詩社、詩會可以自由，故不可無發表機關。

翻開《詩報》中琳瑯滿目的各地詩作，擊缽吟確實十分普及化，但此同時也走向了庸俗化。但總體而言，雅致風尚的流佈對於文化的維繫，還是具有一定的正面作用。

詩刊的出現畢竟容納不了大量湧出的詩歌作品，因此包括總集與別集在內的各式詩集，紛紛出版，為日治時期傳統詩歌的蓬勃留下具體的見證。以臺灣過去歷史中的多次動盪，導致文獻多有不存，或秘而未宣者，詩集有待

〔註17〕見林翠鳳〈臺灣傳統詩歌及詩社〉附錄「臺灣傳統詩社彙編」，收在《九十一年暑期臺灣史研習營講義彙編》第 99～108 頁，南投：國史館臺灣文獻館。

〔註18〕兒玉源太郎總督召開全臺詩人聯吟大會，集為《南菜園唱和集》（1899），又辦四次饗老典，有《慶饗老典錄》，再有揚文會，邀前清秀廩生以上者參加；田健治郎總督於官邸招待全臺詩人吟詠，集為《大雅唱和集》（1921）；大正 13 年（1924）元旦臺灣總督內田嘉吉親題〈新年言志〉，邀全臺文士同和，集為《新年言志》，由臺灣日日新報社出版；上山總督邀請全臺詩人吟詠於東門官邸，集為《東閣唱和集》（1926）。

〔註19〕見《詩報》昭和 5 年 11 月 27 日第 2 號第 4 頁。

〔註20〕《詩報》誤作「互」，今改。

出土者甚多。不過，目前較為集中呈現臺灣傳統文學成果者，仍推《臺灣漢語傳統文學書目》〔註21〕一書。若結合其〈續編〉、〈補編〉〔註22〕蒐羅的相關資料顯示，去除個人別集與非詩歌部分，共得詩歌總集56家，可以概約顯示當時詩風氣盛行之一斑。吾人就其性質可概分為三類：其一為綜合性詩集；其二為詩社吟會詩集；其三為徵詩酬唱詩集。（參：「《臺灣漢語傳統文學書目》所示日治時期詩歌總集分類一覽表」）

表19　《臺灣漢語傳統文學書目》所示日治時期詩歌總集分類一覽表

一、綜合性詩集					
序	編作者	書　名	序	編作者	書　名
1	曾朝枝	東寧擊缽吟前集	6	彭鏡泉等	海珠詩集
2	曾朝枝	東寧擊缽吟後集	7	連橫	臺灣詩乘
3	林欽賜	瀛洲詩集	8	石秋水	蓬瀛詩集（1、2編）
4	賴子清	臺灣詩醇	9	石秋水	蓬瀛詩鈔（1、3編）
5	黃洪炎	瀛海詩集			
二、詩社吟會詩集					
1	同芸社	同芸社吟草	13	賴劍門	興賢吟社社課第二集
2	葖社	葖社徵詩抄錄	14	賴劍門	興賢吟社後百期詩集
3	南雅吟社	南雅集	15	賴劍門	興賢吟社社課第三集
4	栗社	苗栗栗社詩集	16	陳木川	興賢吟社社課第四集
5	蔡啟運	臺灣擊缽吟集	17	簡荷生	南方詩集
6	莊及峰	仰山吟社詩草	18	籾山衣洲	南菜園唱和集
7	蔡汝修	竹梅吟社擊缽吟集	19	兒玉源太郎	慶饗老典錄
8	臺中櫟社	櫟社第一集	20	尾崎秀真	鳥松閣唱和集
9	臺中櫟社	櫟社第二集	21	鷹取田一郎	大雅唱和集
10	聚鷗吟會	聚鷗徵詩錄	22	鷹取田一郎	新年言志
11	鄭金柱	現代傑作愛國詩選集（附《蘆洲吟草》）	23	豬口安喜	東閣唱和集
12	黃溥造	興賢吟社百期詩集			

〔註21〕吳福助《臺灣漢語傳統文學書目》，臺北：文津，1999年1月一刷。
〔註22〕《臺灣漢語傳統文學書目》〈續編〉、〈補編〉為未刊稿。

三、徵詩酬唱詩集				
1	鄭鵬雲	師友風義錄	13	黃臥松	前明志士鄧顯祖蔣毅庵十八義民陸孝女詩文集
2	邱逢甲等	金城唱和集	14	黃臥松	彰化崇文社貳拾週年紀念詩文集
3	洪攀桂	詠李烈姬詩集	15	黃臥松	彰化崇文社貳拾週年紀念詩文續集
4	佚名	王有虞先生壽詩	16	黃臥松	祝皇紀貳千六百年彰化崇文社紀念詩集
5	吳子瑜	碎琴集	17	黃臥松	過彰化聖廟詩集
6	顏雲年	環鏡樓唱和集	18	王雨露	芸香主人花燭詞（附：畫眉筆詩榜）
7	陳懷澄	媧解集	19	鄭星五	新粧詞（黃炎仲新婚徵詩紀念）
8	林獻堂	海上唱和集	20	凌南生	蓮心集（附：桂影篇）
9	林玉書	古稀唱和集	21	柯天來	祝柯母吳太孺人七秩華帨
10	臺灣總督府	壽星集	22	鄭金柱	臺灣新竹州臺中州震災詩集
11	蔡年亨	蔡貞節母五十壽言	23	李資浚	頌南集
12	李成	大安港遊記（應徵詩文）	24	楊德英	應對酬答手記
合計 56 家				

　　依據上表，可見日治時期詩歌總集，大體上以徵詩酬唱詩集數量為最多，顯示出詩歌寫作在傳統社會中具有明顯的社交功能，文士們以此能同時展現才學的方式相互酬唱，還頗有孔子所云：「不學詩，無以言」（《論語・季氏》）的遺風。雖然孔子所言「詩」是指《詩經》，但放大來看傳統詩歌的寫作，也具有相近的意義。

　　再者，日治時期詩社吟會詩集累累疊疊，為臺灣詩社旺盛的活動力，留下最具體的見證。當然，許多早期詩社的作品並未能被保留下來，目前所見或者僅是巨山的一角而已，然而管中窺豹，也能提示當年盛況之一斑。

3. 臺灣光復後至今

臺灣自古詩家輩出，但自從日治時期發行公開刊物蔚為風潮之後，古典詩界也興起編輯流通刊物的趨勢。以期刊而言，《詩報》自昭和 5 年（1930）正式發行，至 19 年（1944）終戰前為止，實際繫連了詩壇的聲氣相通，所謂「啟發人文最有功，騷壇消息賴交通」〔註 23〕，成為反映日治時期臺灣傳統漢詩活動的最重要專刊。

臺灣光復之後，詩壇重新恢復生機，從試辦性質的《瀛海吟草》〔註 24〕於民國 41 年底發行獲得廣大迴響之後，《詩文之友》隨即於民國 42 年 4 月正式創刊〔註 25〕，繼承《詩報》的精神，成為臺灣地區最重要的古典詩刊，至民國 62 年（1973）重組為《中國詩文之友》〔註 26〕，再至民國 83 年（1994）由《臺灣古典詩擊缽雙月刊》〔註 27〕接辦，民國 91 年（2002）由《中華詩壇雙月刊》〔註 28〕承續，一脈相承而下，源遠流長。各詩刊內容，依例主要刊載各詩社吟會的社課擊缽入選作品，具體反映著臺灣詩歌社團的實際活動成果。臺灣詩刊發行有如接力長跑一般未曾間斷，從一路魚貫至今的期刊中，即時記錄著臺灣七十多年來的古典詩壇歷程。

此外，詩歌總集、別集的陸續出刊，也反映著擊缽詩歌的持續發展。就從團體和個人二方面抽樣來看，望重三臺的詩文之友社與詩壇文獻家賴子清，都曾各自致力於選錄彙編臺灣詩家名作，前者因此取材各社例課吟會佳作，有《臺灣擊缽詩選》前後三集之選編；後者有《臺灣詩海》系列的推出，一心為提供擊缽競詩方便與保存臺灣詩壇光彩而努力。茲將二者系列諸作，依年

〔註 23〕賴綠水〈詩報〉：「啟發人文最有功，騷壇消息賴交通。過江今日多名士，翰墨因緣一卷中。」收在高明誠編《古今分韻詩選》第 33 頁。民國 87 年（1998）2 月，臺北：五洲。

〔註 24〕《瀛海吟草》，編者兼發行人洪寶昆，發行所詩文之友社，為《詩文之友》正式發刊前的試刊本，共有天集（殘本）、地集（民國 41 年 12 月 15 日）、人集（民國 42 年 2 月 5 日）三冊。

〔註 25〕《詩文之友》一卷一期於民國 42 年 4 月創刊，發行人洪寶昆，社長王友芬，編輯人林為富。

〔註 26〕《中國詩文之友》，民國 62 年（1973）創刊，創始者洪寶昆，彰化縣詩學研究學會。

〔註 27〕《臺灣古典詩擊缽雙月刊》，民國 83 年 11 月 30 日創刊，創辦人吳錦順，彰化縣詩學研究學會。

〔註 28〕《中華詩壇雙月刊》，民國 91 年（2002）1 月 25 日創刊，中華民國傳統詩學會發行。

代排序如後：

（1）賴子清編《臺灣詩海》前、後編〔註29〕

民國 43 年（1954）3 月，臺北。計分六部三十門，收古風律絕試帖詩約 2000 餘首，作家 853 人。

（2）周定山編《臺灣擊鉢詩選》

民國 53 年（1964）2 月初版，彰化：詩文之友社。自《詩文之友》十年百餘期約五萬多首詩中精選三千餘首詩，律多於絕，依類分廿七部，再依分韻序列。

（3）賴子清編《中華詩典》前、後編

民國 54 年（1965）7 月，臺北。分三十四類，不分部，詩凡 4000 首。

（4）賴子清編《圓機活法古今詩粹》前、後編

民國 55 年（1966）12 月，臺北。分三十二類，嚴選古今律絕詩之絕唱傑作，專擇有應用價值的常用詩題，附以題旨、作例、散句（起承、轉結、律詩對聯），分類編刊。

（5）洪寶昆編《臺灣擊鉢詩選第二集》

民國 58 年（1969）6 月，彰化：詩文之友社。依類分廿六部，再依分韻序列，錄取律絕 3000 餘首詩。

（6）洪寶昆編《臺灣擊鉢詩選第三集》

民國 62 年（1973）5 月，彰化：詩文之友社。依類分廿六部，再依分韻序列，錄取律絕 3000 餘首詩。

（7）賴子清編《臺海詩珠》前、後編

民國 71 年（1982）5 月，臺北。以功名等級依序分為十章，共收 530 人，千餘篇詩文作品

（8）高明誠編《古今分韻詩選——三十韻詩典》

民國 87 年（1998）2 月，臺北：五洲。依平聲三十韻分韻選集佳什數千首。

從上列各作依序看來，詩文之友社與賴子清均以古今以來全臺詩家名作

〔註29〕賴子清編《臺灣詩海》系列作品的內容特色，參見拙作〈臺灣漢詩總集的編纂與利用〉，收在《臺灣傳統漢詩發展與教學研討會論文集》第 82～90 頁。社團法人臺中市國語文研究學會主辦，2004 年 10 月 30 日。

為對象,尤其標舉擊缽的佳作,所收詩章洋洋大觀,頗有表現一代詩壇風華的意味。其中頗有意味的是自五○年代以迄八○年代,二者不約而同地每一年代皆有總集之作推出,尤其以六○年代為盛。層層相接地反映了臺灣光復之後詩壇集詩的脈絡。吾人再續以九○年代晚期新近出刊的高明誠編《古今分韻詩選——三十韻詩典》,可見光復後臺灣詩壇擊缽風氣不斷持續,擊缽詩篇浩浩可觀,競詩工具仍有其需求,則臺地擊缽吟會之不可漠視,由此可為參證。

　　時至現今廿一世紀,各地依然缽聲不斷,詩吟響亮。就以北中南三區來看,北部的臺北瀛社、中部的中國詩人文化會、彰化縣詩學研究協會、南部的臺南縣鯤瀛詩社,都是至今依然活動力旺盛的傳統詩社團。日治時期臺灣三大詩社——臺中櫟社、臺南南社、臺北瀛社,至今僅存瀛社仍維繫著,定期舉辦例課不斷。中國詩人文化會自民國 54 年 8 月正式立案成立以來,至今已有四十年的歷史,每年定期舉辦二次大會,至今會員達 419 人〔註30〕,規模宏大。彰化縣詩學研究學則網羅彰化縣境內重要的詩社成員,包括員林興賢吟社、田中蘭社、二林香草吟社、鹿港鹿江聯吟會等,於民國 66 年(1977)創辦,至今廿七年,每年舉辦中部四縣市詩人聯吟大會,初為春、秋二季,時至今日已定期依四季策辦,另長年舉辦青少年古典詩研習、教師研習等詩歌教學活動達數十年,活動力長久而旺盛。〔註31〕臺南鯤瀛詩社暨臺南縣國學會共同舉辦鯤瀛全國詩人聯吟大會,自民國 70 年起迄今廿餘年從未間斷〔註32〕,每年假北門南鯤身代天府舉辦,已儼然成為詩壇年度大事。

　　或謂傳統詩早已沒落,事實上,今日傳統漢詩的寫作熱力,固然難以與日治時期或光復初期相較,但以活動舉辦的密度而言,卻是頻繁而持續的。僅以 2002 年與今年(2004)開春後至今為例,除開各詩社的例會、境外吟會不論之外,就以筆者所輯知的大型詩會彙錄之,俾便一目了然,試看當今臺

〔註30〕據《中華文化復興節全國詩人大會暨中國詩人文化會第十三屆第一次會員大會手冊》紀錄〈立案證書〉、〈會員名冊〉。2004 年 11 月 20 日。

〔註31〕參見吳錦順、施坤鑑合著《工程師詩人——吳錦順漢詩作品集》,彰化:張邑文教基金會,2003 年初版。又《省立彰化社會教育館輔導區中部五縣市七十九年冬令高中、國民中、小學教師暨社會青年傳統詩研習手冊暨講義編彙》,彰化:省立彰化社會教育館、彰化縣詩學研究協會(聯合)編印,1990 年。依據《彰化縣詩學研究協會九十三年會員大會手冊》紀錄:彰化縣詩學研究協會九十三年計會員 107 人,通訊會員 51 人。

〔註32〕據〈中華民國九十三年歲次甲申鯤瀛全國詩人聯吟大會請柬〉。

灣地區傳統詩的活動實況，以證所言不虛：

表20　2002年臺灣地區傳統漢詩聯吟大會一覽表

	時間地點	活動名稱	主辦單位
1	1月22日	全國傑出詩人大會	嘉義市戴星橋子婆
2	3月17日	中部五縣市詩人聯吟大會	彰化縣詩學研究學會
3	3月17日	理監事詩會	中華民國傳統詩學會
4	5月8日	全國詩人大會	嘉義市麗澤吟社
5	6月1日	慶祝二林香草吟社立案暨全國詩會	彰化縣二林香草吟社
6	6月16日	九十一年詩人節慶祝大會	中華民國傳統詩學會
7	7月7日	全國詩人大會	雲林縣詩人聯吟會
8	7月21日	理監事詩會	中華民國傳統詩學會
9	9月28日	慶祝教師節詩會	瑞芳詩學研究會
10	10月6日	追懷王獎卿先生南部詩人大會	高雄市詩人聯誼會
11	11月9～10日	全國詩人大會	臺東寶桑吟社
12	11月17日	改選理監事暨全國詩會	中國詩經研究會
13	11月30日	建醮暨全國詩人大會	雲林縣馬鳴山鎮安宮
14	12月30日	苑裡鎮慈安宮慶成祈安五朝圓醮暨全國詩人大會	苗栗縣國學會

參考資料：

臺南鯤瀛詩社、臺南縣國學會編《壬午年鯤瀛全國詩人聯吟大會詩集》第2頁。臺南：臺南鯤瀛詩社，2003年12月。

表21　2004年臺灣地區傳統漢詩聯吟大會一覽表

序	活動名稱	主辦單位	時間地點	詩題格式	詞宗
1	鯤南地區詩人聯吟大會	高雄林園詩社	6月20日 鳳芸宮		
2	臺灣省中部五縣市甲申年夏季詩人聯吟大會	彰化縣詩學研究學會	6月27日 彰化縣文化局	首唱：詠《臺灣通史》。 次唱：炎夏。	

3	慶祝嘉義市「諸羅建城三百年」甲申年全國詩人聯吟大會	嘉義市麗澤吟社	10月3日嘉義市博愛國小	特唱：慶祝嘉義市「諸羅建城三百年」〉(七律，限上下平韻)。 首唱：嘉義美食：雪花方塊酥(七律，限上下平韻)。 次唱：北安宮濟世三百二十年(七律，限上下平韻)。	
4	臺灣省中部五縣市九十三年古典詩詞吟唱及創作比賽	南投縣玉風樂府、草屯雙叉港玉皇宮	10月3日玉皇宮廟庭	首唱：玉皇宮國樂團創立十週年頌。「竹歌羽調迎仙客」(入題句)(七律平聲不限韻)。 次唱：玉風光芒——玉風樂府正式立案週年慶(七絕，平聲不限韻)。	
5	慶祝店仔口文教協會玉山吟社復社全國詩人聯吟大會	臺南縣店仔口文教協會玉山吟社復社籌備處	10月10日國立白河商工活動中心	首唱：玉山吟社復社誌盛(七律，限上下平韻)。 次唱：【當日公開擬題拈韻】	
6	花蓮縣全國詩人聯吟大會	花蓮縣詩學蓮社	11月14日花蓮市亞士都飯店	首唱：洄瀾夢土(七律，先韻) 次唱：【當日擬題】	
7	彰化縣甲申年全國詩人聯吟華會	彰化縣二林香草吟社	10月16日中興樓海鮮餐廳	首唱：文化大縣彰化(五律) 特唱：悼念香草老社長周希珍(七律，平韻)。 次唱：【當天擬題(以地方文化為範疇)、拈韻】	天地人。合點，各錄取50名，合計150名。
8	臺灣省中部五縣市甲申重陽詩人聯吟大會	彰化縣詩學研究學會	10月17日彰化縣文化局	首唱：秋月(七律不限韻) 次唱：【七絕。現場出題拈韻】	

9	高雄市甲申重陽節全國詩人聯吟大會	高雄市詩書畫學會暨財團法人藏應宏道基金會	10月23日九陽道善堂	首唱：藏應宏道基金會之回顧與前瞻（七律，上下平聲）	天地人。合點100名。
				次唱：【大會當日公擬】	左、右。
10	中國詩人文化會93年度第一次會員大會暨全國詩人聯吟大會	中國詩人文化會	11月20日	特唱：題中國詩文選集。（四句七言自由體） 首唱：文化節懷至哲孫文（四或八句之五或七言自由體）	
11	甲申鯤瀛全國詩人聯吟大會	臺南縣鯤瀛詩社暨臺南縣國學會	11月28日	首唱：中英文國際化主從觀（五律不限韻） 次唱：【當日擬題】	
13	南投藍田書院濟化堂全國詩人徵詩活動	南投藍田書院濟化堂	12月9日	慶祝南投藍田書院濟化堂四十五週年堂慶	天地人。合點100名。
16	中華民國傳統詩學會第十屆第二次會員大會暨全國詩人聯吟大會	中華民國傳統詩學會	12月12日松山奉天宮		
15	高屏三縣市詩人聯吟大會	高雄市詩人學會	12月25日覆鼎金保安宮		
12	大林天后宮全國詩人聯吟大會	大林天后宮	12月31日大林天后宮	首唱：冬日謁大林天后宮（七律七陽） 次唱：【當日擬題】	
14	臺灣省中部五縣市甲申冬季詩人聯吟大會	彰化縣詩學研究學會	1月9日彰化縣文化局	首唱：農民曆（七律不限韻） 次唱：【七絕。現場出題拈韻】	

參考資料：

1. 中華民國傳統詩學會發行《中華詩壇》雙月刊第13～17期（2004年1月～9月）。
2. 筆者所獲之各式詩會請柬。

　　由上述二表可見臺灣各地詩社、協會舉辦的聯吟大會，每年都有十數次之多，平均每月一次以上。詩會的舉辦自古以來均在春秋二季，以氣候溫涼宜人之故。至今，仍大體依循。但以臺灣地區夏日有空調，冬日常暖，因此也有部分在夏冬時節舉辦。春秋二季詩會舉辦頻繁，特別在秋季，尤其密集，甚至達每逢週末假期，必有吟會之舉辦的盛況。次數之多，甚至有撞期之虞。據《臺灣古典詩擊缽》雙月刊創辦人吳錦順詞長表示，早年各單位舉辦詩會，都會在詩刊上刊登啟事公告，因此各單位要舉辦詩會之前，往往都事先電詢詩刊，探知是否有其他詩社已經先預定了活動日期？詩刊宛如全國詩會的總彙中心，詩會之活絡，可見一斑。若謂傳統詩已經走入歷史，是絕對有違事實的。

　　然而，吟會中老幹熱情參與，新枝寥寥可數，卻是全臺詩人們最憂心的景況。如何提振傳統詩的新血注入，讓薪火得以相傳，是臺灣傳統詩壇當今最大的課題〔註33〕。而如何讓傳統詩的創作內涵充實提升，彙整學術成果與民間活力，並與時代作更緊密的結合，也是詩人、學者以及文化人們所當共同惕勵的方向。

二、擊缽的寫作態度

（一）詩歌趣味遊藝

1. 遊藝文學傳統

　　「詩言志，歌永言」〔註34〕，詩與歌結為一體，把文字、聲音視為工具，成為抒發情感思想的一種古老的方式，是與心感情緒、生活實務緊密結合的一種表達方法。詩固然可以言志，但不必一定言志。歷史以來，文學寫作的動機可概約為兩大類：其一為心有所感，不得不發；其二為行有所求，勉力而作。

　　《論語・述而》：「志於道，據於德，依於仁，游於藝。」孔子認為作為一個文質彬彬的君子，應該從這四方面加以培養。其中的「游藝」，一般都以孔門六藝——禮、樂、射、御、書、數為主體，而擴及於其他技藝，傳統以來文

〔註33〕高雄市由簡錦松教授指導的財團法人古典詩學文教基金會，常年辦理國小、國中及社會人士的各式古典詩推廣課程，發行〈古典詩學〉，是古典詩推廣中成績較為突出的一個組織。參該會網站：http://see.org.tw。

〔註34〕見《今文尚書・堯典》。

人亦多以此自勵。在「學而優則仕」的傳統晉身途徑上，文字最為文人所熟悉，它也因此伴隨著人們身在不同場合，而衍生有各樣的應用形式。加上漢字獨有的形、音、義特色，文藝的翻奇出巧，成為傳統文藝發展的一個重要層面。不僅文體代有遞變，修辭造語更是勾心鬥角，競誇別創。筆墨遊戲的花俏活潑，在傳統詩詞文學中格外引人注意。

對於一個以詩歌為主體文學的社會而言，詩歌遊戲的存在是必然的。放眼中國傳統社會中的詩歌遊戲種類之眾多，歷史之悠久，實在是琳瑯滿目，不勝枚舉。著名者如：東晉永和九年暮春雅集，王謝諸家流觴曲水，一觴一詠立成《蘭亭集》，允為詩歌雅會的文化典型；齊梁王公行幸宴集，賞色誇才，宮體詩一時蔚起；蘇蕙的織錦回文璇璣圖，以八百四十八字成詩近八千首，以寄其纏綿相思，令人讚嘆；乃至唐代李白夜宴飛觴佳詠，有〈春夜宴桃李園序〉記其盛；明清章回小說以詩聯為回目，進行中又每每「有詩為證」，穿插助陣，增添情節風采……。

試觀清代《紅樓夢》大觀園內，依節令季候徵詩競和、結社擬題、酒令牙牌、即景聯句、巧製詩謎……可謂眾體皆備，集文字游藝之勝於一爐，尤其蔚為大觀。從其回目中瀏覽，就可以看到詩歌游藝取樂的諸般盛會，頻頻而出，例如：第二十六回〈王夫人復作消寒會，賈探春重徵詠雪詩〉、第二十七回〈傅秋芳詩社賡前日，薛寶釵酒令憶先年〉、第三十七回〈秋爽齋偶結海棠社，蘅蕪院夜擬菊花題〉、第三十八回〈林瀟湘奪魁菊花詩，薛蘅蕪諷和螃蟹詠〉、第四十回〈史太君兩宴大觀園，金鴛鴦三宣牙牌令〉、第五十回〈蘆雪庵爭聯即景詩，暖香塢雅製春燈謎〉、第七十五回〈開夜宴異兆發悲音，賞中秋新詞得佳讖〉、第七十八回〈老學士閒徵姽嫿詞，癡公子杜撰芙蓉誄〉等。大觀園內的才子佳人們，各逞詩才，寓娛樂於競賽，凸顯了富貴人家高尚風雅。

即使是從市井平民中取材的蒲松齡《聊齋誌異》，談鬼說狐之餘，也不忘藉著聯對、酒令，強化雅致的趣味。其〈鬼令〉一篇專記酒令之樂，可為代表。文中分別以田、回、囹、困、曰等字為令作五言詩〔註35〕，方塊字的微

〔註35〕蒲松齡《聊齋誌異》〈鬼令〉：「……酒數行，或以字為令，曰：『田字不透風，十字在當中。十字推上去，古字贏一鍾。』一人曰：『回字不透風，口字在當中。口字推上去，呂字贏一鍾。』一人曰：『囹字不透風，令字在當中。令字推上去，含字贏一鍾。』又一人曰：『困字不透風，木字在當中。木字推上去，杏字贏一鍾。』……展云：『我得之矣！曰字不透風，一字在當中。』眾又笑曰：『推作何物？』展吸盡曰：『一字推上去，一口一大鍾。』相與大笑……。」

妙，一再令人莞爾，平添行酒趣味。

　　宋代詩人黃庭堅也曾作一酒令云：「虱去乙為虫，添几卻為風。風暖鳥聲碎，日高花影重。」蘇東坡和曰：「江去水為工，添系即是紅。紅旗開向日，白馬驟迎風。」二者前二句為拆字，後二句皆為引詩，用字要連鎖，文辭要對仗，韻律要脅合，意義要通貫，雖是遊戲之作，也顯出幾分功力。即使不是寄寓深理或剖心言志，但賞心悅目，博君一燦，也是另一種美感。

　　游藝筆墨雖然可能無關乎經天濟世，也無益於科舉功名，但對於茶餘飯後的雅談，亦或是酒酣耳熱之際的助興，卻具有高尚可愛的效果。尤其身當衰亂時代，立身處事多有不得已的苦衷，臺灣社會沿襲傳統禮教，文字游藝同樣普行於朝野之間。常見的廟宇徵聯對、誌慶、祝壽、弔輓徵詩……等之外，婚慶祝賀的四句聯、走唱的七字仔、行山採茶時的褒歌山歌；自清代中葉以來蓬勃展開的謎猜〔註36〕、甚至文人與藝妲彼此唱和往來，多有佳作，《風月報》便是典型的代表。凡此種種，都具有結合詩文學識與娛樂趣味的效果，行樂者必然要具有一定程度的文字素養，方能參與。

　　2. 擊缽遊藝

　　「擊缽吟者，一種之游戲也。」、「詩鐘亦一種遊戲」〔註37〕但此遊戲妙趣無窮，行此遊戲者非有相當文字文學素養，不足以取勝。相對的，也恰可以此磨練才學與技巧。鄭坤五曾撰〈詩鐘之由來與格調〉一文，強調此中意趣：

> 總之：（詩鐘）無論其為何體，必須天然湊合，銖附悉稱，方為合格。此雖文人辭戲派墨，非具有絕頂聰明，一味妙悟，不足以語此妙。

連橫也贊成初學詩者宜先學作詩鐘，他在〈詩薈餘墨〉中表示：

> 詩鐘亦一種遊戲。然十四字中變化無窮，而用字構思，遣詞運典，須費經營，非如擊缽吟之七絕可以信手拈來也。余謂初學作詩，先學詩鐘，較有根底，將來如作七律，亦易對耦，且能工整。〔註38〕

　　透過歷史的例證，我們應該要重視一個事實：聯誼、游藝是詩歌創作、

〔註36〕例如：有「謎聖」之稱的張起南《橐園春燈話》、許成章《燈謎》。
〔註37〕見連橫〈詩薈餘墨〉，收在氏著《雅堂文集》第294、265頁，臺灣銀行經濟
　　　　研究室編「臺灣文獻叢刊」第208種。
〔註38〕見連橫〈詩薈餘墨〉，收在氏著《雅堂文集》第265頁。

詩社運作的主要本質之一。既是相游於「藝」，則詩歌被當作一種技藝的性質來作為聯誼的工具或方式，則其字面意義便不應該被過分解讀為作者內在心志的表白，而應該回觀其呈奇取巧的技術層面，以及詩人競賽取勝的初心。

自古以來傳統漢詩的寫作，大體上可概分為古體、近體二大類，而擊缽以顯著的遊藝性質，與詩人著意經營古、近體稍有差別，故也可與之並列，會同審視彼此間異同。試列「傳統漢詩比較表」如下：

表22　傳統漢詩比較表

詩體	立　意	修　辭	形　式
古體	詩言志	雅俗並蓄有韻	自由
近體	詩言志	高度聲韻訓詁排列	格式嚴密
擊缽	呈奇出巧	高度聲韻訓詁排列	限題、限體、限韻、限時，詞宗評

詩會競技之作多以集輯的形式彙編成冊，其用意無乃在彼此觀摩技巧手法，以為切磋取勝的階梯。詩人別集多不取這類詩歌，也因為這類作品純作技巧展現，匠氣濃重，不足以做為個人道德才學之表徵，而雕飾爭榮，出奇鬥巧似有損雍容闊達胸襟，故即使詩作數千，也寧可捨之，不以之為傳世名山。

即使日治時期詩社的紛紛成立，大多懷抱延續漢文化的強烈民族使命感，但也絕不能否認，詩社運行的過程是寄託在詩人聯誼賽詩的基礎型態上，連橫〈臺灣詩社記〉所謂「詩酒之會」、「朋簪之樂」、「文字之歡」〔註39〕是也。

競賽詩作，以符合題目各項要求、力求勝出為尚，著重於競技，宛如運動競賽之致力以技巧突出成績。至於參賽者個人內在情緒、道德意志等，是必須受到較大的隱抑。競詩過程亦同，詩家在限題、限體、限韻、限時等多重限制下，正好可以藉此展現個人不凡的才華，突破競爭以取得優勝，宛如參加一場奧林匹克運動賽般，在遊戲規則之下，展現實力，取得桂冠的榮耀。但一體兩面的是，也因技巧運用的考量，而左右其遣詞造意，勾心鬥角，各出奇巧。導致品格之高低各異，情意之虛實難窺，實在不足以完全取作觀察

〔註39〕見連橫〈臺灣詩社記〉，收在氏著《雅堂文集》第98～101頁，臺灣銀行經濟研究室編「臺灣文獻叢刊」第208種。

真性情、真思想之依據。風行於臺灣的擊缽吟，同時兼具有迷人的優點與致命的缺點。茲製「擊缽詩歌寫作優劣分析表」分析如下：

表23　擊缽詩歌寫作優劣分析表

方式	優　點	缺　　　點
限題	1. 展現才華。	所出題目作者或有認識不清，又來不及查閱典籍。
限體	2. 競爭取勝，如同奧林匹克競賽。	此項目雖有所限，但只是基本規定，影響較少。
限韻		韻目字數不一，部分隘韻者多少產生寫作難以達意的困難。
限時		多少會有考慮立意、推敲修辭的不足。
詞宗評		評審之主觀與學術水平都有影響。

針對上述五項限制條件而言：

其一，對當場所出之題目，認識不足，甚或不懂題意，卻又來不及查閱，或不方便請教他人，則望文生義，妄加揣測往往有之，結果詩作張冠李戴，貽笑大方的情形便在所難免了。當然，藉此也考驗了詩人個人的學問豐瘠。

其二，詩歌體式的要求，對詩人而言是基本功夫，一般不會有太大的影響。

其三，韻寬韻窄，的確直接影響選字的緊弛，窄韻對詩人是一大考驗，卻也是騁才的良機。以《詩韻》內各韻收字字數與《東寧擊缽吟前集》各韻收詩數目統計比較為例，韻寬收詩多，韻窄收詩少，清楚顯示了韻目字數的多寡，在擊缽詩歌寫作時是否受歡迎的程度了。（詳參「《東寧擊缽吟前集》分韻統計表」）

表24　《東寧擊缽吟前後集》分韻統計表

詩　韻 排行	詩　韻 字數	上平韻	東寧前集 首數	東寧前集 排行	詩　韻 排行	詩　韻 字數	下平韻	東寧後集 首數	東寧後集 排行
	124	一東	207			182	一先	233	
	92	二冬	80			140	二蕭	106	
-2	39	三江	54			69	三肴	46	-3
一	332	四支	306	一		84	四豪	80	
	54	五微	93			95	五歌	89	

	84	六魚	83			111	六麻	69	
三	215	七虞	184		二	223	七陽	262	二
	97	八齊	79			179	八庚	246	三
-3	42	九佳	45	-2		80	九青	65	
	84	十灰	124			94	十蒸	57	
	140	十一真	219			192	十一尤	163	
	56	十二文	53			68	十二侵	115	
	112	十三元	106			56	十三覃	57	
	98	十四寒	136			69	十四鹽	46	
	56	十五刪	67		-1	35	十五咸	21	-1

其四，時間上的限制，是擊缽詩歌寫作最公平的部分，也是競賽的軸心條件。但不論對立意或修辭，的確都不利於慢慢琢磨。因此，擊缽詩歌往往有欠周詳，難得完美之作。當然，歷史上著名的「七步成詩」，便是嚴格的限時之作，在此危機中，曹植的八斗奇才，卻從此千古不朽。

其五，詞宗即評審，所謂「選詩如選色」、「若得詞宗意，便是好功夫」，詞宗之所好，便是得第之捷徑。因此投詞宗所好者有之，攀搭交情者亦有之，雖屬旁門，亦常聽聞，有損客觀。因此吟會中多聘請兩人以上詞宗共同評選之，以昭公信。而詞宗本身亦當飽富才學，以理公評，方能服人。

唐代名家李義山作詩有所謂「獺祭」，每每詩題決定之後，便竭盡所能收羅各式相關書籍材料，層層疊列於桌面，依其意志自由擷取相關情意與辭藻，宛若水獺捕魚吃魚一般，經此鋪衍出滿意的詩作。詩人作詩，文人作文，需多充實腹笥，以便詩題一出，即能探腹取材，出口成章。唯在種種條件限制之下進行競詩，考驗著詩人的才學與技巧。黃石輝〈為『臺灣詩人的毛病』翻舊案〉〔註40〕中直言：

> 因為課題擊缽是一種競勝機關，也就是一訓練機關；競勝的作品，
> 只用作藝術比賽而已，誰得把性靈拿出來比賽？又且要養成其思索
> 力，磨研其創作力，促進其表現功夫，更非使其多做不可？

擊缽可以是趣味競賽，也可以是入門訓練，但過度耽溺，恐怕無法提升詩格、詩境。連橫〈詩薈餘墨〉認為：

〔註40〕見《南方》150 期，1942 年 4 月 15 日。

> 擊缽吟……可偶為之而不可數，數則詩格自卑。雖工藻績，僅成
> 土苴。故余謂作詩當於大處著筆，而後可歌可誦。詩薈之詩，可
> 歌可誦者也。內之可以聯絡同好之素心，外之可以介紹臺灣之作
> 品。〔註41〕

既是如此，擊缽卻獨獨於臺灣地區歷久不衰，這與臺灣獨特的發展歷程是有
必然的關係。試觀清朝，來臺遊宦者流寓至海外一隅，等於被流放到天邊海
角，遠遠離開了權勢的核心，許多官宦內在心情之寥落，可推想而知。縱情
詩文自是寄託心情的良方。正如廚川白村所說：「文學是苦悶的象徵。」來
臺文人的佳作迭迭而出，同道中人互慰互勉，設限競詩，自是平添許多的詩
趣。

　　及至日本統治，臺灣文人失去科舉晉身的途徑，滿腹才學在詩歌中得到
展現，詩歌也成為宣洩心情的最佳管道。殖民專制的政權下，思想、言論、行
動都不自由。日人鼓勵臺人菁英不從政而學醫，上自總督數度大興全臺詩人
聯吟。特別是由官方所舉辦的詩會活動，更具有明顯的政治企圖。臺灣詩人
或有堅持不與者，或有參與而直書鬱憤者，但更有委屈心意、婉轉隱諱出之
以詩者，人們為求安身，時常不免言不由衷，至於曲承上意、巴結討好者，亦
所在多有。後世欲觀察日治時期臺灣詩人的內在心志，僅從一、二首詩歌窺
豹，是容易失真的。因此，面對日治時期大量擊缽課題詩作的爭奇鬥巧，固
然可以透過謹慎細心的檢選分析，觀察創作者內心的意涵，然而，將擊缽課
題之作回歸到文人消遣、游藝競賽的本質，毋寧是更符合實情的。

（二）詩會的實際參與

　　鄭坤五勤研詩藝，樂於交友，加以身為鳳崗吟社〔註42〕社長，常與各社
往來，參加詩歌吟會之次數甚多，可惜並無完整資料存留，實在難計其數。
而今存的大正 12 年（1923）天籟吟社一週年全臺詩人大會紀念合照，顯示當
年假台北四大旗亭之一的東薈芳所舉行的這一場盛會，文士會聚，冠蓋雲集。

〔註41〕見連橫〈詩薈餘墨〉，收在氏著《雅堂文集》第 294 頁。

〔註42〕筆者在鄭坤五手稿中得鄭氏〈鳳崗吟社成立席上口占〉一詩，據前後詩作推
　　　察，約當於大正 10 年前後，其詩云：「文運欣逢繼二臺，醉翁亭上綺筵開。
　　　不才幸付名流末，瞻仰群賢大雅來。」
　　　據胡巨川〈詩社創立時間考據〉一文考察：依《臺南新報》第 7038 號記載，
　　　鳳崗吟社成立的時間應當在大正 11（1922）年 7 月初二日。見《中華詩壇》
　　　第 3 期第 122 頁，2002 年 5 月 25 日。

據傳鄭坤五在這次全臺大會期間，連中三元，頓時聲名大噪，傳動三臺。可見鄭坤五詩才過人，且早已活耀詩壇。他實際參與詩會的情況，現則從今存有限的登錄裡，試窺其一斑。

　　鄭坤五傳統漢詩作品中，擊缽、課題之作數量頗多，然未盡註明。分別其型態可有如下數端：

A. 或明白註記者，如：〈星彈擊缽限十四寒〉、〈雨絲擊缽限五微〉、〈詩種擊缽限三肴〉、〈祝林靜觀先生金婚式擊缽會祝題偕老依仙字韻〉；

B. 或題為「限韻」者，如：〈東閣聯吟拈韻杯字〉、〈話柄限九佳〉、〈畫菊豪韻〉、〈春燈十三肴〉、〈白燕五律徽韻〉；

C. 或題為「擬作」者，如：〈不倒翁擬作〉、〈嘴花擬作〉、〈中洲雪浪擬作〉、〈古寺晨鐘擬作〉、〈秋味擬作〉、〈偽醫擬作〉；

D. 或題為「課題」者，如：〈照妖鏡麻韻鳳岡課題擬作〉、〈洋琴天籟吟社課題〉、〈課題寒流七絕支〉、〈待字姝擬作鄞江吟社托選課題〉；

E. 或未加任何註明而實為吟會或徵詩之作者，如：〈義捐金〉為高雄州下聯吟會擊缽之作，刊登於昭和 10 年 6 月 1 日《詩報》第 106 號、〈茶船〉為高雄州下聯吟會擊缽之作，刊登於昭和 11 年 5 月 15 日《詩報》第 129 號、〈弔肉跌死貓〉為《三六九小報》第一期滑稽詩徵詩，見於昭和 5 年 10 月 6 日該報第 9 號、〈紅拂妓〉（五律庚韻）為西瀛吟社徵詩、〈申包胥泣秦庭真韻〉為鹿港大冶吟社第九期徵詩，俱刊登於《臺灣文藝月刊》〔註43〕等。

F. 擊缽詩集中常見的詩題，如：〈二喬觀兵書圖〉、〈催租敗興〉、〈殘月〉等。

　　諸如以上各類所作甚夥，顯示出鄭坤五對傳統漢詩懷抱著相當的熱情，勤於參加各地詩歌吟會；同時也象徵著鄭坤五在漢詩界已經具有一定程度的聲望和地位，故而頻頻受到邀約。觀察鄭坤五生前已經公開發表的《九曲堂詩草》各詩，其中不乏擊缽、課題之作，蓋詩人經常性地參加詩社活動，正乃日本殖民時期臺地傳統文人常見的普遍風尚，鄭坤五也不自別於潮流之外。

〔註43〕《臺灣文藝月刊》出版資料從缺，未知年月。唯刊前有「彰化主催中部聯合吟會紀念攝影」一幀，題為「癸亥年」。查癸亥年恰為大正十二年（1923），則出刊日期或在距此不久之後。

表25　重要刊物所見鄭坤五擊缽詩題一覽表

一、《詩報》（PS：高雄州下聯吟另見）　　計37題	
出處	**詩題【背景】**
昭和6年3月16日第8號	照妖鏡 五首（6）【鳳岡吟社第一期徵詩，任詞宗】
6年5月15日第12號	詩骨（8）【鳳岡吟社第二期徵詩，詞宗吳蔭培】
6年6月1日第13號	花債 四首（7）【啟蒙吟會徵詩，任詞宗】
6年7月15日第16號	破扇（7）【左蕭永東、右鄭煥新】
6年8月1日第17號	尋詩 二首（9）【鳳岡吟社，左鄭坤五、右姚松茂】
6年8月15日第18號	赤壁鏖兵（9）【鳳岡吟社，左鄭坤五、左林靜觀】
6年12月15日第26號	偕老——祝林靜觀先生金婚式擊缽吟（9）【鳳岡吟社，左鄭坤五、右李曉樓選】
7年4月1日第32號	嘴花（8）【九曲堂小集，任詞宗，擬作】
7年8月15日第41號	中洲雪浪（2）【紅毛港青年研究會第二期徵詩】
8年1月1日第50號	秋味（8）【岡山詩學研究會第一期徵詩，任詞宗】
9年5月1日第80號	阿里山曉望（4）【全島詩人大會第一日首題擊缽錄】
9年6月15日第83號	荷錢（3）【天鄭香圃、地郭芷涵、人陳春林】
11年2月2日第122號	溪山——鳳頂格（3）【溪山吟社冬季擊缽】
11年2月15日第123號	擁爐（8）【汐社小集擊缽】
12年6月8日第154號	春山（21）【全島聯吟大會初日次唱，詞宗左黃南鳴、右鄭坤五】
13年5月22日第177號	石燈（10）【讀我吟社】
14年2月4日第194號	視錢如命（12）【讓仁室徵詩，任天詞宗，擬作，地賴獻瑞，人林連榮】
14年8月16日第207號	聖戰（10）【詞宗左郭芷韓、右鄭坤五】
15年1月23日第216號	問春（8）【潮聲吟社擊缽，詞宗左鄭坤五、右蔡荷生】
15年2月5日第217號	醉花（9）【潮聲吟社，詞宗左鄭坤五、右蔡元亨】。
15年2月18日第218號	興雅吟社創立紀念（6）【詞宗左鄭坤五、右蕭永東】
15年5月8日第223號	陳蕃榻（12）【大同吟社、歡迎鄭坤五擊缽】
15年11月2日第235號	乘槎路（10）【鯤島同吟第五期課題】
15年11月19日第236號	酒旗風（10）【鯤島同吟第六期課題】
16年1月1日第239號	武士血（38）【鯤島同吟第七期徵詩】
16年2月4日第241號	神酒（9）【柏社同意吟會】

16 年 2 月 4 日第 241 號	韓愈馬（8）【鯤島同吟第九期課題】
16 年 2 月 18 日第 242 號	伍員簫（8）【鯤島同吟第十期課題】
16 年 3 月 21 日第 244 號	諸葛鍋（11）【鯤島同吟第十一期徵詩】
16 年 8 月 21 日第 254 號	五彩虹（18）【麻豆綠社，詞宗左陳文石、右吳紉秋】
17 年 6 月 5 日第 273 號	送春（18）【東林吟會夏季例會，詞宗左坤五、右松江】
17 年 11 月 10 日第 283 號	屏東木瓜（18）【里港吟社員許夢熊氏徵詩發表】。
19 年 6 月 6 日第 316 號	戰果（10）【桐成吟會、歡迎鄭坤五先生擊缽。詞宗左鄭坤五、右韓子明】
19 年 6 月 6 日第 316 號	手談（12）【新聲吟社第一期擊缽錄。詞宗左鄭坤五、右高文淵】

任詞宗（未有作品）記錄：

6 年 1 月 17 日第 4 號	心畫——鷺拳格（16）【鐘亭第九期課題，任右詞宗，左蘇櫻材】
6 年 2 月 1 日第 5 號	年關——魁斗格（2）【鳳岡吟社課題，任詞宗】
6 年 3 月 1 日第 7 號	人情（10）【竹橋吟社徵詩，任詞宗】
6 年 8 月 15 日第 18 號	赤壁鏖兵（9）【鳳岡吟社，任詞宗，左林靜觀】
6 年 9 月 1 日第 19 號	待字姝（10）【鄞江吟社課題，任詞宗，右曾笑雲】
8 年 3 月 15 日第 55 號	白眼（9）【鼓山吟社擊缽錄，任詞宗，右陳國樑】
8 年 5 月 15 日第 59 號	狂蝶（9）【高雄慶雲藥行吳國下徵詩，任詞宗，右陳春林】
8 年 7 月 15 日第 63 號	壺公七絕（7）【岡山詩學研究會徵詩，任詞宗】
8 年 9 月 1 日第 66 號	壽山（10）【高雄壽峰吟會第一期徵詩，任詞宗】
8 年 9 月 15 日第 67 號	詩籤（12）【高雄高岡吟社擊缽錄，任詞宗，右陳春林】
9 年 3 月 1 日第 76 號	同心帶（15）【高雄市內惟五友同日結婚紀念徵詩，任詞宗，另林述三、鮑樑臣】
9 年 5 月 15 日第 81 號	涼味（11）【鼓山吟社擊缽吟，任詞宗，右陳春林】
10 年 12 月 1 日第 118 號	人海（6）【全島聯吟大會第二日次唱，任詞宗，右邱筱園】
10 年 2 月 15 日 123 號	溪聲（12）【溪山吟社冬季擊缽，任詞宗，右蘇維吾】
11 年 8 月 2 日第 134 號	時鐘（5）【鳳山藏修吟會，任詞宗，左林靜觀】
11 年 10 月 2 日 138 號	追慕曹公（3）【鳳山藏修吟會，任詞宗，左林靜觀】
12 年 6 月 8 日第 154 號	春山（20）【全島聯吟大會初日次唱，任詞宗，左黃南鳴】
12 年 7 月 6 日第 156 號	冥資廢止（13）【鳳山藏修吟會，任詞宗，左黃景寬】

13 年 4 月 17 日 175 號	聽鶯（16）【鳳山吟社擊缽，任詞宗，右鄭鷹秋】
14 年 8 月 16 日 207 號	樺山公遺跡碑（11）【登瀛吟社課題，任詞宗，左李石鯨】
14 年 11 月 2 日 211 號	負笈東都（6）【梅社第二期徵詩，任詞宗，左黃傅造】
14 年 11 月 17 日第 212 號	師、大肚——分詠格（18）【賴桐吟社第五期詩畸，任詞宗】
15 年 6 月 5 日第 225 號	帆影（14）【潮聲吟社課題，任詞宗，右陳春萍】
15 年 9 月 1 日第 231 號	藏書樓（12）【興亞吟社，社長又春氏披露擊缽，任詞宗，右陳家駒】
15 年 11 月 2 日 235 號	私語（21）【天籟吟詩徵詩，任詞宗，右黃爾竹】
15 年 12 月 1 日 237 號	玉連環（12）【鯤島聯吟第四期課題，任詞宗，左鄭筱圖】
16 年 5 月 19 日 248 號	儒峰頹（16）【大樹吳氏徵詩，任詞宗，右王竹修】
16 年 6 月 22 日 250 號	白髮（10）【東林吟社課題，任詞宗，右陳文石】
16 年 9 月 6 日第 255 號	漁歌（20）【麻豆綠社，任詞宗，右許成章】
16 年 9 月 22 日第 256 號	重圓月（12）【屏東聯吟會擊缽，祝社友朱凱耀君吉席，任詞宗，左郭芷涵】
16 年 11 月 1 日 259 號	含羞淚（14）【麻豆綠社，任詞宗，右李步雲】
17 年 6 月 5 日第 273 號	送春（18）【東林吟社夏季例會，任詞宗，右松江】
17 年 10 月 10 日 291 號	鯤海飛帆（12）【臺南市聯吟會，任詞宗，右陳文石】
17 年 10 月 10 日 291 號	田家（18）【東林吟會課題，任詞宗，右陳文石】
17 年 10 月 26 日第 282 號	戰場月（5）【屏東聯吟會，中秋擊薄錄，任詞宗，右陳春林】
17 年 10 月 26 日 282 號	下山虎（16）【潮聲社，任詞宗，右陳考廷】
17 年 11 月 10 日 283 號	論詩（10）【螺溪土曜吟會徵詩，任詞宗，左王竹修】
17 年 11 月 25 日 284 號	論詩（13）【螺溪土曜吟會徵詩，任詞宗，左王竹修】
18 年 2 月 1 日第 289 號	明月前身（11）【東林吟會課題，任詞宗，右吳紉秋】
18 年 4 月 23 日 294 號	投筆從戎（12）【高雄鯤社第四期課題，任詞宗，右張和鳴】
18 年 9 月 7 日第 302 號	曉粧（17）【彰化聲社，任詞宗，左吳蔭培】
19 年 4 月 9 日第 313 號	祝宮島虎雄校長先生榮昇高等關五等紀念（17）【徵詩發表，任詞宗，左林述三】
19 年 4 月 9 日第 313 號	雨夜花（18）【大城胡氏金枝徵詩，任詞宗，右朱啟南】
19 年 7 月 7 日第 317 號	梅魂（8）【酉山吟社課題，任詞宗，右吳子宏】

二、《東寧擊缽吟前集》（昭和9年3月30日） 計41題43首			
韻部	詩題	韻部	詩題
一東	赤繩繫足（3）鐵貓（12）酒肆（15）尋詩（17）	十四寒	殘月（149）
二冬	二喬觀兵書（20）潛龍（22）秋山（24）。	十五刪	題秘戲圖（155）
三江	香腮（26）古畫（28）	一先	松苗（172）
四支	妒妓（32）詩婢（34）宋太祖（37）	四豪	梅影（199）
五微	催租敗興（58）舞衣（61）	七陽	催詩雨（231）
七虞	還家夢（78）苦熱（81）射虎（84）	八庚	橋影（244）
九佳	秋牡丹（96）	九青	浪花（263）
十灰	雨金（105）	十蒸	春粧（266）菊枕（267）
十一真	蓮塘（126）	十一尤	秋露（276）
十二文	宓妃枕（131）	十二侵	花影（288）
十三元	竹胎（135）苔痕（138）香篆（140）	十三覃	裸女畫（295）睡蓮（295）秋味（295）飢鷹（296）佛手柑（296）

三、《東寧擊缽吟後集》（昭和10年6月9日） 計25題25首			
一東	王勃作滕王閣序（3）、	十四寒	意馬（98）觀濤（243）
四支	雅幕（23）題美人出浴圖（28）雛妓（30）讀畫（36）	一先	海邊松（110）觀音竹（111）新綠（113）鏡中花（113）
七虞	義捐金（228）	四豪	魯陽戈（256）。
九佳	心地（230）	五歌	情天（135）二喬觀兵書圖（258）
十灰	葬花鋤（64）	八庚	義路（160）天籟（162）鶴聲（167）紅拂妓（272）
十一真	吳宮教美人戰（80）	九青	莫愁湖（178）九皋鶴（179）
十三元	補裘（89）	十蒸	走馬燈（180）

四、《臺灣詩醇》（昭和10年） 計2題
歲暮（48）旅懷（179）

五、《瀛海詩集》（昭和15年12月30日） 計7題
虎爪菊（410）虎皮狗（410）水中雁字（410）法人（410）黑貓女（410）意匠（410）落花（410）

六、《風月報》、《南方》　　計 8 題			
昭和 16 年 11 月 15 日 119/120 期	乘槎路（35）	16 年 9 月 15 日 138 期	觀蓮（32）
16 年 1 月 1 日第 121 期	玉連環（30）	16 年 9 月 15 日 138 期	蒲劍（35）
16 年 1 月 19 日第 122 期	酒旗風（29）	16 年 10 月 1 日 139 期	障扇（32）
16 年 4 月 15 日第 128 期	諸葛鍋（27）	17 年 3 月 1 日 148 期	待魚（30）

七、臺灣詩壇　　計 2 題			
民國 40 年 7 月一卷二期	辛卯詩人節懷沈斯庵（5）	40 年 11 月一卷六期	病蟬（27）

八、中華詩苑　　計 6 題			
民國 44 年 11 月二卷三期	雨絲（62）	46 年 12 月六卷六期	淡溪秋色（47）
45 年 7 月四卷一期	鄭成功焚儒服（48）	47 年 5 月七卷五期	鷗盟（65）
46 年 11 月六卷五期	苦暑（50）	47 年 11 月八卷五期	蓮潭印月（52）

任詞宗（未有作品）記錄：	
45 年 8 月四卷二期	心聲（43）【鯤南七縣市詩人聯吟大會，臺南延平詩社主辦，鄭任右詞宗、左吳步初。】
45 年 9 月四卷三期	虎陂鳳梨（43）【臺南縣鯤南吟社秋季聯吟會，關廟敦源吟社主辦，鄭任左詞宗、右許黎堂。】
45 年 10 月四卷四期	壽峰晚眺（46）【鯤南三縣市夏季聯吟會，臺南延平詩社主辦，鄭任左詞宗、右周定山。】
47 年 10 月八卷四期	秋日登春秋閣（55）【高屏三縣市秋季聯吟會，鄭任左詞宗、右白劍瀾。】

九、《詩文之友》　　計 14 題			
民國 42 年 8 月一卷四期	（22）	45 年 8 月六卷一期	雨絲（微）（39）
43 年二卷六期	嘗膽（14）	45 年 9 月六卷二期	筆鋒（文）（35）
43 年 12 月三卷三期	光復節望神州（38）	45 年 11 月六卷三期	雙星會（22）
44 年 3 月三卷五期	戰謀（36）	46 年 1 月六卷五期	待重陽（32）
45 年 7 月五卷六期	弔屈原（5）	47 年 1 月八卷四期	畫佛（虞）（25）
45 年 7 月五卷六期	詠吳鳳（13）	48 年 1 月十卷三期	錢孔（肴）（29）
45 年 7 月五卷六期	漢文（40）	48 年 2 月十卷四期	伍員簫（37）

任詞宗（未有作品）記錄：

42 年 5 月一卷二期	首唱桃城春雨（19）【縣七市聯吟大會春季聯吟擊缽錄，任左詞宗，右吳子宏】
45 年 9 月六卷二期	虎陂鳳梨（19）【臺南縣鯤南吟社丙申秋季聯吟大會，關廟敦源吟社主辦，任左詞宗，右許藝堂】
46 年 1 月六卷五期	椿庭（30）【壽黃才樹詞兄六秩晉一擊缽吟，任左詞宗，右鮑樑臣】
46 年 8 月七卷五期	時雨（31）【岡山小集，任詞宗】

十、《鯤南詩苑》　　計 8 題

民國 45 年 6 月創刊號	春望（9）	45 年 8 月一卷二期 丙申詩人節全國詩人大會	弔屈原（34）
45 年 6 月創刊號	朝來（19）	45 年 9 月一卷三期 高屏三縣市聯吟	雙星會（26）
45 年 6 月創刊號	貝湖攬勝（40）	45 年 11 月一卷五期	梅嶺（9）
45 年 8 月一卷二期	情魔（7）	45 年 11 月一卷五期 壽陳皆興五秩晉九擊缽吟	蟠桃宴（34）

任詞宗（未有作品）記錄：

45 年 8 月一卷二期	詠吳鳳（35）【丙申詩人節全國詩人大會聯吟次唱，任右詞宗，左宗錢逸塵】
45 年 8 月一卷二期	待反攻〔註44〕（38）【鳳崗吟社，任左詞宗，右姚松茂】
45 年 9 月一卷三期	壽峰晚眺（25）【高屏三縣市聯吟首唱，壽峰吟社主辦，任左詞宗，右周定山】
45 年 9 月一卷三期	虎陂鳳梨（36）【鯤南吟社關廟聯吟，任左詞宗，右許黎堂。又見《詩文之友》六卷二期】
45 年 11 月一卷五期	蟠桃宴（34）【壽陳皆興五秩晉九擊缽吟，任左詞宗，右陳皆興】
45 年 11 月一卷五期	椿庭（38）【壽黃才樹六秩晉一擊缽吟，任左詞宗，右鮑樑臣。又見《詩文之友》六卷五期】

〔註44〕原看本作「待反政」，參後列諸詩俱作「待反攻」，此據以正之。

十一、其他	
（約大正十二年）《臺灣文藝月刊》	雲影七絕魚韻【樗社大會擊缽吟，任右詞宗，左趙雲石】
昭和 7 年 6 月 16 日《三六九小報》190 期	鄭成功、木瓜──分詠格（4）【臺灣漢學研究會徵募詩文，任詩畸詞宗】
說明：題後（　）內數字為在該書之頁碼。	

　　從《詩報》清楚記載時間及地點的詩作資料中，可以清楚地看到，從昭和 6 年至 17 年（1931～1942）之間，鄭坤五幾乎年年參加詩會活動，或擔任詞宗，或有作品參賽。

　　若綜合各錄載資料，可以約略顯示鄭坤五所參加詩社吟會或徵詩的大致區域。統合之後所得者包括有：

　　北部：基隆華僑鄞江吟社、臺北天籟吟社、新竹詩人大會、東閣聯吟、全島聯吟大會〔註45〕。

　　中部：苗栗南洲吟社、苗栗十縣市聯吟大會、臺中聯吟大會、臺中樗社、鹿港大冶吟社。

　　南部：臺南麻豆綠社、臺南南社、高雄州下聯吟會、高雄旗津吟社、鳳山鳳崗吟社、屏東三友吟會、屏東潮州潮聲吟社、屏東林邊興亞吟社、里港吟社、鯤南七縣市聯吟大會。

　　東部及外島：宜蘭頭圍登瀛吟社〔註46〕、澎湖西瀛吟社。

　　從簡單的歸納中，可以知道：鄭坤五所參加的吟會或徵詩，目前除了花蓮、臺東尚未聞知之外，乃以高屏地區為主，而幾乎遍及全島北、中、南三區，甚至跨海至澎湖。若比論次數多寡，則其中以參加高雄州下聯吟會的次數最顯頻繁。這主要是由於地緣關係所使然，但也顯示鄭坤五活動力之旺盛與在傳統詩社間的活躍。

　　高雄州下聯吟會應該可以算是鄭坤五參與詩社擊缽吟會的最典型代表，原因在於：

　　1. 高雄州下聯吟會，乃是大高雄地區詩社聯吟最大也最具代表性的組織，匯聚的詩社、詩人數量作多，規模、水準均為該地區之最高層級。日治時

〔註45〕各詩社聯會所在地參賴子清〈古今臺灣詩文社〉（一）、（二）。另有未詳地點者包括：啟蒙吟會徵詩、鯤島同吟課題。

〔註46〕登瀛吟社於首稿本中註記為「宜蘭頭圍」，《詩報》第 26 號所載亦以「頭圍」標示之，賴子清文中改記為「頭城」。

期的高雄州下含該的區域包括有：高雄市、岡山郡、鳳山郡、旗山郡、屏東郡、潮州郡、東港郡、恆春郡。〔註47〕範圍即今日一般所謂的「高高屏地區」，指高雄縣、市及屏東縣，可以充分地代表南臺灣詩壇的概況。

　　2. 高雄州下聯吟會定期而且頻繁地舉辦聯吟會，以日治時期最具權威性的《詩報》所刊載情況論，每次集會都受到刊登，因此該會的活動記錄當是最完整的，這對於詩會活動歷史的呈現而言，比較具有客觀的意義，在學術研究上，也較有說服力。

　　經逐頁檢閱《詩報》之後，茲製作「高雄州下聯吟會所見鄭坤五一覽表」，以作為鄭氏參與擊缽詩會之代表：

表26　高雄州下聯吟會所見鄭坤五一覽表

序	昭和時間	背景	詩題	詞宗	得第	屬性
1	7年4月15日33號11頁	吟會	春意	左鄭坤五、右蕭永東	未見作品	時令
2	7年5月15日35號11頁	吟會首唱	壽山曉翠	左趙雲石、右洪鐵濤	左二右八	地理
3	7年6月1日36號15頁	吟會次唱	防波隄	左許子文、右吳萱草	左五	器用
4	7年8月1日40號1頁	吟會首唱	破廟	左鄭坤五、右陳春林	右五	宮室
5	7年8月15日41號8頁	吟會次唱	血花	左陳春林、右陳月樵	左一右二左二右八	政治
6	7年10月15日45號6頁	吟會擊缽錄	山路	左陳定國、右陳春林	左一右三左三右十	地理
7	7年11月1日46號7頁	吟會擊缽錄	臨流	左陳月樵、右鄭坤五	左五右避	遊眺
8	7年12月15日49號7頁	吟會首唱	燈虎	左宋義勇、右鄭坤五	未見作品	技藝
9	8年10月15日68號6頁	吟會擊缽錄	法網	左鄭坤五、右蕭永東	未見作品	政治
10	8年11月1日69號5頁	吟會擊缽錄	飛行士	左鄭坤五、右蕭永東	未見作品	人物

〔註47〕見《臺灣人物傳》220頁。

11	8 年 11 月 15 日 70 號 7 頁	吟會擊鉢錄	露珠	左陳春林、右潘芳菲	右十	天文
12	8 年 12 月 1 日 71 號 5 頁	吟會擊鉢錄	拇戰	左陳家駒、右黃森峰	左三右七	技藝
13	9 年 7 月 1 日 84 號 3 頁	吟會次唱	雲衣	天李步雲、地鮑樑臣、人黃森峰	人一	天文
14	9 年 10 月 1 日 90 號 4 頁	吟會擊鉢	九皋鶴	天郭芷涵、地黃森峰、人陳家駒	人眼天七天六地十	鳥獸
15	9 年 10 月 15 日 91 號 4 頁	吟會擊鉢	書淫	天鄭坤五、地蕭永東、人尤鏡明	地元地九	文事
16	9 年 11 月 1 日 92 號 3 頁	吟會擊鉢	壺天買醉	左鄭坤五、鮑樑臣；右蕭永東、陳春林	未見作品	人事
17	9 年 11 月 15 日 93 號 6 頁	吟會擊鉢	待重陽	左芳菲、義勇；右覲廷、松茂	左八 02右02　19　08	時令
18	10 年 6 月 1 日 106 號 3 頁	吟會擊鉢	義捐金	左鄭坤五、右黃森峰	右一	人事
19	10 年 8 月 1 日 110 號 3 頁	吟會夏季大會	雨箭	左郭芷涵、右陳春林	右二左八	天文
20	10 年 8 月 15 日 111 號 2 頁	吟會夏季擊鉢	醉眼	左瘦梅、右石輝	左二右十	飲食
21	11 年 2 月 15 日 123 號 3 頁	吟會擊鉢	旗峰曉翠	左鄭坤五、右陳春林	右七	地理
22	11 年 5 月 15 日 129 號 10 頁	吟會擊鉢錄	茶船	左鄭坤五、右郭芷涵	右四左避	器用
23	11 年 10 月 15 日 139 號 7 頁	吟會	老俠	左鄭坤五、右陳文石	右十三左避	人物
24	12 年 2 月 19 日 147 號 8 頁	吟會擊鉢	東津秋色	郭芷涵、鄭坤五	未見作品	時令
25	12 年 3 月 21 日 149 號 18 頁	吟會詩錄	塵芥箱	左洪鐵濤、右郭芷涵	左九	器用
26	12 年 7 月 6 日 156 號 9 頁	吟會	選舉戰	左蘇維吾、右朱阿華	左花	人事

27	14 年 8 月 16 日 207號 10 頁	吟會首唱	聖戰	左郭芷涵、右鄭坤五	左六右避	武備
28	14 年 9 月 1 日 208號 8 頁	吟會次唱	傳書鳩	左吳萱草、右蕭永東	左九	鳥獸
29	14 年 12 月 20 日 214號 10 頁	吟會、屏東孔子廟落成紀念	文風	左吳萱草、右鄭坤五	未見作品	文事
30	15 年 1 月 1 日 215號 19 頁	吟會次唱	木鐸	左李步雲、右吳紉秋	左四	文事
31	15 年 3 月 20 日 220號 12 頁	吟會	遊春	左鄭坤五、右陳家駒	未見作品	時令
32	15 年 12 月 17 日 238號 18 頁	林邊主催吟會	蕉詩	左施梅樵、右鄭坤五	未見作品	文事
33	16 年 1 月 20 日 240號 20 頁	吟第一次課題律詩	眉語	左陳春林、右陳文石	左一右二	人事
34	16 年 2 月 4 日 241號 12 頁	吟會第一次課題絕詩	錢孔	左鮑樑臣、右許君山	右二左六	寶飾
35	16 年 4 月 18 日 246號 14 頁	吟會擊缽	人道橋	左蘇鴻飛、右鮑樑臣	右四	器用
36	16 年 7 月 22 日 252號 8 頁	吟會	仙草冰	左吳子宏、右陳可亭	右二	飲食
37	16 年 8 月 2 日 253號 14 頁	吟會課題首唱	觀蓮	左陳文石、右王松江	右眼左五	遊眺
38	16 年 8 月 21 日 254號 22 頁	吟會課題	障扇	左張蒲園、右蔡元亨	左三	器用
39	16 年 9 月 6 日 255號 12 頁	吟會第二期課題	瑞竹	左鄭坤五、右蕭永東	未見作品	草木
40	16 年 9 月 22 日 256號 12 頁	吟會課題	木瓜	左黃石輝、右高雲鶴	右十	花果
41	16 年 11 月 17 日 260號 20 頁	吟會擊缽	東津海市	左賀來亨、右鄭坤五	左五	地理
50	17 年 3 月 7 日 267號 10 頁	吟會課題	待魚	左賀來亨、右陳寄生	左九	蟲魚
51	17 年 3 月 18 日 268號 10 頁	吟會課題	畫佛	左鄭坤五、右黃森峰	右元左避	文事
52	17 年 4 月 3 日 269號 18 頁	吟會首唱	南方戰捷	左黃靜軒、右鄭坤五	未見作品	武備

53	17 年 4 月 20 日 270 號 18 頁	吟會次唱	鞋痕	左陳文石、右陳家駒	右十		人事
54	17 年 7 月 24 日 276 號 16 頁	吟會、九曲堂值東課題	愛國心	左吳紉秋、右鹽本自重	右三		政治
55	17 年 8 月 5 日 277 號 10 頁	吟會課題、九曲堂值東	對出征將士感謝	左黃森峰、右陳寄生	左右四左八右十		武備
備註：詩歌屬性依賴子清編《臺灣詩醇》分類。							

透過這份列表，可以具體知道：

1. 高雄州下聯吟會的舉辦「至遲在昭和 6 年（1931）已成立，昭和 12 年（1937）七七事變後遽告停頓，昭和 14 年（1939）後恢復活動，東南亞戰爭後又停頓。」〔註48〕除了昭和 6 年未見，其他自昭和 7 年至 17 年的聯吟會活動，都可以看到鄭坤五與會的蹤跡。在列表所見的 55 次活動記錄中，鄭坤五擔任了 21 次的詞宗，幾近一半的機會，平均每年要擔任兩次州聯吟會的詞宗，可以說是高雄州下聯吟會最常聘請的詞宗人選。可見得鄭坤五在臺灣南部擊缽詩壇擁有崇高的聲望。

2. 鄭氏作品在高雄州下聯吟會中，除了有 11 次未見其作，就實際參與競賽的成績看，往往名列前茅，其中更有七次掄元的紀錄，成績輝煌。鄭氏之擅詩，可謂有目共睹。當今新詩名家陳千武先生曾告訴筆者：「鄭坤五很有名。」「為什麼？」「他的詩作得多，也作得好，並且常常參與許多詩歌文學的活動！」〔註49〕證之以上表的紀錄，果然不虛。

3. 聯吟會的活動內容包括課題、擊缽，題目的擬定，大約有幾個大類：

（1）沿襲傳統，例如：〈春意〉、〈臨流〉、〈燈虎〉、〈拇戰〉、〈九皋鶴〉、〈雲衣〉、〈書淫〉、〈壺天買醉〉、〈待重陽〉、〈文風〉、〈木鐸〉、〈遊春〉、〈觀蓮〉等。這是最常見的擬題方式。

（2）聯吟會的舉辦可能由高雄州下各地詩社輪流值東，也因此有時會帶有地方的色彩。例如：〈蕉詩〉在林邊、〈壽山曉翠〉當在高雄市區、〈旗峰曉翠〉當在旗後、〈東津秋色〉、〈東津海市〉當在東港、〈木瓜〉當在屏東。

（3）因應時節而擬題，例如：春季則有〈春意〉、〈遊春〉；夏季則有〈仙草冰〉、〈觀蓮〉；重陽時節則有〈九皋鶴〉、〈待重陽〉；春節將屆則有〈拇戰〉；

〔註48〕見胡巨川〈民初以來高雄市的詩社概況〉第 6 頁，《高市文獻》15 卷 1 期，2002 年 3 月。

〔註49〕據 2004 年 10 月 9 日訪談記錄。

紀念屏東孔子廟落成則有〈文風〉。此類往往也是傳統擊缽常見的題目。

（4）呼應政府當局，例如：昭和 10 年 6 月〈義捐金〉、昭和 14 年 8 月〈聖戰〉、昭和 17 年 4 月〈南方戰捷〉、昭和 17 年 7 月〈愛國心〉、昭和 17 年 8 月〈對出征將士感謝〉等。這類題目有明顯的政治宣傳的意味。

（5）反映新事物，例如：〈飛行士〉、〈人道橋〉；創意擬題，例如：〈破廟〉、〈錢孔〉。

4. 一般詩歌吟會的擬題，或由詞宗擬定，或由大會擬定。鄭坤五擔任詞宗時的擬題共廿一次，分別為：〈春意〉、〈破廟〉、〈臨流〉、〈燈虎〉、〈法網〉、〈飛行士〉、〈書淫〉、〈壺天買醉〉、〈義捐金〉、〈旗峰曉翠〉、〈茶船〉、〈老俠〉、〈東津秋色〉、〈聖戰〉、〈文風〉、〈遊春〉、〈蕉詩〉、〈瑞竹〉、〈東津海市〉、〈畫佛〉、〈南方戰捷〉。

以上可以作為瞭解鄭坤五整體擊缽作品的代表性切面。對於鄭坤五在文戰期間力挺舊詩，討論擊缽的論點，或許可以從其中抽取具有公信的實質佐證。

三、詩作評析

擊缽課題詩歌為競賽詩歌，但「誰謂遊戲之中，而無石破天驚之語耶？」〔註 50〕鄭坤五的總體詩作中，擊缽課題之作佔有極大份量，雖然從手稿中並不全然能判斷是否皆為詩會之作？或是否皆已發表？但即使是一題多作，也當一同視為課題擊缽之作。鄭坤五經常擔任詞宗，是詩會的常勝軍。據其哲嗣鄭麒傑表示：其先父年輕時代曾北上參加全臺詩人吟會，並連續三年獲得詩會狀元〔註 51〕，一時之間，聲名大噪。這樣難得的榮譽，凸顯了鄭坤五在擊缽詩壇的能力與聲望，其作品當有其可觀之處。僅以公開刊登於《臺灣藝苑》與《詩報》等刊物上的〈九曲堂詩草〉專欄（參「九曲堂詩草一覽表」）為例，就其內容來看，其中即有大部分是詩會中的擊缽課題的作品。在詩輯前冠上「九曲堂詩草」的名號，頗具有將以之傳世的意味，其中所錄諸詩，極可能是經過作者取捨選擇之後的結果。經過鄭氏的自我選擇，將這些擊缽之作納入做為個人詩歌代表的專欄中，可見得他並不認為「擊缽非詩」，好的擊

〔註 50〕見連橫《詩薈餘墨》。

〔註 51〕鄭坤五奪得詩會狀元的次數，若依〈鄭麒鋏先生來鴻〉中表示，則是「連續兩年」。

缽作品也可以成為傳世之作。

　　競技之作著重技巧，詩歌創作技巧因此是擊缽詩的一大重點；競技之作不全然無意境，兼具意境與技巧的作品，尤其足為佳範。在創作一首擊缽佳作的前提下，自構思以至成稿，基本上可以透過鍛練立意、聯想比擬、運用事典三大方向，來完成詩歌的寫作。以下試就此三法，分別觀察評析鄭坤五的擊缽詩作。

（一）鍛練立意

　　凡有所立說作文，必先有立意，然後據以選材，方能成篇。正乃「作文須先立意……天下之事散在經史子中不可徒使，必得一物以攝之，然後為己用，所謂『一物』者，『意』是也。」〔註52〕立意是作者的感受見解，是作品的靈魂軸心。但感受見解可能不夠深刻，藉由累積材料，可以使作品更深厚有力。不過藝術創作不能一昧追索前人蹤跡，要能自出機杼，獨立品識才是。

　　擊缽是限時、限題、限韻的文字競技，在種種條件約束下，猶能表出卓見，是難得的，但也可以是有方法協助成立鍛意的。主持民間詩會、詩刊長達三十餘年的擊缽名家吳錦順詞長，以創作實務心得歸納出四項要素，分別是：記事、事類、品題、辭藻〔註53〕。這四項要素也可說是四項步驟，經過四道程式的博觀約取，也可以藉由前人的故實名言，提點可用的靈感與素材。此四項於作詩於作文皆可適用，其要在博觀前人佳句妙意趣事，揉合之後再以己意出之，以創句表出，能有所本而造新體，展現凝練的詩意，方為上品。

　　鄭坤五為文素來不羈，尤其重視突出個性，避免言人之已言，他曾說：

> 日課一律，題取詠物，務以前人未曾染指者為尚。或曰：何必單指詠物？曰：餘固有大欲存焉，如詠史、時令、香奩應酬、摘句為題之詩，已是我口所欲言，已出古人口矣，無過為古人應聲蟲已耳。**若詠時事，又恐有觸忌諱，倘要發揮個性，舍詠物之外無他也。**……此余始終不移之趣旨。〔註54〕

〔註52〕明代李騰芳《山居雜著》語。

〔註53〕見氏著〈論傳統詩的寫作理論與實務〉，收在《臺灣傳統漢詩發展與教學研討會論文集》第59～64頁。社團法人臺中市國語文研究學會主辦，2004年10月30日。

〔註54〕見《三六九小報》昭和9年9月29日第381號4版「話柄」專欄〈也是詩話〉。

在這樣的態度下，他隨之抄錄個人所作「歪體詩」於後，包括有〈子曰店〉、〈食祖公屎〉、〈情敵〉、〈賺豬〉、〈煙蛇〉、〈書淫〉、〈獵雄〉七題詩作〔註55〕，率皆一般少見之詩題，其中的〈情敵〉、〈賺豬〉、〈書淫〉三題，幾個月後收在「九曲堂詩草」中，再度刊登於《詩報》〔註56〕，許是作者滿意之作。這類詩歌或可謂其為遊藝詩歌，然其刻意別出心意，內容不避雅俗，則作者勇於表現自我的獨特感受與見解，這份致力於立意獨創性的態度是值得肯定的。

在上述七題中，〈書淫〉一題不久之後成為當月高雄州下聯吟會擊缽詩題，相信這極可能是受聘為天詞宗的鄭坤五所擬薦的詩題。當時鄭坤五也提出二首作品參與競詩〔註57〕，其中之一勇奪地元，這首擊缽掄元詩歌如下：

> 儒生何異登徒子，典籍真如窈窕娘。滿眼豔詩魂魄蕩，卷中有美願常償。

將書生浸淫書海比喻作登徒子追逐豔色，直言不羈，簡潔明快，真是以俗喻雅，立意令人一新耳目，有名士輕佻不羈的率性。此題鄭氏前後共作三首〔註58〕，大體上立意相近，而以上述一首最為詼諧明決。足見此一立意，作者深得於心。吾人試就上述鍛意四要素，逆推其立意選材成篇的寫作理路：

記事：

> 《南史‧劉峻傳》：「劉峻家貧好學，苦所見不博，聞有異書，雖遠必往求借，人謂之書淫。」

事類：

A. 書淫左僻（劉峻、杜預）B. 蠹魚（身入群經作蠹魚）C. 鄴架（〈送朱葛覺往隨州讀書〉）D. 萬軸琳瑯（〈送朱葛覺往隨州讀書〉）E. 黯然銷魂（〈別賦〉）F. 焚膏繼晷（〈進學解〉）

〔註55〕分見《三六九小報》昭和9年9月29日第381、382、383號4版「話柄」專欄〈也是詩話〉。

〔註56〕見《詩報》昭和10年1月1日第96號10頁「九曲堂詩草」。

〔註57〕〈書淫〉，見《詩報》昭和9年10月15日第91號4頁。高雄州下聯吟會擊缽，天鄭坤五、地蕭永東、人尤鏡明。又，同題另作得第地九：「士安痼癖愛琳瑯，嗜好儒家有別腸。遮莫見書如見色，老年作樂雅何傷。」

〔註58〕《三六九小報》第381號所載〈書淫〉：「何殊見色蕩如僧，鄴架當前眼倍明。學子尋歡詩一卷，先生行樂夜三更。士安老去耽尤甚，劉峻年來癖已成。不憚精神羅典籍，肯拋虛牝守男貞。」

品題：

　　廿年冷臣意蕭然，好古成魔力最堅。隆福寺歸誇客夜，海王村暖典衣天。從來養志方為孝，自古傾家不在錢。墨癖書淫是吾病，旁人休笑餘癲癇。（方懿榮〈自嘲〉）

辭藻：

　　書淫　詩書　登徒子　苦讀　君子　入淵　皓首

　　傳僻　典籍　顏如玉　淫佚　淑女　尋珠　銷魂

　　再如鳳崗吟社第二期徵詩，詩題〈詩骨〉〔註59〕，鄭坤五有詩云：

　　　　諷世好詩多露骨，帶些氣節始為奇。雅人有格宜求髓，肉眼無珠莫相皮。略具性靈胎易脫，不生風韻俗難醫。玉溪獨愛香奩體，信手揣摩妙可知。

這首詩受當時詞宗吳蔭培青睞，選錄為第九名，評語曰：「深得詩人敦厚之旨。」則本詩非以辭藻之殊耀目，而以其立意宗旨動人，蓋能得古人「溫柔敦厚，詩教也」的情志。亦試逆推其理路以觀：

記事：

　　〈神異賦〉：「骨格為一世之榮枯，氣色定行年之體咎。」

事類：

　　A.「詩骨聳東野，詩濤湧退之」（〈戲贈無本〉）〔註60〕，B.「秀骼標壇坫，佳篇曠古情」（〈詩骨〉）〔註61〕，C.「微醉閑吟詩骨健」（〈歲旦寄人〉）〔註62〕，D.香奩，E.西崑體，F.騷壇

品題：

　　騷人氣魄勢摩空，泣鬼驚神李杜同。果爾稜稜容擺俗，笑他畫虎只皮工。

〔註59〕見《詩報》昭和6年5月15日第12號8頁。

〔註60〕孟郊〈戲贈無本〉：「長安秋聲乾，木葉相號悲。瘦僧握冰凌，嘲詠含金痍。金痍非戰痕，峭病方在茲。詩骨聳東野，詩濤湧退之。有時跟蹡行，人驚鶴阿師。可惜李杜死，不見此狂癡。」

〔註61〕蔡啟東〈詩骨〉：「騷人英氣勃，下筆貶褒精。鬼泣歐蘇句，神驚李杜名。稜稜堅不屈，字字硬能錚。秀骼標壇坫，佳篇曠古情。」見洪寶昆、高泰山合編《臺灣擊缽詩選第二集》第244頁，臺北：詩文之友社，1969年6月。

〔註62〕〈歲旦寄人〉：「歲朝情狀報君陳，喜色庭幃正是春。微醉閑吟詩骨健。無功自得守清貧。」

（嘉義邱攸同）〔註63〕

辭藻：

　　詩骨　　骨氣　　雅俗　　脫胎　　骨格　　氣節　　玉溪

　　文心　　性靈　　皮肉　　換骨　　眼珠　　風骨　　袁枚

　　再如〈義捐金〉〔註64〕（詳後：「《詩報》所見鄭坤五擊缽課題掄元詩集」）一詩造語平易，薄施對仗，在辭藻上並無太多新創，然而立意敦厚，諄諄勸善，扣緊題旨。〈秋味〉三首〔註65〕欲將秋味加於五味之列而成六味，意有別出，緊鎖住秋味與人間味的交互品察，感慨與期盼的心緒紛至，所謂「愁者，秋心也」，詩言所指乃是秋日愁緒。

（二）聯想比擬

　　靈感就是觸類引伸，當作者在摛詞寫作中因某一類的字詞而會聯想相對的字或詞，而瞬間捕捉其意寫下來便是靈感。所以，聯想是靈感的重要形成原因，而比喻便是表現靈感的重要表徵了。對藝術創作而言，適當而有創意的聯想比擬是必要的。在擊缽課題的遊藝中，尤其如此。

1. 貼切為上

　　鄭坤五在文戰期間發表〈我也對舟揖君說幾句〉〔註66〕一文中曾經指出：

　　　現在本島現行之舊詩，不是課題，便是擊缽，是數人或數百人，共

　　　作一題之詩，是人自去尋詩，不得不就題發揮，譬如題是「意馬」

　　　若不曾看見意馬之人不得做，豈不全會流產乎？

這裡所說的，便是針對詩題加以聯想的重要性了。在吟會限題、限時的競賽中，題目看不懂或會錯意，必然嚴重影響成績。但在缺乏足夠時間考察的情形下，「就題發揮」也是不得不然的作法了。所謂「就題發揮」，正是就題面聯

〔註63〕見賴子清編《臺灣詩海（前編）》第96頁。

〔註64〕〈義捐金〉詩載鄭氏剪貼簿「九曲堂詩艸」；又載《詩報》昭和10年6月1日第106號3頁「高雄州下聯吟擊缽」坤五得右一；又見《詩報》昭和11年6月15日第131號5頁；另收錄於《東寧擊缽吟後集》228頁。其中「舍」，聯吟擊缽、《東寧擊缽吟後集》作「在」；剪貼簿作「捨」。「哀」，剪貼簿誤作「衷」，今改。「品」，手抄本與剪貼簿誤作「物」，今改。

〔註65〕〈秋味〉：「五味人間宜改六，一年時序既經三。古來習氣酸儒甚，吟料甘從淡處探。」（之一）、「豈真秋士喜空談，隨意津津說二三。願乞金風回景氣，哀黎無數得分甘。」（之二）、「一年都夏嘆瀛南，乾燥民生已不堪。涼味夜來驅酷暑，人間苦盡喜回甘。」（之三）

〔註66〕見《南方》146期25頁，昭和17年2月1日。

想引伸。這植基於個人的學識與生活閱歷，也有賴心眼的敏銳與靈活。

上文中提及的〈意馬〉一題，鄭坤五曾寫就一首，收在「九曲堂詩草」中，其詩曰：

> 龍駒出沒寸心間，莫把尋常駿足看。騁到名場嫌地窄〔註67〕，衝〔註
> 68〕開愁陣覺懷寬。敢因順境奔騰易〔註69〕，遂昧懸崖勒住難。極力
> 情繮收得緊，何妨少憩卸征鞍。〔註70〕

詩中將成語「心猿意馬」中的「意馬」二字形象化，以情絲為韁繩，以心緒為草場，人的理性意志馳騁其中，在名利富貴翻飛驅誘下，如何掌控？就端視各人智慧了。這首詩與其說是以靈感乍現動人，不如說是善於聯想比擬得宜。

類似的形象化聯想法，也應用在〈血花〉一題上。詩人以丹心為苗，以熱血為花，祈祝在黃花崗上千秋綻放飄香。顯然借題面遙想反清七十二烈士的壯舉，讚頌其犧牲奉獻，成仁取義的行動。此詩既有貼切的聯想比擬，又凸顯了民族意識，莫怪成為當年掄元之作。

再有高雄州聯吟會次唱〈防波隄〉一詩，鄭坤五以「可是巨靈伸一臂，要從蛟窟攫驪珠。」〔註71〕之句，形容海堤為「巨靈伸臂」，想像力活跳新奇，比擬甚具新意，平添許多詭異不馴的豪氣。又將〈仙草冰〉比擬為「水晶聯黑玉」〔註72〕，既顯其溫潤如玉的質感，尤能呈現晶亮迷人的光澤，其聯想十分恰合。

2. 貴在創意

聯想比擬除了講求貼切，尚且貴在創意。能鑄新詞，才能擺脫老套的陳腔濫調，推發文學的新鮮進步。胡適推動新文學運動中提倡「八不主義」，其中之一便是「務去濫調套語」。正處於新舊文學相衝擊的日治時期傳統文人，

〔註67〕「窄」，手稿本與《東寧擊缽吟後集》作「小」。

〔註68〕「衝」，《東寧擊缽吟後集》作「撞」。

〔註69〕「易」，《東寧擊缽吟後集》作「慣」。

〔註70〕本詩載《臺灣藝苑》第1卷第1號。又載曾笑雲編《東寧擊缽吟後集》第98頁。

〔註71〕〈防波隄〉：「儼然半島踞邊隅，力挽狂瀾賴壯圖。可是巨靈伸一臂，要從蛟窟攫驪珠。」得第左五。時左詞宗許子文、右詞宗吳萱草，見《詩報》昭和7年6月1日第36號15頁。

〔註72〕〈仙草冰〉：「絕似水晶聯黑玉，清涼消夏更無雙。一杯擬向藍橋乞，未飲瓊漿氣已降。」高雄州下聯吟會題，得第右二。見《詩報》昭和16年7月22日第252號8頁。

也受到了推陳出新的文藝要求。文戰時期，此一議題也曾經是論辯的重點之一。對此，鄭坤五認為擊缽中有創意是難得的，而課題詩中則有不少獨創之作。他並且自信地以己作〈五彩虹〉詩為例。〔註 73〕這是一首高中左右雙元的得意之作〔註 74〕，詩云：

> 盡收色素染青空，半畫圓規作蠳蝀。天地共榮圈確立，光輝人在軸
>
> 樞中。〔註 75〕

當時左右詞宗的評語分別為左評：「辭意新穎，可以冠軍。」右評：「詩新，體制壓倒全卷，夫何間然。」兩位詞宗的意見交集正在一個「新」字，新在其辭及其意。試看此詩：古來以蠳蝀別稱彩虹，詩人再以「半畫圓規」來比擬蠳蝀，已是出新意於古人之外。而「圓規」一語乃新時代的產物名詞，自是古來未見的新辭，辭意俱新，頗能洗人耳目，也難怪作者自豪。下聯進一步推闡呼應日本殖民政府建立大東亞共榮圈的帝國大夢，乃意欲以物比事，雖無不可，但此言中示好之意，不知是否為其內心真言？而末句「光輝人在軸樞中」的比擬，顯得有些牽強，頗不符倫類。創意易出難精，若有一得，即屬可貴。

　　靈感乍到，實大快人心，但不獲賞識，亦不免嗔怨。鄭坤五曾借「墨戲」讀者來信，表露競詩時，往往獨出心裁者不易獲詞宗青睞的慨嘆，他說：

> 謂作詩者因欲博詞宗青睞，不得不引用前人舊句，以合詞宗脾胃，
> 是謂用典恰當，（如詠柳即「客舍青青」、「悔教夫婿封侯」等類）乃
> 得高列前茅，若獨出心裁造句造意者，則哂之曰杜撰，置之孫山外
> 云云，余亦深表同感。……今時一部分獎勵襲用古句之詞宗亦如是，

〔註73〕 見《南方》昭和 16 年 11 月 1 日第 140、141 期 20 頁坤五〈駁醫卒氏三診及第二傍觀生之再診感言〉：「擊缽吟是一種實習機關，則所謂在未自成一家之過程中，況時間有限，雖缺少獨創詩，豈可責其為病？若課題詩獨創者，亦是不少。惟非此中人不知耳，就只我不才知五彩虹詩：……雖不敢說是好詩，卻自信是獨創，不信請爾指出千古以來，有人用過這意旨與作法否？……我已數次說過，能創作者儘管創作，不能創作者，雖借用前人句法無妨之意。……大凡創作實力到時，自然發見，剽竊在無實力時期中，亦不便苛責。」
〔註74〕 見《詩報》昭和 16 年 8 月 21 日第 254 號 18 頁麻豆綠社課題，坤五得第左右一。
〔註75〕 〈五彩虹〉鄭氏共有三首獲選，除掄元之作外，另二首：「徒誇華麗感文通，朱草青苔得句工。赤地旱民求雨澤，與雲同望眼同紅。」左詞宗評語：「眼紅耳熱，雖符所望。」得第左三；「彩圈連絡滿春空，宇宙奇觀白晝中。造化小兒施狡獪，公開幻象百華筒。」左詞宗評語：「造句擺詞，雋永有味。」得第左五右二十。同見《詩報》昭和 16 年 8 月 21 日第 254 號 18 頁。

剽竊結習，雖係詞宗助長，亦亞細亞人模仿性所使然耳！〔註76〕

鄭坤五曾有過切身經驗。某年屏東吟會上作〈重圓月〉擊缽詩〔註77〕一首，心中十分滿意，其詩曰：

> 晶盤高掛有情天，再見清輝照大千。妙技羿弓真得意，此回又中廣寒仙。

這首詩將後羿射日轉稱作射月，暗喻作西方愛神潘比得的箭。此一轉折上，鄭氏自言靈感乃得自於樊樊山〔註78〕代月姐答詩〔註79〕，樊詩云：

> 靈藥偷回棄有窮，廣寒深避箭頭鋒。三千年後縈安枕，盡廢狂夫射月弓。

鄭氏頗得意於此一新意，謂此乃「反用」之法。沒想到左詞宗郭芷涵以「羿無射月之典」，至其名落孫山，反惹坤五嘲其不曾讀樊山詩。聯想比擬妥當與否，有時見仁見智，但過於轉折的引喻，反而容易造成讀者理解的阻滯，也是作者可以留心的。

（三）運用事典

《文心雕龍・事類》〔註80〕有言：「事類者，蓋文章之外，據事以類義，引古以證今也。」這是徵用前人典故，以證明或強化己意，並增加文章說服力的一種方法，一般也有稱為「引用」者〔註81〕。

實則援引古籍中的語句、成語或典故等，是歷久彌新的傳統修辭方法。章學誠說：「文辭，猶金石也；志識，其爐錘也。神奇可以臭腐，臭腐可以神奇。知此義者，可以不執一成之說矣。」〔註82〕辭藻如金石，鍛意如爐錘，金石經爐冶錘鍊而成就篇什，兩者相輔相成，可能成為佳作，但也可能偏執一方，導致失敗。其間運用之妙，存乎作者的才情和學識。天賦的才情即使不可勉強而得，後天的學識累積，卻是可以努力的。事類的運用，需憑藉作

〔註76〕見《詩報》昭和13年10月17日第187號23頁「墨戲」。
〔註77〕見《詩報》昭和16年8月21日254號24頁准詩話〈一字一圓〉條。昭和16年7月18日時當屏東吟友朱凱耀續弦，大開吟會，公擬詩題〈重圓月〉，七絕先韻，以誌祝意。時坤五任右詞宗。
〔註78〕樊樊山（增祥），清末民初名士，曾任江蘇布政使。
〔註79〕樊樊山代月姐答詩：「靈藥偷回棄有窮，廣寒深避箭頭鋒。三千年後縈安枕，盡廢狂夫射月弓。」
〔註80〕劉勰《新譯文心雕龍》第584頁。臺北：三民，1996年2月再版。
〔註81〕見黃慶萱《修辭學》第99頁第五章。臺北：三民，1983年10月4版。
〔註82〕見章學誠《文史通義・說林》。

者積累的學識，所謂的「將瞻才力，務在博見。」（《文心雕龍·事類》）文人需多讀書，儲備廣博的學識，多識前人事典佳言，加以核實的理解，運用時也能善於選擇，簡約巧用，與整體詩文相互融合為流暢自然的整體。

運用事典是創作的必要訓練過程，既可以據事類義，精鍊內涵，也可以導引修辭，通情達意。古人所編《事類統編》、《藝文類聚》等類書，正為提供查閱典故方便而編著，及今為詩，依然是最好的查典捷徑。但絕非將典故囫圇吞棗，食古不化。常用典的鄭坤五曾自言：「余並深冀引用典故者，加以化工，勿作葫蘆依樣，則庶變矣。」〔註83〕化工者，即是融合巧用。不過，活巧化工並非易事，生硬擠用在所難免。實則，運用前人事典，手法並不僅只一端，統觀之可概分為用辭與用事二項：

1. 用辭

先言用辭，例如〈臨流〉詩曰：

> 豈學莊周獨羨魚，濯纓濯足便斯時。淺深最愛黃昏月，斜映梅花影一枝。

詩之首句剪自《莊子·秋水》：「莊子與惠子遊於濠梁之上，莊子曰：『儵魚出遊從容，是魚樂也。』」第二句剪自屈原〈漁父〉：「滄浪之水清兮，可以濯我纓；滄浪之水濁兮，可以濯我足。」二者剪移經典，直置不諱；三、四句用宋代林逋〈梅花〉詩名句：「疏影橫斜水清淺，暗香浮動月黃昏」〔註84〕句，婉轉折曲，參差重組，稍出心機。

作詩需多讀書，是累積詩料，也是修身養性。裁章剪句的運用，都是個人才學展現的表徵。自古有所謂集句之作，綴集前人章句而為詩篇、短文、判語、書信，屢見不鮮。〔註85〕在日治時期漢文化面對著高壓殖民政權與西歐外來文明的雙重衝擊，傳統經籍不再成為唯一必讀，漢文化的振興乃為有識之士所振臂疾呼。鄭坤五曾慨嘆：

> 自「子曰店」倒閉以後，四書遂隨落伍者之衰漢、病漢、倒運漢諸漢子，束諸高閣矣。噫！「漢文有道恩猶薄，魏武無情弔豈知？」

〔註83〕《詩報》昭和 13 年 10 月 17 日第 187 號 23 頁「墨戲」。

〔註84〕林逋〈梅花〉：「眾芳搖落獨鮮妍，占斷風情向小園。疏影橫斜水清淺，暗香浮動月黃昏。霜禽欲下先偷眼，粉蝶如知合斷魂。幸有微吟可相狎，不須檀板共金樽。」

〔註85〕例如：陳肇興〈感事述懷 集杜二十首（並序）〉，見《陶村詩稿》，臺灣文獻叢刊第 144 種。南投：臺灣省文獻會，1994 年 5 月。

然當此資源愛護時期中，不但破鐵爛銅、竹頭木屑，甚且糞尿、塵埃，皆成有用之材，四書雖不合時宜，豈終成不可用之廢物歟？〔註86〕

有感及此，鄭坤五也曾想斷句為詩，但為不隨從前人作應聲蟲，於是有剪裁四書之舉。在為臺北洪陽生氏讓仁室徵詩擔任天詞宗時，擬作〈視錢如命〉〔註87〕七虞韻五律一首，全首通用四書文句辭語剪裁而成，其詩曰：

> 觸目文茲在，其如命也夫。臨財貪苟得，見義勇為無。放眼窮斯濫，私心德不孤。終身所仰望，豈可離須臾。

這首詩句句剪自古籍，試為之逐句尋出出處如下：

「觸目文茲在」剪自《論語・子罕第九》：

> 子畏於匡，曰：「文王既沒，**文不在茲乎**？天之將喪斯文也，後死者不得與於斯文也；天之未喪斯文也，匡人其如予何？

「其如命也夫」剪自《論語・憲問第十四》：

> 公伯寮愬子路於季孫，子服景伯以告，曰：「夫子固有惑志於公伯寮，吾力猶能肆諸市朝。」子曰：「道之將行也與？命也；道之將廢也與？命也；公伯寮**其如命**何！

「臨財貪苟得」剪自《禮記・曲禮》：

> **臨財毋苟得**，臨難毋苟免。

「見義勇為無」剪自《論語・為政第二》：

> 子曰：「非其鬼而祭之，諂也。**見義不為，無勇也。**」

「放眼窮斯濫」剪自《論語・衛靈公第十五》：

> （子）在陳絕糧。從者病，莫能興。子路慍見曰：「君子亦有窮乎？」
> 子曰：「君子固**窮**；小人**斯濫**矣。」

「私心德不孤」剪自《論語・里仁第四》：

> 子曰：「**德不孤**，必有鄰。」

「終身所仰望」剪自《孟子・離婁章句上》孟子曰：

> 今之欲王者，猶七年之病求三年之艾也。苟為不畜，終身不得。苟不志於仁，**終身**憂辱，以陷於死亡。《詩》云：『其何能淑？載胥及

〔註86〕見《詩報》昭和14年2月4日第194號26頁「墨戲」專欄。
〔註87〕本詩見手稿本，再見作者剪報《九曲堂滑稽詩集》，又見《詩報》昭和14年2月4日第194號12頁，鄭坤五任天詞宗，此詩為擬作。

溺』，此之謂也。」

又自《論語·子罕第九》：

> 顏淵喟然歎曰：「**仰之彌高，鑽之彌堅**，瞻之在前，忽焉在後！夫子
> 循循然善誘人：博我以文，約我以禮。欲罷不能，既竭吾才，如有
> 所立，卓爾；雖欲從之，末由也已！」

「豈可離須臾」剪自《中庸·第一章》：

> 道也者，不可**須臾離**也；可離，非道也。是故君子戒慎乎其所不睹，
> 恐懼乎 其所不聞。

鄭詩句句有來歷，取材以《論語》為最主要對象，《孟子》、《中庸》僅各用一條，《大學》未見取用。旁出《禮記》，雖非四書之屬，亦儒家經典之一。作者之熟稔於《論語》可知。全詩看似拼綴，卻又不是直接掇句續接。這樣的作法有別於集句詩，是經過裁字剪辭的取捨，再揉以己意編連貫穿而成。整首詩以聖賢教誨嘲弄視錢如命者的醜態，在感慨世道淪喪，道德衰微的同時，也惕勵自我堅守義路，富於醒世意味。雖是課題擬作，仍然言之有物，是典型的「據事以類義，引古以證今」。樂於展現才學的鄭坤五，以同樣手法剪裁四書，痛快續成〈錢孔鑽〉、〈子見南子〉、〈踰東家牆摟其處子〉三首詩〔註88〕，則詩人腹內學問之豐富充實，可見一斑。

2. 用事

再有裁用典故入詩，也是豐富內涵，精鍊詩意的妙法。日治後期，林邊書法家林又春榮任日滿華三國書道教授，大開擊缽會祝賀之，鄭坤五也與會裁詩，其詩曰：

〔註88〕此三首詩均見手稿本，又同錄於《詩報》昭和 14 年 2 月 4 日第 194 號 26 頁「墨戲」專欄。

〈錢孔鑽〉：「布在生方策，穿通冀谿然。臨財非敢後，當鑽任彌堅。穴隙相窺利，思齊為見賢。大成集孔子，一以貫之焉。」本詩另再見於鄭氏剪貼簿「九曲堂滑稽詩集」，題作〈錢孔鑽〉。

〈子見南子〉：「相窺非鑽穴，枉駕直而尋。南子聞之喜，先生樂不淫。朝參應北面，所欲遂從心。野性惟由也，恨如水益深。」題目出處在《論語·雍也第六》：「子見南子，子路不說。夫子矢之曰：『予所否者，天厭之！天厭之！』」

〈踰東家牆摟其處子〉：「踰同超北海，鑽穴免偷窺。有幸性相近，如何樂不為？服勞思弟子，在好是人師。可畏後生輩，學而時習之。」（其一）、「躍立巖牆下，先生丘在斯。得妻雖則否，處子或摟其。好色人皆欲，居功簀豈虧。父兄如有在，焉可使知之。」（其二）題目出處在《孟子·告子章句下》：「踰東家牆而摟其處子，則得妻，不摟，則不得妻，則將摟之乎？」

鐵劃〔註89〕銀鉤信不虛，職〔註90〕兼〔註91〕三國仰〔註92〕榮譽。
技精〔註93〕日滿華無匹，字學鐘王趙有餘。綠寫蕉箋〔註94〕懷素
草〔註95〕，白飛竹扇大蘇書。賴君筆下千軍掃，銃後堅持莫忽諸。
（其一）〔註96〕

名揚日滿華，德富潤身屋。島內仰奇才，林邊推望族。孝如曾子參，
詩似放翁〔註97〕陸。清瘦似梅花，知有前修福。（其二）〔註98〕

這兩首於「擊缽吟中一小時內所成」的作品，由於詩中用典引起議論，使得作者利用《詩報》〔註99〕一角，頗費篇幅地解釋。詩友提出的質疑〔註100〕，主要是幾方面：

A. 技精日滿華無匹，字學鐘王趙有餘：「日滿華」不宜對「鍾王趙」。

B. 島內仰奇才，林邊推望族：「島內」又不得作對「林邊」。

C. 白飛竹扇大蘇書：「飛白」不得作「白飛」；竹扇是王逸少，非姓蘇者，大蘇是余獨創。

D. 孝如曾子參，詩似放翁陸：「曾子參」不該對「放翁陸」。〔註101〕先名後姓，似外國人。

對於前二項質疑者，作者深不以為然，認為「凡解詩者不辯自知」，言下之意：疑者乃不懂詩者，此命題不值一辯。後二項，則鄭氏絮絮解說道：

謂誤用義之逸事，引出大蘇，其實余當作此詩時，本待寫「白飛竹扇右軍書」，大家容易瞭解。但是用「白飛」者，是記得梁武帝對蕭

〔註89〕「劃」，手稿本與《詩報》227號均作「畫」。
〔註90〕「職」，原誤作「聯」，今依手稿本與《詩報》227號改正。
〔註91〕「職兼」，手稿本作「超然」。
〔註92〕「仰」，手稿本作「負」。
〔註93〕「技精」，手稿本作「職兼」。
〔註94〕「箋」，《詩報》227號作「牋」。
〔註95〕「草」，手稿本與《詩報》227號均作「艸」。
〔註96〕本詩原見《詩報》昭和15年7月6日第227號5頁，題作〈林又春詞兄榮任日滿華三國書道教授賦祝〉。
〔註97〕「翁」，《詩報》228號誤作「公」。
〔註98〕本詩原見《詩報》昭和15年7月15日第228號4頁〈贈又春先生〉。
〔註99〕見《詩報》昭和17年3月7日第267號21頁「也是詩話」〈議祝林先生詩〉（本標題為編者擬加）。
〔註100〕見嵐映（林荊南）〈開誠勸告狀——呈坤五先生〉，昭和17年2月15日《南方》第147期14頁。
〔註101〕作者註：「『放翁』聞說被誤印作『放公』」。

子雲曾曰：「蔡邕飛而不白，羲之白而不飛。」因王氏被認定不飛矣，所以又顧而之東坡。取其在儋耳時，曾對朱崖人姜唐佐，取其手中竹扇，大書其上曰：「滄海何曾斷地脈，朱崖從此破天荒」故事。且東坡與弟子由齊名，時人呼之曰大、小蘇，而軾屬大蘇，即「高名重大蘇」之大蘇也，故曰：「白飛竹扇大蘇書。」

至於「曾子參」對「放翁陸」者，是以名對姓。且用大本數字之「參」、「陸」取巧，所謂倒裝句法。且「陸」字亦有不得不用之由。

夫古老號放翁者，不但陸遊一人，朱子之「要見三山老放翁」之放翁，詩名不若務觀，故不指「陸」，則無以分別。

鄭坤五詩多博學靈巧，以「曾子參」對「放翁陸」為例，鄭氏刻意將「參」、「陸」視為數字，作為對仗，是取巧之法。另外，其實他也以「子」對「翁」，取子、父相對之意，是另一取巧之筆。一轉再轉，對仗婉曲，非嫻熟詩書，思想靈活不足以為之。而讀者若胸無點墨，直觀少思，恐怕也將無法看出其中端倪。句中不甚工整者，僅「曾」之於「放」而已。

典故如海，難以通曉，若要活用，尤需妙才。此乃詩人需時時勤讀，常常練筆的緣故。鄭坤五正是勤學的讀書人，其嗣孫鄭文華目前七十餘歲，接受訪問時回憶道：幼時印象中的阿公，總是手拿書本，終日讀書。阿公讀書時，表情看來很嚴肅，作孫子的總不太敢親近。〔註102〕其實，鄭坤五也以其勤於讀書而自豪，在文戰期間所發表的〈再對嵐映、醫卒二君回禮〉〔註103〕一文中他說道：

我雖淺學，然讀書卻是我的性命，今年五十七。自信入學以來，至今未嘗一日無讀書，除卻抱病無閒以外，連夜間猶不敢欠勤，此是凡有對我門前行過者，一定看見我手一本書。……

從現今可見的鄭坤五筆記、雜記諸手稿本內密密麻麻的劄記文字中，的確可以印證鄭坤五用功的程度，的確令人佩服。斯人而有斯才，後天的勤奮是重要的因素啊！

另外一提所謂「奪胎換骨」法。這是宋代江西詩派宗師黃山谷〔註104〕所倡的詩法，他說：

〔註102〕據筆者 2003 年 6 月 8 日訪問記錄。
〔註103〕見昭和 17 年 1 月 1 日《南方》第 144 期 23 頁。
〔註104〕黃庭堅（1045～1105），自號山谷，字魯直。

> 詩意無窮而人才有限；以有限之才，追無窮之意，雖淵明、少陵不
> 得工也。不易其意而造其語，為之換骨法；窺入其意而形容之，為
> 之奪胎法。(〈釋惠洪冷齋夜話引〉)

這是將前人既有的文辭語句，加以揉化改寫成為己用的一種修辭造語的方法。
簡單的說，換骨法是直取他意而造己語。奪胎法是揣摩他意、點竄前人言語
而形容之。這種方法，或有奉為上法，多加推崇練習，如陳師道的閉門覓句；
也有目為剽竊之劣習，如王若虛《滹南詩話》〔註105〕者；鄭坤五則以「詩翦
絡〔註106〕」稱之，他說：

> 詩翦絡，俗謂剽竊他人詩者曰「詩賊」，不論全首與零句。……若僅
> 掏摸零星斷句，乃「詩翦絡」也。……

> 覺被偷最多者，無如杜少陵。專門在杜家作翦絡勾當者，亦無如陳
> 無己。杜詩「昨夜月同行」，陳詩曰「殷勤有月與同歸」；杜詩「暗
> 飛螢自照」，陳詩「飛螢元失照」。……剽杜之「文章千古事」為「文
> 章平日事」、「乾坤一腐儒」為「乾坤著腐儒」。……甚至以杜詩「寒
> 花只自香」全句囫圇吞下，不更改半字，占為己有，……真翦絡之
> 大家也。

> 其餘如黃魯直之竊李青蓮句「人煙寒橘柚，秋色老梧桐」為「人家
> 圍橘柚，秋色老梧桐」，此偶或為之，乃初犯也，可以執行猶豫。……
> 〔註107〕

引文中所稱陳師道無己（1053～1102），正是奪胎換骨法的有力支持者〔註
108〕。鄭氏所指諸例中，陳詩之「殷勤有月與同歸」、「乾坤著腐儒」，乃換骨
法之例；陳詩之「飛螢元失照」、「文章平日事」，乃奪胎法之例。至於「寒
花只自香」句，則是既換骨又奪胎也。在鄭坤五的眼中此均視為翦絡，言下
之意頗不以為然。

但數年後的文戰時期，他的態度稍有不同，認為：

〔註105〕王若虛《滹南詩話》：「魯直論詩，有奪胎換骨、點鐵成金之喻，世以為名言。
以予觀之，特剽竊之黠者耳。」

〔註106〕翦絡，臺語，小偷也。

〔註107〕見《詩報》昭和 13 年 9 月 17 日第 185 號 22 頁，又見第 187 號 23 頁、第
188 號 17 頁「墨戲」專欄。

〔註108〕陳詩道《後山集·答秦覯書》：「僕於詩初無詩法，然少好之，老而不厭，數
以千計。及一見黃豫章，盡焚其稿而學焉。」按：黃豫章，黃庭堅之尊稱也。

剽竊非得已也。引證古人，李白詩：「人煙寒橘柚，秋色老梧桐」〔註109〕，六一居士之「人家園橘柚，秋色老梧桐」，黃魯直「人家園橘柚，秋色老梧桐」。……此輩雖曾竊用前人句意，亦皆詩文流傳遍天下，此是駁其重創作始得流傳一語，不是禁止創作而獎勵剽竊，我已數次說過，能創作者儘管創作，不能創作者，雖借用前人句法無妨之意。……大凡創作實力到時，自然發見，剽竊在無實力時期中，亦不便苛責。〔註110〕

這段引文中，鄭坤五以古人本有襲用前人句的成例，攤出「竊用前人句意，亦皆詩文流傳遍天下」的命題，進而推出視不得已剽竊為學習過程中的一環，給初學者一個實習的方便法門。待實力充沛之後，便可自然地獨創發見。這樣的論點，固然是詩法學習上一個暫時權宜之計，其實是在面對極力抨擊舊學時，為維護漢學一脈香火的一片苦心。

事實上，吸取前人優點轉化成己句，是常見的學習法，只是巧拙不同而已。鄭坤五自己的作品中，也不諱言有此類之作。例如他「自首」所作詠〈錦榕〉句云：「綠玉芽生鸚鵡綠，彩〔註111〕雲葉展鳳凰翎」，與杜少陵之「香稻啄餘鸚鵡粒，碧梧棲老鳳凰枝」〔註112〕，有類似嫌疑。〔註113〕又有〈虎爪菊〉〔註114〕詩一首：

枝上斑〔註115〕奴爪欲揮，陶園雄據有餘威。攘雞三徑日方曙，攫兔東籬月正輝。簾外驚逢人影瘦，樽前欣遇蟹螯肥。等閒奮臂西風裏〔註116〕，擒住秋光不放歸。〔註117〕

<hr>

〔註109〕 李白〈秋登宣城謝朓北樓〉：「江城如畫裏，山曉望晴空。兩水夾明鏡，雙橋落彩虹。人煙寒橘柚，秋色老梧桐。誰念北樓上，臨風懷謝公。」

〔註110〕 見《南方》昭和16年11月1日第140、141期20頁坤五〈駁醫卒氏三診及第二傍觀生之再診感言〉。

〔註111〕 「彩」，原誤作「綵」，今改。

〔註112〕 杜甫〈秋興〉八首之八：「昆吾御宿自逶迤，紫閣峰陰入渼陂。香稻啄餘鸚鵡粒，碧梧棲老鳳凰枝。佳人拾翠春相問，仙侶同舟晚更移。綵筆昔曾干氣象，白頭吟望苦低垂。」

〔註113〕 見《詩報》昭和13年9月17日第185號22頁「墨戲」專欄。

〔註114〕 本詩載《臺灣藝苑》第1卷第1號。又載《瀛海詩集》第410頁。

〔註115〕 編者按：「斑」，《臺灣藝苑》誤作「班」，今改。

〔註116〕 編者按：「裏」，手稿本與《瀛海詩集》均作「裡」。

〔註117〕 手稿本作者註：「《博物志》云：『日中有雞王。』《廣東新語》亦云：『日中有一樹一雞王。』」

這首詩頗能張揚虎爪之雄氣，也緊扣秋菊的季候特色，是柔中帶剛的佳作。
其中「等閒奮臂西風裡，擒住秋光不放歸」一句，相當清新有力。作者即自承
其實是師法日本漢詩人村瀨栲亭〈薔薇苗〉中的「擒住東風不放拳」〔註118〕
名句而成。這可以說是奪胎法的例子。

　　另外，鄭坤五在「滑稽詩話」中所作許多滑稽詩，基本上是襲取字表，
再以己意滑稽語出之，可說是奪胎法之作。如〈滑稽記事詩〉「《千家詩》之脫
胎也」、〈折齒詩〉「套楊朴〈七夕〉之詩也」、〈拒種後庭〉「脫胎杜牧〈秦淮夜
泊〉詩一首」〔註119〕等，比比皆是。其他如〈二喬觀兵書圖〉：「銅雀春難鎖」
乃奪胎自杜牧「銅雀春深鎖二喬」〔註120〕等，所在多有。

　　同樣在《蓬萊清籟》中，鄭坤五十分欣賞日本名詩人星巖所作〈題自畫
山水〉一詩，其詩曰：

　　　　煙雨空濛秋色殘，遠情羈緒兩無端。可憐零落一枝筆，幻出家山紙
　　　　上看。

這首詩寫出羈旅他地的鄉愁，詩中呈現的畫面頗為空濛，襯托出旅人孤寂眷
戀的心境。鄭坤五推測該畫可能是星巖描畫故里星ケ岡的景致，並且在評語
〔註121〕中學習其筆法題畫，作〈題山水〉〔註122〕一首，其詩曰：

　　　　屐齒何當印九州，好山隨處一勾留。年來〔註123〕不盡登臨興，背寫
　　　　匡廬作臥遊。

〔註118〕見《南方》185期（昭和18年11月1日）〈蓬萊清籟〉村瀨栲亭〈薔薇苗〉
　　　　友鶴（鄭坤五）評。
　　　　村瀨栲亭〈薔薇苗〉：「乍伸一臂地皮穿，擒住東風不放拳。直待子規啼血後，
　　　　展開仙掌去朝天。」

〔註119〕分見《三六九小報》昭和5年10月9日10號4版、5年10月13日11號
　　　　4版、5年10月29日16號4版「滑稽詩話」專欄。又拙編《鄭坤五研究·
　　　　坤五詩話》，2004年11月，臺北：文津。

〔註120〕鄭坤五〈二喬觀兵書圖〉：「銅雀春難鎖，圖收姊妹花。共攜黃石卷，開向碧
　　　　窗紗。神秘窺孫武，玄機悟。」見拙編《鄭坤五全集及其評論（第一集）·
　　　　九曲堂詩選》第30頁。
　　　　杜牧〈赤壁〉：「折戟沉砂鐵未消，自將磨洗認前朝。東風不與周郎便，銅雀
　　　　春深鎖二喬。」

〔註121〕見於《南方》昭和18年8月15日第180、181期第40頁〈蓬萊清籟〉。

〔註122〕此詩手稿本題目作〈題山水〉，再見於作者乙丑（1925）端陽所畫〈千仞圖〉
　　　　（編者擬題）掛軸題畫詩；又見於《南方》昭和18年8月15日第180、181
　　　　期第40頁〈蓬萊清籟〉。

〔註123〕「年來」，手稿本作「如今」。

這首詩模擬星巖鄉愁情愫，以九州大陸為心裡的故鄉，以身不得歸，心難暢興，只得作紙上臥遊，勾畫勝地廬山，以慰思鄉之苦悶。詩意承自星巖詩，而造語全然自鑄，可謂是換骨法的例子。

【附錄】

《詩報》所見鄭坤五擊缽課題掄元詩集　　共 15 首

尋詩　　右一左避〔註124〕

欲求戛玉敲金句，放眼乾坤錦繡中。妙手得來真偶爾，自然天籟豈人工。

問春　　右一左避〔註125〕

朝來廿四幾番風，花信端應問塞鴻。可有綠章前夜奏，輕陰誰護海棠紅。

陳蕃榻　　右一左避〔註126〕

一榻情深刺史家，千秋高誼實堪誇。睡來如入維摩室，香夢微聞天女花。

乘槎路　　右元左廿八〔註127〕

星使徒從是處登，雲津銀漢紀遊曾。八紘一宇皇謨遠，休問諸天第幾層。

韓愈馬　　右元〔註128〕

路遙知力敢辭難，老戀文公共餓寒。回首宦途誰得失，主人宜當塞翁看。

血花　　左一右二〔註129〕

開時宜熱不宜寒，迸放心苗一寸丹。烈士黃崗遺馥在，千秋留與國民看。

〔註124〕〈尋詩〉，鳳岡吟社，左鄭坤五、右姚松茂，昭和 6 年 8 月 1 日第 17 號 9 頁。同題另作：「捻斷吟鬚尚未工，枯腸索盡竟無功。從天覓得驚人句，喜似貧兒暴富同。」右五左避。

〔註125〕〈問春〉，潮聲吟社擊缽，左鄭坤五、右蔡荷生。昭和 15 年 1 月 23 日第 216 號 8 頁。

〔註126〕〈陳蕃榻〉，大同吟社、歡迎鄭坤五擊缽，昭和 15 年 5 月 8 日第 223 號 12 頁。同題另作：「情深主客盡詩家，孺子何緣竟拜嘉。一夜儘容高枕臥，春婆夢穩海之涯。」右三左避。

〔註127〕〈乘槎路〉，鯤島同吟第五期課題，昭和 15 年 11 月 2 日第 235 號 10 頁。同詩見《風月報》昭和 16 年 11 月 15 日第 119、120 期合刊 35 頁。同題另作：「枯木為舟縱可乘，泛遊天界事難憑。張騫蹤跡荒唐甚，只當漁人入武陵。」「泛」字《風月報》作「待」。

〔註128〕〈韓愈馬〉，鯤島同吟第九期課題，昭和 16 年 2 月 4 日第 241 號 8 頁。

〔註129〕〈血花〉，高雄州下聯吟會次唱，左陳春林、右陳月樵，昭和 7 年 8 月 15 日第 41 號 8 頁。同題另作：「朵朵紅開暗殺團，隨時赤化起無端。禍根倘使留餘種，遺臭終知結果難。」左二右八。

送春　　右元左避〔註130〕

九十風光好燕鶯，祖筵誰不動離情。勸君莫悵經年別，且讓桃花結子成。

山路　　左一右三〔註131〕

跋涉試扶筇，登天徑可通。羊腸紅葉裡，鳥道白雲中。便捷終南異，崎嶇世路
同。太平知有日，宜藉五丁攻。

雲衣　　人一〔註132〕

霧縠煙羅一樣輕，風刀雨線乍裁成。偉人天地為衾枕，舍此何妨作裸裎。

書淫　　地元〔註133〕

儒生何異登徒子，典籍真如窈窕娘。滿眼豔詩魂魄蕩，卷中有美願常償。

義捐金　　右一〔註134〕

善用仁人舍〔註135〕，哀〔註136〕黎急所需。節來歡樂費，施向禍災區。如土
揮多士，慳囊笑守奴。結晶慈愛品〔註137〕，銅臭一絲無。

眉語　　左一右二〔註138〕

〔註130〕　〈送春〉，東林吟會夏季例會，左坤五、右松江，昭和 17 年 6 月 5 日第 273
　　　　　號 18 頁。
〔註131〕　〈山路〉，高雄州下聯吟會擊缽錄，左陳定國、右陳春林。昭和 7 年 10 月
　　　　　15 日第 45 號 6 頁。同題另作：「石級半雲封，迂迴仙境中。冬留殘雪白，
　　　　　春襯落花紅。古徑羊腸遠，蠶叢鳥道通。野翁時曳杖，搜句貯詩筒。」左
　　　　　一右三。
〔註132〕　〈雲衣〉，高雄州下詩人聯吟會次唱，天李步雲、地鮑樑臣、人黃森峰。昭
　　　　　和 9 年 7 月 1 日第 84 號 3 頁。
〔註133〕　〈書淫〉，見《詩報》昭和 9 年 10 月 15 日第 91 號 4 頁。高雄州下聯吟會擊
　　　　　缽，天鄭坤五、地蕭永東、人尤鏡明。同題另作：「士安痼癖愛琳琅，嗜好
　　　　　儒家有別腸。遮莫見書如見色，老年作樂雅何傷。」得第地九。
　　　　　前有同題另作見《三六九小報》昭和 9 年 9 月 29 日第 381 號 4 版「話柄」
　　　　　專欄〈也是詩話〉。又載《詩報》昭和 10 年 1 月 1 日第 96 號 10 頁「九曲堂
　　　　　詩草」。
〔註134〕　〈義捐金〉，高雄州下聯吟擊缽，左鄭坤五、右黃森峰，昭和 10 年 6 月 1 日
　　　　　第 106 號 3 頁。同題又見《詩報》昭和 11 年 6 月 15 日第 131 號 5 頁「九曲
　　　　　堂詩草」。再見於鄭氏剪貼簿「九曲堂詩艸」；另收錄於曾朝枝（笑雲）編《東
　　　　　寧擊缽吟後集》228 頁。
〔註135〕　「舍」，《詩報》聯吟擊缽、《東寧擊缽吟後集》俱作「在」；剪貼簿作「捨」。
〔註136〕　「哀」，剪貼簿誤作「衷」，今改。
〔註137〕　「品」，手抄本與剪貼簿誤作「物」，今改。
〔註138〕　〈眉語〉，高雄州下聯吟第一次課題律詩，昭和 16 年 1 月 20 日第 240 號 20
　　　　　頁。又見作者剪貼簿「九曲堂詩艸」。

喃喃何必〔註139〕動瓠犀，辭典都從八字稽。略訴〔註140〕春愁山並蹙，別饒風韻柳微低。巧傳密約三緘口，誤會芳情幾噬臍。放送電波隔秋水，應酬人在畫樓西。

五彩虹　　左右一〔註141〕

盡收色素染青空，半畫圓規作嶙峋。天地共榮圈確立，光輝人在軸樞中。〔註142〕

　　左評：辭意新穎，可以冠軍。

　　　右評：詩新，體制壓倒全卷，夫何間然。

畫佛　　右元左避〔註143〕

筆向雲崗石窟摸，不描三寶坐跏趺。即今家國思增產，合寫觀音送子圖。

屏東木瓜　　右一〔註144〕

熱帶阿猴占一隅，吧吧椰味壓寰區。報瓊願未償秋士，投果恩嘗負麗姝。瓢剖滿盤黃虎碧，子探盈掬黑驪珠。老饕雅愛消清暑，酒後茶餘不可無。

第二節　題畫詩

一、鄭坤五的繪畫事蹟

　　鄭坤五擅長創作傳統漢詩，又擅長傳統繪畫，是日治時期著名的傳統詩人與畫家。鄭坤五的漢詩作品中，可以見到為數不少的題畫詩。題畫詩是中國繪畫的重要特色，講究「詩是無形畫，畫是有形詩」〔註145〕的文人畫，尤

〔註139〕「必」，《九曲堂滑稽詩集》作「用」。

〔註140〕「訴」，《九曲堂滑稽詩集》作「數」，據作者剪報自校改正。

〔註141〕〈五彩虹〉，麻豆綠社，左陳文石、右吳紉秋。昭和16年8月21日第254號18頁。同題另二作：「徒誇華麗感文通，朱草青苔得句工。赤地旱民求雨澤，與雲同望眼同紅。」左評：眼紅耳熱，雅符所望。」左三。「彩圈連絡滿春空，宇宙奇觀白晝中。造化小兒施狡獪，公開幻象百華筒。」左評：造句摛詞，雋永有味。左五右二十。

〔註142〕本詩為《南方》140、141期20頁坤五〈駁醫卒氏三診及第二傍觀生之再殄感言〉引用為「課題詩亦有獨創者」之例證。

〔註143〕〈畫佛〉，高雄州下課題，左鄭坤五、右黃森峰。昭和17年3月18日第268號10頁。

〔註144〕〈屏東木瓜〉，里港吟社員許夢熊氏徵詩發表。昭和17年11月10日第283號18頁。

〔註145〕宋代張舜民語，見《畫墁集》卷一〈跋百之詩畫〉，文淵閣《四庫全書》本第12頁。

其追求詩畫合一的意境之美。所謂「元代以來，在畫上題書詩文已成為中國畫作品上增添詩情畫意的一種藝術手段。」〔註146〕現今鄭坤五的繪畫作品數量極為稀有，益發顯得彌足珍貴。他的題畫詩，是臺灣藝文界十分值得珍重的文化財寶。

（一）繪畫活動

在日治時期，鄭坤五是一位島內知名的傳統畫家。在昭和4年（1929）發行的《臺灣人物評》一書，便可見鄭坤五以畫家的身份收錄在列，簡介中提到：鄭氏詩文優良，是知名的南畫家。〔註147〕

昭和5年（1930）7月30日《臺灣日日新報》有「島人趣味一班（七）——書道畫界之一瞥」一則，報導中提到：

> 若夫臺展以前，不待獎勵，即以繪畫聞者，為臺北、新竹、臺南、九曲堂鄭坤五氏。而已故者則以臺北洪以南氏，鳳山王坤泰氏。然皆屬南畫。……

可見得：鄭坤五早在青年時期即以南畫而聞名，在臺灣畫壇具有一席地位，尤其可說是南臺灣繪畫界的代表者。這些名聲其實早已奠基於大正13年。

大正13年（1924）鄭坤五以「雞聲茅店月」一畫在東京勇奪第五回日本畫會主辦東洋藝術院賞金牌，獲贈獎狀一紙及金牌一面。這項榮譽十分難得，鄭坤五的繪畫造詣至此受到了最大的肯定。這也是臺灣畫家以傳統繪畫，打敗東瀛名手，奪得桂冠的一次可貴榮譽。這遠比昭和2年（1927）的臺灣美術展覽會〔註148〕、昭和10年（1935）的臺陽美術協會的出現，都要來得早許多。鄭坤五當年得獎之作今已無可尋覓，所幸珍藏於鄭家的獎狀與金牌仍然完好如初，具體見證了鄭坤五的傑出畫藝。

擅畫的鄭坤五曾假臺北《臺灣日日新報》三樓舉行南畫展。〔註149〕坤五四子鄭麒鋏曾表示：「繪畫方面，先父……亦曾在華南銀行辦過一次畫展。」〔註150〕此外，據家屬也表示，鄭坤五曾開過數次畫展。

〔註146〕見江柔堅主編《中國美術辭典》第12頁。上海：辭書，1996年6月四刷。
〔註147〕見林進發編《臺灣人物評》第184頁。臺北：成文，1999年6月。據昭和4年（1929）刊本影印。
〔註148〕臺灣美術展覽會，簡稱「臺展」，1927～1936年間舉辦。
〔註149〕黃冬富著《屏東縣美術發展史》第157頁。
〔註150〕見〈鄭麒鋏先生來鴻〉，在照史〈鄉土文學的先驅鄭坤五先生〉附錄，第98頁。

翻檢其手稿本，大約是大正 13 年（1924）間〔註 151〕，鄭坤五曾於當年北上參加畫會時寫下〈為畫會夜車北上值五月十三日賽會車中人滿苦無立錐之地〉一題二首詩歌，可為其繪畫活動作一補白。其詩曰：

> 扶病何堪上夜車，地球人滿訝斯時。一身自汗如揮雨，不藉麻黃與
> 桂枝。（其一）

> 旅客座盈人仅仅，寢臺車隱夜悠悠。世間何處愁拘束，肯費黃金便
> 自由。（其二）

此詩中極寫乘坐夜車北上時的苦況。雖然不能確知題中所謂「北上」的目的地為何處？〔註 152〕但當時車中人滿為患，正值盛暑的季節，悶熱得令人揮汗如雨，兼以未乘坐臥車，長路漫漫，拘束永夜，實難忍受。如此的鬱結之氣，一時難以平息，於是再作〈車中人如束筍，困苦難堪，長夜宴宴，乃作一律，以遣鬱抑之氣，並強自慰〉一詩曰：

> 行旅誰能享自由，座堪容膝便無憂。客車任彼分三等，人格何嘗降
> 二流。托足未需爭一夜，立身原要計千秋。長途賴有排愁訣，陸續
> 成詩記此遊。

雖然在這些詩中都未曾提及畫會，但鄭坤五確曾為北上參加畫會而經歷此等經驗，卻也是難得的紀錄。

傳統文人自幼習文，大約先詩文，次書，再次為畫。善畫者，因此大抵都具有良好的詩書根底，藝術造詣上多能兼具詩、書、畫三絕。明治年間日本畫壇上西洋油畫與南畫皆受到青睞，但在日本殖民政府對臺灣刻意引進並提倡東洋畫與西洋畫的同時，傳統畫在聲勢上有衰弱的趨勢。鄭坤五在手稿本中曾經感嘆：「臺灣文人素嫻畫事者甚少，誠為風雅中遺憾之事。」他自己努力作為一個不遺憾的人，也大力為弘揚文藝而努力。他曾經擔任《臺灣藝苑》的編輯人，在〈臺灣藝苑創刊辭〉中他憂心地指出：

> 所謂藝術者，實學術中最有趣味者也，種目雖多，究其最福利蒼生
> 者則醫術也；能陶怡性情、消除俗慮者，其惟文藝與琴、碁、書、

〔註 151〕翻檢手稿本中〈為畫會夜車北上值五月十三日賽會車中人滿苦無立錐之地〉
　　　　一詩之前後，凡有記載寫作時間之詩作，均在大正 12、13 年。而該詩位列
　　　　於大正 13 年諸詩之後，因此推測亦以作於該年的可能性最高。暫列之。

〔註 152〕此詩之後有〈王和尚玉書發刊淨土宗雜誌〉詩中自註曰：「其布教所在大稻
　　　　埕中。」緊接著有〈羅孝廉蕉麓前輩開花選於江山樓招待當地名士余亦被召
　　　　赴席〉一詩，江山樓所在亦同。則其北上目的地應指臺北。

畫乎？然遍觀島內大勢，舍醫術一途而文藝人不甚振作，如現成小說，大半滿清以前遺物，妄誕不經者有之，猥褻可鄙者有之，不適時世要求，暮氣連篇，實屬阻礙社會進化。若琴、棋、書、畫之近況，更不待言矣。

在該創刊號上他首先推出〈繪事溯源〉一文，自原始象形塗鴉，以迄近世藝苑寂寞，娓娓道來，敘述中國傳統繪畫的源流演變，兼敘兼議，表現出他對中國傳統繪畫歷史的熟悉和關懷。他有〈畫事有感〉詩一首，則表達了他對繪畫神妙的推崇，詩云：

雪裏芭蕉信有哉，能移春色到秋開。文毛彩筆神通妙，直可爭權造化來。

傳統繪畫被擠壓在主流之外，卻激發臺灣畫家們內心悲壯的民族情懷。在東京為臺灣傳統繪畫界揚眉吐氣的鄭坤五，也有相近的心意。他在光復後自言當年參賽真正目的，其實是：

並非欲以畫為異邦畫展生彩，不過欲使日人心知臺胞非無才能。
〔註153〕

鄭坤五藉由無言的繪畫、鮮明的漢式畫面，表達了內在愛鄉愛土的強烈本土意識，也藉此柔性的方式，觝排日本政府對臺灣傳統文化的打壓。

鄭坤五的繪畫題材呈現多元性〔註154〕。以時代論，可概分為二大類：其一為傳統題材，包括：〈題山水畫〉〈題松阜圖〉、〈題雙雞圖〉、〈題畫魚〉、〈題美人出浴圖〉、〈題雪梅爭春圖〉等，這一類是傳統中國繪畫中常見的主題，多有前人成果可以觀摩領略，對於磨練傳統繪畫技巧，應該頗有助益；其二為現時題材，例如：〈題時粧出浴圖〉、〈戲畫一瞽者愴惶于歧路之間〉等，屬於時代觀察的繪畫，這一部分相信是比較具有現實主義色彩的，也應該是較能呈顯新意的創作。然此類數量較少。

若以物像論，山水畫乃鄭坤五個人擅長與喜愛的主題，也是中國繪畫中的傳統題材。鄭坤五正以山水畫的突出成績，在東京畫會上奪得金牌。其次則推畫虎，此一主題在畫壇較為少見，也因此，鄭坤五正以畫虎最為知名。臺灣本來無虎，鄭坤五卻喜歡畫虎，他不僅開過百虎畫展，更與長居臺北的名家林玉山齊名，被讚譽為「南北畫虎雙傑」。在詩歌中以畫虎為題的作品數

〔註153〕見鄭坤五民國40年專訪剪報。
〔註154〕參見表27：「鄭坤五其他畫作題詩一覽表」。

量不少，可以見出鄭坤五之好於畫虎，有其畫外的深意寓含於其中。即如其〈題自畫虎〉一詩所云：

> 筆端無計警貪狼，欲藉雄姿鎮八方。舉世有誰知畫骨，略存皮相卻何妨。

畫虎於圖面上只是畫皮，內在其實是虎的強悍、雄霸、獨立、堅忍……等特質，讓敏感於世情的畫家詩人，找到了聯想與寄託的最佳標的。包括對日本政府的不滿、對臺灣同胞的勸勉等，往往可以藉由以「虎」為主題的繪畫和詩歌，得到含蓄有力的表達。

　　日治時期詩歌、畫藝皆已深受肯定的鄭坤五，於光復後曾受聘擔任省立屏東女中的國文及美術教師〔註155〕，正是借重其才華以作育英才。

表 27　鄭坤五其他〔註156〕畫作題詩一覽表　　合計 38 題

類別	題畫詩題目	類別	題畫詩題目
人事 1	戲畫一瞽者愴惶于岐路之間	鱗介 13	寄志淵所畫謂以蝦蟹潤筆
2	題瑤池獻瑞圖	14	畫龍
3	題「踏花歸去馬蹄香畫」意	15	題畫魚
4	題時粧出浴圖	16	蟹
5	題裸體美人	讀畫 17	逸園讀畫
6	題秘戲圖	18	讀畫
禽羽 7	題雙雞圖	19	畫事有感
8	題石榴八哥	20	題畫寄王大
9	題自畫雞	其他 21	畫竹
10	題刺繡鴛鴦圖以贈某女士結婚大慶。	22	掛猿圖
11	題自畫蘆雁	23	畫筆
12	撲蝶圖		

（二）以畫會友

　　鄭板橋有言：畫畫是俗事也是雅事，有人欣賞就相贈。鄭坤五亦然。據

〔註155〕鄭坤五自民國 35 年始在屏東女中任教，至民國 39 年 66 歲退休為止。其間在校曾擔任國文、美術、歷史、礦物科教員。資料整理自鄭氏屏東女中聘書。
〔註156〕鄭坤五山水畫與虎畫一覽表另詳，此「其他」，指山水畫與虎畫之外的其他題材。

鄭坤五同鄉、大樹鄉文史工作室召集人羅景川表示：鄉人稱為「坤五伯」的鄭坤五，能詩善畫，是村中人人皆知的，他為人幽默親和，凡有人索畫，總是樂於相贈。鄭坤五視繪畫為庶民日常藝術，而非僅是富貴人家的昂貴玩物。一如兼擅書畫詩文的名家鄭板橋，認為書畫是雅事，也是俗事，有人欣賞就相贈。據家屬表示，鄭坤五生前即曾說過：畫家是不收藏自己畫作的。因此在其家中竟連一幅畫都找不到。可見他並未敝帚自珍，而是以謙卑自恭的態度自處，並且樂於以畫會友，廣結善緣。例如其〈寄志淵索畫謂以蝦蟹潤筆〉一詩云：

> 閉門著作愧庸才，拼作人間一廢才。絕俗養神方習懶，催詩索畫忽頻來。有求必應情難卻，無事多忙命合該。待到重陽叨口福，持蟹欣對菊花開。

詩中表現出十分謙遜的態度，也顯示了催詩索畫之多使其生活忙碌。

　　據其哲嗣鄭麒傑先生表示：其先父生前樂於以畫會友，每每作畫完成之後，常為朋友「搶去」不以為意；而地方政府也常於逢年過節前夕邀請其先父公開揮毫作畫、題聯，亦總為民眾索購一空，十分受到歡迎。只可惜現今家族中卻無甚藏畫，難以窺其畫藝。而鄭麒傑先生則繼承了乃父之風，在繪畫上有相當傑出的成績。

　　以善畫稱名者，自然多有索畫者，但畫家也並非來者不拒，俗世中有雅士，樂於賞畫會友；然雅事中尚有氣節一條，無法輕易不計。鄭坤五寫實小說〈活地獄〉中曾記錄一段回憶道：

> 忽然三條警察課長帶一高等係刑事部長澀江，驅自動車〔註157〕來到著者門前，著者覺得心頭一跳，暗呼一聲「來了！」家中人亦莫不驚訝。蓋當時高等係捉人，多用此行動。著者雖然一驚不小，但素性有決斷，即時鎮定，覺悟付生命於大自然，便不用平時禮數，昂然問之曰：「欲為何事？」三條笑容可掬答曰：「無甚麼事，來求先生的畫虎呢！」著者不覺吐出一口涼氣，心內暗罵：「小鬼子真惡作劇哉！你老子實當不起這一場虛嚇。」於是改容婉轉推卻，偽約改日得畫絹入手畫給。三條去後猶不死心，每到九曲堂視察派出所時，必致意催促。一日著者偶到派出所，恰遇三條亦在內，詢問：「畫就否？」著者答曰：「尚未。」旁邊適有改姓名曰「永安」者，

〔註157〕作者註：「汽車」。

冷笑曰：「鄭先生平素最厭惡帝國警察，哪裡肯畫？」三條聞及與否
且不管他，在永安，此時或者就著者素性評評而已，無有惡意亦未
可知，但是在日人對臺胞凡事吹毛求疵之時，著者聽此一語，卻覺
得毛髮森然，終是提心吊膽。

正所謂「君子有所為，亦有所不為」，就算是可操生殺大權的日本警察大人，
鄭坤五也未必諂媚相送。

　　鄭坤五與畫友往來的文獻，現存者有限，包括有〈胡石庵在監中題自畫
雨景山水甚佳，因步其原韻〉、〈贈書畫癲（即張元昌君）〉、〈和張星五先生原
韻〉、〈題畫寄王大〉等，但皆偶然見及。眾畫友中，當首推鳳山著名畫家太瘦
生最為知交，手稿中有許多兩人彼此往來的詩歌。（見「鄭坤五與太瘦生往來
詩歌一覽表」）

表28　鄭坤五與太瘦生往來詩歌一覽表

序	詩題	序	詩題
1	戲贈太瘦生　因是夜娶婦而遣妾出避故也	14	同太瘦生往訪春亭詞兄，復聯袂到蘭亭樓招花買醉，席間有作
2	謝太瘦生贈墨	15	元夜即景與太瘦生聯吟
3	早車往鳳山送太瘦生上京	16	和太瘦生詠下淡水風景並步瑤韻
4	寄太瘦生	17	雨後招少濤、太瘦生同訪開元寺
5	夜宿太瘦生家樓上，被蚊所苦，戲詠	18	和太瘦生在東京寄懷詩，並步原韻
6	步太瘦生原韻寄懷春亭君	19	約少濤及太瘦生登打狗山晚眺
7	和太瘦生留別並步原韻	20	余同太瘦生滯臺北月餘，因余有事先返，口占二絕，以當留別
8	送太瘦生出發口號	21	哭太瘦生
9	喜太瘦生過訪	22	再哭太瘦生
10	余曾約太瘦生登打狗山作水彩畫，乃驚動警官，躝蹤以為暗射要塞地理圖也，歸而詠此	23	太瘦生將不起，時有以飛語欲間吾交情者，太瘦生不為所惑，反手書其人劣跡以告余
11	太瘦生座事只留一側門出入，其形甚小，殆有「何人到此不低頭」之意，因作二絕以嘲之	24	讀香山詩，見「巡牆繞柱覓君詩」句，不覺喚起追憶亡友太瘦生之感，悽然久之
12	寄太瘦生　和韻	25	輓太瘦生聯
13	謝太瘦生贈書		

太瘦生本名王坤泰，鳳山郡九曲堂人，自幼擅畫，曾師事陳涓〔註158〕，並嘗東渡日本東京，從田中賴嶂學。〔註159〕大正6年（1927）6月1～3日返臺，在「臺北俱樂部」開展覽抽籤會。前引《臺灣日日新報》「島人趣味一班（七）——書道畫界之一瞥」新聞中亦提及，與鄭坤五同為臺灣日治早期以南畫聞名的青年畫家。從稿本所見鄭坤五與太瘦生往來詩歌，可知兩人交情既久且深，在太瘦生人生的重要階段裡，包括娶婦、留學東京、開畫展，甚至是病重不起時，都有鄭坤五的參與。可惜太瘦生英年早逝，大正7年（1928）11月12日過世〔註160〕，徒留畫壇一片歔噓，身為摯友的鄭坤五尤其深感悲痛，其〈哭太瘦生〉詩三首讀來令人鼻酸，詩云：

> 竹城當日正徵詩，絕筆猶成幼婦詞。他日鰲頭能獨占，泥金何處報君知。（其一）

> 王子如今已上仙，追思往事趣悽然。痴心欲奪詩魂返，為爾曾依鬼乞憐。（其二）

> 有子終難讀父書，生前一語痛何如。傷心教付阿房炬，猶勝年年飽蠹魚。（其三）

而太瘦生過世後鄭坤五對他的懷念也特別深，〈讀香山詩，見「巡牆繞柱覓君詩」句，不覺喚起追憶亡友太瘦生之感，悽然久之〉四首，其中詩云：

> 負心爾去我來遲，畫境何人與論詩。百尺竿頭如寸進，九原何處告君知？（其二）

> 修短何人敢豫期，曾求死後告相知。不應夢裡無消息，長使陰陽理可疑。（其三）

人生難得幾知交，在鄭坤五的詩文中，除了對太瘦生，似乎再無第二位有讓詩人如此深慟的情感了。

特別一提的是，前引《臺灣日日新報》「島人趣味一班（七）——書道畫界之一瞥」新聞中曾言及寫生的重要性，暗諷傳統繪畫的不重視客觀比例。

〔註158〕見鄭坤五〈再對嵐映、醫卒二君回禮〉：「太瘦生之畫師陳涓先生。」昭和17年1月1日《南方》第144期23頁。

〔註159〕見黃冬富《屏東縣美術發展史》第54頁。

〔註160〕太瘦生的卒年，黃冬富《屏東縣美術發展史》謂「中年（1927年以前）謝世」，胡巨川〈鄭坤五與太瘦生〉據《臺灣日日新報》謂「大正7年11月」。前作，屏東：屏東縣立文化中心，1995年；後作載《南臺文化》2002年第四期，第34～40頁。

這是中西繪畫接觸後常提及的議題。作為一個傳統南畫畫家，鄭坤五與太瘦生面對著新繪畫潮流，卻其實是以敞開的心胸加以接納。鄭坤五詩集中有〈余曾約太瘦生登打狗山作水彩畫，乃驚動警官躡蹤，以為暗射要塞地理圖也，歸而詠此〉一詩，由詩題所言「作水彩畫」一事，指出了兩人練習新興的水彩畫的事實。此詩內容主要是紀錄著二人聯袂登臨打狗山（今壽山）上寫生，卻發生一段意想之外的奇遇，其詩曰：

　　閒雲野鶴世相容，何處名山不寄蹤。獨似無心波底月，時成鉤影怖魚龍。

尋山作畫卻被誤認為探索要塞，甚至驚動駐警追蹤，的確令人莞爾！不過亦可見二人尋索佳山妙水的浪漫閒情。

　　鄭坤五與太瘦生在臺灣日治時期傳統繪畫界都享有令名，但太瘦生早逝，鄭坤五在臺灣光復之後，詩筆依然勇健，但畫筆則幾近停歇。二人的畫作都難得一見，水彩畫尤其難得。〔註161〕

二、鄭坤五山水題畫詩

（一）現存山水畫卷

　　鄭坤五愛好題畫山水，筆者歷經兩年的探詢，幾番波折，在胡巨川、羅景川諸君的熱心協助與引見下，終於在 2003 年夏季，陸續欣賞到鄭坤五親筆畫作，前後共計六幅。得來不易，倍感珍惜。

　　鄭坤五以南畫名家見稱，南畫是水墨畫，是文人畫，注重精神意境，追求「飄逸不羈，不甚求形式，畫中有詩，有書卷氣」〔註162〕，如何擺脫成規，讓整體作品凸顯文人氣質、文學情趣，是對創作者的考驗。因此結合詩、書、畫三絕於一身，是南畫家們的基本條件。山水畫是表現南畫意韻的最佳題材。王維被推尊為中國南畫之祖，其山水畫的淡雅脫俗，為中國文人畫做出了典型的示範。鄭坤五最中意山水畫，與其一貫的強調傳承漢文化，必然是有相關的，透過詩、書、畫三者合為一體的特色，正可以充分表現漢文化的精髓。

〔註161〕鄭坤五後裔保存其生前的文物中，有水彩仕女畫、淡墨素描等練習之作，均無落款，雖未能確定是否為鄭坤五手筆，然諸畫筆觸清新而不脫傳統風韻，在鄭坤五畫作罕見的今天，分外顯得珍貴。亦聊備一格，以供參考。而太瘦生的畫作，亦僅見一幅〈山水〉。見黃冬富《屏東縣美術發展史》第55頁。

〔註162〕見昭和5年（1930）7月30日《臺灣日日新報》「島人趣味一班（七）——書道畫界之一瞥」報導。

此外，文人畫不考究技法，形式不求嚴謹，可以戲筆簡筆率性為之，正符合鄭坤五瀟灑不羈的性情。鄭坤五接受專訪時，曾明白地指出其個人「尤以畫不受到任何家派所縛束，純為注重自然，參諸中西，下筆皆隨意興所至，這種的作風，可說是和他的詩有異轍同轍之妙。」〔註163〕從目前知見的畫作中，也可以一窺鄭氏畫風。

目前所見六幅圖，包含五幅山水畫及一幅虎圖，由筆者暫為擬題，分別稱名曰：松煙圖、桃源圖、千岄圖、紅葉圖、雪山圖、猛虎圖。這六幅作品均為直幅捲軸水墨畫，其中松煙圖有較明顯的破裂與漬痕，相信經過裱褙，應可改善；而千岄圖、猛虎圖雖略有蠹痕，然無損大觀，其餘則堪稱完善。

在構圖上，六幅畫中都有大小不一的瀑布造景，包括猛虎圖中亦搭配有一道銀瀑。瀑布的構設可以有延長畫面縱向深度的視覺效果，縱向流動的線條，有助於拉開整體畫面的廣遠視野。瀑布的水流具有清涼柔和的特色，對於群山巨壑、硬石猛獸，藉由清流的陰柔，尤其能產生調和陽剛氣息的效果。而在鄭坤五題畫詩中，也常常可見其畫作中常搭配瀑布，是其畫作的一項特色。

再者，每一幅圖畫上均有鄭坤五的親筆題詩，且均以「友鶴詩畫」落款。題畫詩表露了作品的內在意涵或畫家的情懷，落款則確切標示畫家的身份。鄭坤五哲嗣鄭麒傑受訪時表示：其父親畫作必自署「友鶴」，且往往親擬詩句題於畫上。證之畫作，與所說相應合。

民國40年（1951）鄭坤五接受記者專訪時表示：在繪畫題材上他「最愛山水，其次為虎」。以現今所見雖僅六幅，而山水畫有五幅，的確佔了多數；而猛虎圖則為至今所僅見，分外珍貴。茲就此鄭坤五現存山水畫作錄介如下：

1. 松煙圖

松煙圖以幾乎與畫面等高的瀑布，凸顯山巔高聳入雲的超拔遼遠；再以三兩株昂首崖頂的老松，強化了蒼勁挺拔的傲然氣態。攀岩而上的石階陡峭得令人望而生怯，卻又像高舉的手臂，招引著雅士拾級來賞巔頂松風。雲煙淡漫中，點點山花綴飾著溝沿水側，如果老松是堅毅的長者，那簇簇花蹤不就是調皮的小孩？在紅塵不到的自在山林裡，隨興地四處跳躍。全圖強調遠近距離的懸殊，極力表現出欲窮千里目的雄闊企圖心。只是，畫家的詩心耐

〔註163〕見民國40年6月4日鄭坤五剪報。

人尋味：

> 山中一日世千春，秦晉于今只幾旬。待我向平心事了，入山來作看
> 棋人。

顯然畫家也深感歲月悠悠，千秋一日。「山中無甲子，寒盡不知年」啊！對疲
於勞碌的世間而言，是多麼令人嚮往的仙境。只不過何時才得以入山看棋，
過個神仙生活，或許還得看何時能了卻塵俗心事呢！紅塵滾滾，俗世繁繁，
心事易招難捨，要能了卻放下，談何容易！就畫中機趣看來，恐怕也只能莞
爾了！

2. 桃源圖

桃源圖以圓軟的線條勾勒起伏的山丘，滾浪婉轉，曲折層出，將畫面以
大「S」區隔，一扭一回之間，既突出丘壑於峽道之上，又乍見峰洞透穿於橫
陵之下，營造了峰迴路轉，柳暗花明的尋幽意趣。團簇點點的桃紅鋪衍出嫵
媚動人的嬌態，粉紅嫩綠妝點著滿山盎然的春意，整體畫面洋溢著迷炫的豔
麗暈彩，散發著醉人的神采。豐沛的春水匯流成一灣溪瀑，添染了些許活潑
軟浪的情調，畫上題詩寫到：

> 兩岸夭桃紅欲燃，幾家生計足桑田。花飛何意隨流水，勾引漁郎入
> 洞天。

果然是紅綠競豔頌桃夭，兒女逐春情煥然！「桃之夭夭，灼灼其華」（《詩經·
桃夭》），豔紅如火、夭裊若舞的桃花開滿水岸山頭，宛若青春奔放的多情兒
女，在通幽曲徑上，訪尋世外洞天，迷人的桃花源引人嚮往卻難以再探，畫
家將滿山桃紅攝掇於卷幅之間，留住了不受四季陵替的滿紙春意，也在滿山
的飛花流水之間追逐永恆不老的青春情懷。

3. 千仞圖

千仞圖以大塊潑灑的俐落，營造出暢快幽渺的情境，千仞奇峰，拔地而
起，塊磊渾成，氣勢獨出。畫家用墨下筆濃淡自如，構設出分明的層次，產生
聚焦特寫的效果，有現代攝影手法的運用痕跡。使得峰巒凸顯，邱壑自現，
表裡山巒，遠近有致。畫家筆酣墨飽，快意揮灑，破墨成山，僅在兩峰過處，
以簡筆搭設天橋拱道；在崖端岫谷，以細筆鉤出飛簷房舍。奇峰因天橋更顯
奇絕險要，高崖因屋舍而更顯孤傲絕倫。整體佈局獨出機杼，其設色清簡蒼
勁，筆觸尤其明暢快適，灑脫自在，別樹一格。而畫家繪作此圖的動機，盡表
於題畫詩中，詩云：

　　　屐齒何嘗印九州，好山隨處一勾留。年來不盡登臨興，背寫匡廬作
　　臥遊。

原來畫家在詩歌中表達不曾登臨九州，心願未償，只得臥遊紙上，圖寫匡廬，
以慰方寸之念！此圖作於「乙丑端陽佳節」，正是大正 14 年（1925）五月端
午盛夏之時。於此酷暑圖繪清涼勝境廬山，或許正是畫家消暑的秘方。

　　這首詩歌的寫作背景，作者曾經自述習自日本詩人梁川星巖的名作〈題
自畫山水〉，詩云：

　　　煙雨空濛秋色殘，遠情羈緒兩無端。可憐零落一枝筆，幻出家山紙
　　上看。

鄭坤五評論此詩時自言：

　　　先生故里曾根村，……所錄幾首，大都思鄉情愫，足見先生鄉情深
　　重。……詩之末句清新，余原不解鄉愁，惟學其筆法題畫云：「屐齒
　　何嘗印九州，好山隨處一勾留。年來〔註 164〕不盡登臨興，背寫匡廬
　　作臥遊。」東施效顰，愈增醜態已耳。〔註 165〕

鄭坤五可謂善學詩者。星巖詩中充滿濃厚的懷鄉愁緒，深寄羈旅他地的飄零
感慨；鄭坤五詩中雖未有此濃重鄉情，但放眼九州，未嘗不別有所託？不盡
登臨之興，亦有不遂心意的遺憾。星巖紙上看家山，鄭坤五也隨之臥遊圖上
千岏奇峰，臺日兩詩家，同樣都是一派名士瀟灑作風。

　4. 紅葉圖

　　紅葉圖以瀰漫大面積的紅褐色，彰顯了秋天千林紅葉的意象。紅葉鋪天
蓋地自山巔席捲到谷底，濃濃的秋意幾乎溢出畫面之外。透心的涼意顯得硬
石高崖更加孤冷清絕，枯挺的樹幹枝枒，雖有紅葉綴於末稍，終不能掩蓋秋
季零落蕭瑟的本色。賞秋人不辭辛勞層層拾級而上，焚香獨坐於突起的山巔
崖表，一人坐擁整個山頭，將四周如畫美景盡覽無遺。儘管崖下清潭潺流，
飛瀑湍湍，賞秋人都一一置諸腦後，無動於衷，與題畫詩所言相互呼應，其
詩曰：

　　　絕頂迂迴石徑通，賞秋人在妙高峰。焚香領略天然畫，紅葉千林雲

〔註 164〕「年來」，手稿本作「如今」。
〔註 165〕見《南方》半月刊昭和 18 年 8 月 1～15 日第 180、181 期合刊本第 39 頁。
　　　　又參林翠鳳主編《鄭坤五全集及其評論（第一集）》第 89 頁。2004 年 8 月，
　　　　高雄：華泰。

萬重。

畫境詩情中都顯示著對自然美景的讚嘆，及對美感的勇於追求。登上絕頂之高，雖是離世獨處，然而盡拋紅塵於身後，焚香淨心，單純領略，讓眼前一片群山紅葉，洗滌方寸萬縷俗慮。詩意中透露著睥睨的眼光、孤高的形象，這莫非是畫家內心寂寞的側寫？鄭坤五生前曾經感嘆：「臺灣文人素嫻畫事者甚少，誠為風雅中遺憾之事。」這幅紅葉圖似乎隱含著畫外之意。

5. 雪山圖

雪山圖描繪山中雪景，臺灣部分地區雖然也有下雪，但終究不是普遍常態。畫家以豐富的想像，呈現北國冰封的樣貌。遍地層積的白雪將大地妝點成銀樣世界，從畫面上方如象鼻般直貫而下的雪峰，氣勢彪悍冷峻，難以親近。雪峰之下恰是葉已落盡的枯樹，在冰雪積累下，枝枒蕭索彎垂，彷彿難以承擔冰封的嚴峻。但巨峰下短枝卻更增落雪無聲，大地平沉之美。畫家在樹枒之間隱約點畫了一雙鹿兒，並肩而行，一昂首，一低俯，為死寂嚴冬注入了溫暖的活氣，在萬籟俱寂的冰雪天地間，體現了與眾生共命的情懷。題畫詩中呈現了此一畫龍點睛的巧趣：

> 一雙仙鹿下岩隈，銀樣溪山絕點埃。眼底乾坤真淨化，詩從靈境迫
> 人來。

龐大山岩下一雙小鹿的出現，帶來希望與溫馨，使人振奮，原本縮瑟逃避的心情消失了，取代的是呵護與分享的親近感，沈寂的雪世界頓成仙山靈境般可人，畫家詩興與之俱發，佳句因此油然而出。

鄭坤五另有一首〈題畫——雪景〉詩，頗見類似，詩云：

> 誰嘗小築倚岩隈，萬朵梅花遶屋開。門外江山儘清絕，詩從靈境迫
> 人來。

同樣描寫雪景，雪山圖取仙鹿、銀樣雪山，鋪粧成不食人間煙火的絕世仙境；〈題畫——雪景〉則以綴飾萬朵梅花的倚岩小築，吞吐連綿江山，坐擁清靈幽絕的化外人境。全詩以梅花萬朵的清芬添飾了白雪的潔淨，雖少了些仙氣，卻多了點人味。

鄭坤五親筆水墨畫作品的共同特點，在於能觀摩體悟傳統書畫精神，體現細麗雅健，風神俊朗的風格。以其大氣宏闊，於畫面呈現清新灑脫。鄭坤五致力透過詩畫筆墨，展現文化內涵與深度，大體上繼承了傳統文人畫的意境，也形象地映現了個人內在的文藝世界。

鄭坤五的五幅山水畫卷現分藏於先生哲嗣鄭麒傑，以及劉進財先生處，均受到妥善的保存。鄉賢文物常隨歲月流失，令人痛惜。幸得智者雅士能收藏於萬一者，誠然令人慶幸。

據知名的臺灣書畫收藏家涂勝本〔註166〕面告筆者：早年曾經見過鄭坤五的一幅「福鹿圖」〔註167〕。該擁有者對此十分珍視，後來全家移民加拿大時，特別將此幅圖卷一併攜帶出國。從此未再見及鄭氏的繪畫。在臺灣傳統書畫市場中，鄭坤五的畫作極為少見。

（二）詩作賞析

早在明治初年，自中國傳入的南畫就在日本深受歡迎，這與當時明治政府成員的士人階層，出身大都具有良好的漢學教養有密切關係。而南畫獨具的表現特質與帶有知識性的文化意涵，向來也是作為知識份子學識的表徵之一，因而得天獨厚地延續風行。這股風氣在日本殖民臺灣之後，某種程度上是延續的，雖然在歐美強勢風潮的影響下，傳統水墨面臨著逐漸衰微的趨勢，〔註168〕但是水墨傳統的文化代表性，依然是不可抹滅的。

題畫詩是文人畫中重要的部分，具有畫龍點睛的效果，也可以是畫意的延展。論畫不外形、神兩方面，論詩亦以描摹與神彩兼得為佳。鄭坤五每有作畫必定題詩，觀其詩猶如賞其畫，茲分述如下：

1. 描摹物色

繪畫的本質，在藉由線條、色塊、顏彩等型態，描摹物色，達到呈現視覺圖像的目的。詩歌雖然無法呈現視覺圖像，卻可以透過文字的鋪排，同樣做到描摹物色的要求，而呈現內在的心理圖像。劉勰《文心雕龍・物色》說：

　　是以詩人感物，連類不窮，流連萬象之際，沈吟視聽之區，寫氣圖

〔註166〕據 2004 年 1 月訪問記錄。涂勝本，1938 年生，本籍彰化，現居草屯，中醫世家。又身兼南投陶藝學會、書法學會、美術學會顧問等職。收藏臺灣書畫達 400 餘件，由國史館臺灣文獻館出版的《臺灣早期書畫專輯》（2003 年 12 月），即以其收藏書畫為主要展件。

〔註167〕本畫名乃筆者擬題。

〔註168〕邱琳婷〈論彩墨的歷史自生〉：「臺展的日籍審查員中，亦有大聲疾呼畫「東洋畫」的畫家應於作品中，發揚中國南畫的精神。例如擔任第三屆東洋審查員的松林桂月即感嘆，……到了次年，也就是第四屆臺展時，……該屆的審查員勝田焦琴又再次提醒參選者，東洋畫的精神不僅只是客觀寫生，更重要的是能在寫景中表現自我的體認。第六屆時，更有人指出這種缺乏南畫神韻的參選之作為「展覽作品」。」見《藝術家》322 期，2002 年 3 月。

貌，既隨物以宛轉；屬采附聲，亦與心而徘徊。

所謂「物」，是自然景物；所謂「色」，是景物的形貌聲色。畫家有感於外物景象，提筆圖畫之；詩人靈動於觸景生情，下筆謳歌之。中國文人畫喜以山水為主題，正表現了文人崇尚自然磊落率真的襟懷。從巧構形似到形神兼備，文人對形色描寫的要求，是由形而下趨向了形而上，讓多彩多姿的景象，透過文字，展現超乎具體形貌之外了聯想、體會、領悟。是以形為基，以神為尚。在描摹手法上，也由繁趨簡，輕色重情。

物色的呈顯，以見景直書為基本，使人可以圖文相合，見詩知畫。如鄭坤五有〈題畫〉二詩：

峭壁懸泉響，穿雲石徑斜。幽棲應不遠，樹杪見人家。

東風吹水縐春痕，崖樹臨流欲露根。幾箇人家處岩麓，淡雲輕靄是何村。

第一首詩全詩採白描手法，以「峭壁懸泉」、「穿雲石徑」、「樹杪人家」將畫面托出，詩眼在「幽棲」二字，提顯幽人隱居的環境。

第二首寫出山村風光，構設「風吹水縐」、「崖樹臨流」的景致，於岩上輕點三五人家，天邊勾幾筆淡淡雲靄，帶出以「幾箇人家處岩麓」作為主要畫面的風情。

詩可以直筆，如上；可以曲筆，如鄭坤五有〈題山水〉一首，詩云：

塵寰無此好溪山，佳境惟從筆下看。不放白雲為雨去，任他閑散鎖層巒。

詩人以擬人化的眼光，分判的口吻，在一緊一鬆的語氣中，將白雲鎖在層層峰巒表面，他並未從物色上著力形容，是別出新意的小詩。另有〈題自畫山水——春〉，詩云：

不須桃柳畫春山，春在悠悠一脈間。幾個茅廬嵐翠裡，此中人共白雲閑。

詩歌破題先言：既無桃紅，也無柳青，自信地為春景的構圖作了預示。下聯則勾勒出茅廬、白雲的意象，以翠林、山嵐顯出綿綿無盡的春景春意。運用一物一氣，一實一虛，一陽一陰的搭配，寫意地呈現水氣瀰漫的氛氳山色，從而構成一幅飄渺浪漫、清簡有味的春景。如此的「寫氣圖貌」，讓畫面絕非巧構形似，反而迴盪著大片雲氣模糊的空間，增加許多參悟想像的可能。壓尾的「閑」字，在物象上是指白雲，藉此尤其緩中帶剛地點現了整片山林內

蘊的幽舒氣息。二首詩在畫境上頗相類近，但比較下，中國文學中「含蓄」的特質，在後者的字裡行間，更具象地應用在畫面上。二詩中固然同樣可以見畫，後者畫中卻不是因此更具濃厚的文學意味嗎？正所謂「物色盡而情有餘」也。

　　鄭坤五曾經得到金牌獎的「雞聲茅店月」，也是一幅山水自然的美景。雖然現在已無從欣賞其畫作，但鄭坤五的詩集手稿中恰好也有題為〈題雞聲茅店月——山水〉的詩，可以提供旁參的根據：

　　　　野店聞雞動旅情，一彎寒月客登程。前人妙句今人畫，真把無聲寫
　　　　有聲。〔註169〕

這首詩以「山水」作為副題，則顯然畫面上是以山水作為構圖。「雞聲茅店月」是晚唐著名詩人溫庭筠的名句〔註170〕，「雞聲」、「茅店」、「月」三者，聯合在空間與時間上做了清楚的界定，句中貫連三個名詞，卻以聲、光兼具的意象，透顯出黎明前寧謐的氣息，凸顯清寂鄉野中旅人客居的情景，在詩語與畫境中，提點出幽微動人的情懷，對於鋪陳情感產生了導引的作用。這是詩題，也是畫題，兼具著詩情與畫形，是文人畫喜愛的素材。鄭坤五此詩上聯點顯題面意旨，下聯則直言將「有聲」的詩歌，以「無聲」的畫面表出，則這首詩當然是題寫在畫面上的作品，表白了畫家繪畫此圖的動機。

　　之後，鄭坤五將這首詩做了修改，同樣題作〈題雞聲茅店月——山水〉，詩云：

　　　　茅店聞雞動旅情，一彎殘月客登程。前途漸入皆佳境，會見羲和照
　　　　八紘。〔註171〕

與前作不同的是，由於下聯的改易，逆轉全詩的情境，而有了觀照前程的樂觀願景。「羲和」是傳說中的太陽女神，「八紘」代表八方世界，此詩將清晨殘月中踽踽獨行的淒清，轉換為勇敢邁向前程，迎接明亮陽光的開朗期待。在日本軍國主義日益強勢的當時，這首詩或者有呼應當局的意味。但是否為作者內心真意？則無從得知。不知題寫在畫軸上的是以上二首中的哪一首？或

〔註169〕本詩又見於另一稿本，其中「野」字作「茅」字、「寒」字作「殘」字、「真」字作「直」字。題目「茅」作「茆」，二字通用。

〔註170〕溫庭筠〈商山早行〉：「晨起動征鐸，客行悲故鄉。雞聲茅店月，人跡板橋霜。槲葉落山路，枳花明驛牆。因思杜陵夢，鳧雁滿回塘。」

〔註171〕本詩鄭坤五手稿本原作：「茅店聞雞動旅情，一彎殘月客登程。前人妙句今人畫，直把無聲寫有聲。」又自改轉結二句為「前途漸入皆佳境，會見羲和照八紘」。

者二者都不是？也不一定。

2. 風格自然隨興

　　題畫詩者，觀畫題詩，畫境與詩境相輔相成，視覺與聲情互補輝映。山
水畫描摹天地景象，以能得自然清新為尚。「詩有天籟最妙」〔註172〕，能將
所見景致入詩詠歎，別出性情韻致，融合景情於一，出之以妙詞佳句，便能
動人心緒。鄭坤五工詩善畫，而且成名甚早。對於個人的詩、畫風格，鄭坤五
也十分具有自覺性，他晚年接受記者專訪，報導中據其所述指出：

> 他的詩氣，有時嚴肅拘謹，有時即瀟灑豪放，古人詩家中，他獨對
> 重於描繪性靈的袁枚最為崇拜，極端酷愛隨園詩的風格，而且也受
> 到其感化了。但是他不僅工詩，且擅畫、奕、琴、書，其中尤以畫
> 不受到任何家派所縛束，純為注重自然，參諸中西，下筆皆隨意興
> 所至，這種的作風，可說是和他的詩有異轍同轍之妙。〔註173〕

這段報導裡，指出了鄭坤五詩歌創作中風格收放自如的特色，此一特色則源
自於詩人對清代袁枚性靈說的推崇。袁枚為一代文壇重望，論詩最有特色，
淵源自楊萬里，鄭坤五論詩亦多引楊萬里，例如在《三六九小報》、《詩報》上
的詩話專欄〔註174〕；袁枚出語時帶詼諧，鄭坤五的作品也常亦莊亦諧，例如
鄭氏喜作滑稽詩、歪詩〔註175〕；尤其袁枚力主作詩要性靈有我，鄭坤五則注
重天然自我，率真興意，最忌拾人牙慧、狗尾續貂。在性情上、在文學態度
上，鄭坤五都與袁枚有類近的作風。可以說，鄭坤五詩畫同格，同主袁枚所
倡「性靈」一格。清詩大體崇尚性靈，鄭坤五可說是承襲了清詩的餘緒。

　　袁枚主張「詩者，心之聲也，性情所流露者也。」（〈答何水部〉）凡為真
情之所動，就是詩歌之所當發。詩可以發人倫載道之旨，可以闡禮義聖訓之
重；可以抒男女幽微之情；也可以蕩景物震觸之興。山水四季動心之情志，
得詞采聲律而發為謳歌，亦可得線條色彩繪形捕影以記其美。聲詞與線彩相
互激盪補充，波瀾起伏之胸次，因得撫慰安頓。文人常善感多情，才子多術
藝兼備，雕篆雖小技，而能寄雅懷；詩畫皆雅屬，而工拙各有次。

〔註172〕見袁枚《隨園詩話補遺》卷五。摘自張健精選《隨園詩話精選》，第131頁。
　　　　臺北：文史哲，1986年4月文一版。
〔註173〕據鄭氏收藏民國40年6月4日未知刊名之剪報。
〔註174〕參拙編《坤五詩話》，收在林翠鳳主編《鄭坤五研究》，2004年11月，臺北：
　　　　文津。
〔註175〕參拙編《九曲堂詩草》，收在林翠鳳主編《鄭坤五研究》。

　　「凡作詩寫景易，言情難」〔註176〕。山水景物隨四季時序變化，對人們的感情產生了巨大的誘發力量。人們的情感也藉由外在山水的景象，得到了無限的包容和慰藉。但如何能將無形的情志與有形的景象，作恰當的融合？《隨園詩話》言及題畫詩之最妙者，舉唐六如〈畫山水〉為例〔註177〕，其詩云：

　　　領解皇都第一名，猖披歸臥舊茅簷。立錐莫笑無餘地，萬里江山筆
　　　下生。

　　詩家口氣好不瀟灑！功名利祿有貧富貴賤，天地乾坤卻只有寬廣包容。身有所拘，而心寬無限；操權在人，但下筆在己。畫家筆下江山萬里，詩人胸中邱壑蕩蕩。詩歌境界早超越在畫面之外，畫面之平靜不能拘詩意之跳盪，心志之昂揚則引領框內山水飛旋出萬里的壯闊。此詩筆之能領銜物色，由性情真率而以得活潑情采。

　　鄭坤五能詩善畫，山水題畫最為文人風雅之所託。試觀其〈題自畫山水——夏〉也頗見其異曲同工之妙，詩云：

　　　一片松濤習習鳴，炎威時節也秋聲。畫家胸次清寒甚，怪底涼風筆
　　　下生。

畫題在夏季山水，詩意卻寫畫家胸次；畫面山松層疊，字間時聞濤聲連連；夏景是襲人炎威，詩人則逕訴清寒；詩人著筆偏下涼風陣陣，藉以力拱框界內的灼灼豔陽。詩在寫畫，畫在描詩，誦詩觀畫，則閱覽者聲色兼收，情景俱得。再有〈題自畫山水〉，也是類同的：

　　　神州無處不煙塵，筆下何當一刷新。大好江山憑嘯臥，輸他策杖畫
　　　中人。

　　同樣的在畫面之外表出詩家心緒者，如〈題自畫山水——時在庄長辭職後〉詩，則清楚地結合了詩人的人生經歷，詩云：

　　　綠水青山好寄居，當年深悔出茅廬。何如一枅塵寰外，坐聽泉聲讀
　　　道書。

　　詩人觸景生情，山水的平靜幽闊恰與人世紅塵的喧擾競奪，成為鮮明對比。大正九年（1920）鄭坤五曾受郡守舉薦，出任大樹庄第一任庄長。當年青年才俊的滿腔熱誠，在歷經無情的現實激盪之後，在此首詩歌中，特別以副

〔註176〕見《隨園詩話》卷六。摘自張健精選《隨園詩話精選》，第60頁。
〔註177〕見《隨園詩話》卷十二。摘自張健精選《隨園詩話精選》第96頁。

題「時在庄長辭職後」表陳辭職後的心情告白，鄭坤五體認到了山青水綠的清朗動人，遠比官場宦途的折腰迎送，來得自在親切多了。一幅山水畫，傾訴了內心蓄結多時的抑鬱。所謂「歲有其物，物有其容，情以物遷，辭以情發」〔註178〕，在文學創作中，情因景而動發，景因情而潤色。人情本乎自然，而詩畫傳於工巧，在外物與內情之間，充滿著微妙的往來互動。再如：

> 江湖何處憶遊蹤，草草青山畫幾重。為有胸中磊塊在，一時紙上現奇峰。（〈題山水〉）

> 摩天劍閣勢嵯峨，峭壁中分一馬過。行旅莫辭盤折苦，由來世路不平多。（〈題山水〉）

> 著書下筆千言，作畫揮毫萬里；雄心未遂屠龍，且試雕蟲小技。（〈題山水〉）

> 半天飛瀑散瓊瑛，九夏晴當萬壑鳴。不必出山問清濁，且為水利福民生。（〈題瀑布山水（自作）〉）

在各題畫詩歌中，表露著作者內心在人世歷練中的體察與期勉，放眼山川景致，引觸情志悸動，奔放的思緒，化為筆下的江湖草峰，寄託塊壘雄心，在濁世中安置一方寧謐的自我；而肆意揮灑的線條墨彩間，激揚著心繫蒼民的經國大志，陡峭的巒壁一似高遠的理想，盤折的曲徑是崎嶇的世道，其間樹青水綠，瀑飛壑鳴，掩映出多彩人生，尺幅丹青，為方寸緒念染彩，乾坤自然，是詩人寄情之所在。

不論作詩、繪畫，鄭坤五常表現出追求自然、有我的基調。所以可以不拘格套，屢出創意；可以雅俗兼出，坦蕩胸壑；更可以活潑形神，直書自我。特別是文人畫，標榜「詩是有聲畫；畫是無聲詩」，詩與畫是表現內在才學素養的兩種方式，一以文字，一以圖面，終極目的都在呈顯文人內在積醞的氣質和修為，在傳統文化界，與書法鼎足而三，殊途而同歸。鄭坤五雖未以其書藝名世，但詩、畫成績卻都在領域內堪稱一家，深受中國傳統文藝的薰陶，且能走出個人特色。

鄭坤五在山水題畫詩的範疇內，表現出文人閒雅的一面。整體而言，詩歌內容與畫面景物十分應合，詩歌多為繪畫而作，描摹物色，點染重點意象，與寫意的水墨氣質相互呼應。但寫景不忘抒懷，在畫面之外，猶能寄託情志，

〔註178〕見劉勰《文心雕龍·物色》第705頁。

或以詩筆補畫筆之不足，或以詩筆闡畫境之幽微，使得詩畫璧合，相融為一體。山水題畫詩展現了鄭坤五對於意象佈局的掌握能力，也表露其內在的文人風尚。

表29　鄭坤五山水畫題詩一覽表　合計38題67首

序	詩　題	序	詩　題	序	詩　題
1	題自畫山水——春、夏 2首	14	題自畫山水　3首	27	題雞聲茅店月——山水　1首
2	題梅雪爭春圖　2首	15	題山水　1首	28	題山水　1首
3	題山水　1首	16	題春景山水　1首	29	題海濱風景　1首
4	題山水　3首	17	題畫　2首	30	題山水　1首
5	題山水畫　1首	18	題畫　6首	31	題山水　2首
6	題松林策杖　1首	19	題畫　1首	32	題山水　1首
7	題山水畫　2首	20	題畫　1首	33	題山水　1首
8	題畫　1首	21	題畫　1首	34	題雞聲茆店月——山水　1首
9	題自畫山水　2首	22	題畫　4首	35	題瀑布山水（自作）1首
10	題畫（雪景）2首	23	題松阜圖　1首	36	題扶桑日出圖　2首
11	題山水畫——前畫贈吳君請疊未曾抄錄，後登堂一見因以補遺　1首	24	題自畫山水——時在庄長辭職後　1首	37	題雪景山水（豐年祭作此以紀之）　1首
12	題山水　1首	25	題松上鶴　9首	38	題梅花書屋　1首
13	題畫　2首	26	題瀑布山水　1首		

三、鄭坤五虎詩

（一）虎圖

　　鄭坤五以畫虎名聞三臺，所謂「畫虎聖手，詩文翹楚」〔註179〕。日治時期曾於高雄市區舉行「百虎個展」〔註180〕，但以「畫家是不收藏自己畫作的」

〔註179〕見謝松山《新舊文學轉捩點的鄭坤五》第1頁：周軒德先生《文鶴詩鈔》題贊。高雄：春暉，2001年1月初版。
〔註180〕見黃冬富著《屏東縣美術發展史》第54頁。

概念，畫作不甚保留。現今所知鄭坤五的虎圖僅得二件，其一為「猛虎圖」，目前珍藏於其嗣孫鄭文華先生處；其二為「虎吼圖」，原為名家魏清德所屬，後由家屬捐贈國立臺灣文學館珍藏，〔註181〕十分稀有寶貴。

「猛虎圖」以近半比例的畫面，集中焦點，描繪猛虎身姿，凸顯了圖面主角的地位。畫中以巨虎盤據山石，回首長嘯的雄姿，展現出威武強壯、傲然獨立的勇猛氣勢。畫虎首重氣勢，畫家著力勾勒了巨虎身上的大口、利齒、銳爪，突出其令人畏懼的利器。在虎眼的描繪上，試圖強調猛虎銳利的眼神，以凸顯其桀傲不馴的氣態。虎皮上的斑紋，錯落有致，有著寫生的基礎。加上粗壯的頸項、穩健的軀幹、有力的四肢、挺舉的長尾，綜合猛虎整體塑形，刻意塑造其威壯的形象。虎頭身後灌注一道直下的急瀑，雖有些許突兀，卻能拉開畫面中山與山之間的距離，也有助於營造出虎嘯狂吼震撼群山的意象。在猛虎剛健的外表下，其實畫家心中蘊含著更高的志趣，題畫詩中說出了其內心的嚮往：

編鬃冒險憐尼父，捉尾無能笑仲由。獨羨班超偏入穴，建功西域足千秋。

畫家心中期許著建功立業，羨慕著班超當年「不入虎穴，焉得虎子」的豪氣，而畫中的猛虎可說是其心志的具體化象徵。

「虎吼圖」展現在岩石上昂首長嘯的老虎，對空怒吼，氣勢雄霸，威武赫赫。設色鮮麗，線條流暢，筆觸自信，其構圖巧妙，氣態獨具。畫面上部有近二分之一的大面積留白，老虎四周以大筆暈染為背景，彷彿虎吼一聲氣盪天宇。老虎身上皮毛的紋路生動自然，是整體畫面的視覺焦點，踩在虎爪之下的岩石簡潔堅定，與虎身之後的疾風勁草，兩相輝映，此一山中猛虎放聲一吼，便牽動天地風雲草木，虎虎生風，生氣活現。恰是畫上題詩所云：

一聲怒吼搖山谷，乍展雄威群獸伏。正是風雲動地時，耽耽應視中原鹿。（〈題自畫虎〉）

詩的意境與畫的視覺感受緊扣密合，威勢相應，是一幅動人心魄的佳作。據鄭坤五哲嗣鄭麒傑先生受訪時表示：回憶幼時親見父親作畫，常喜歡執一細筆畫虎，神情專注，往往若有所思。且其用色顏料多是取材自礦物磨粉調製

〔註181〕筆者於 2020 年 1 月 7 日見諸於國立臺灣文學館「樂寓毫端：臺灣文學的毛筆時代」特展。

而成，即使經過七、八十年，依然長保如新，沒有褪色。鄭坤五在世時曾經開辦過多次的畫展。或可為參考。

　　早期臺灣畫壇畫虎者少，鄭坤五虎圖因此甚受矚目，然而時至今日，鄭坤五虎圖僅此二件，林玉山所繪虎圖，據傳也僅留下一幅。文獻保存不易，於此可見一斑。

（二）詩作論析

　　鄭坤五畫作雖極為有限，但從其現有詩歌中搜尋與畫虎相關的詩歌，共得 42 題 89 首，這些與虎相關的詩歌姑且名之曰「虎詩」。鄭坤五之虎詩吾人試分別從外在的詩境畫面，與內在的寄託諷諭的兩方面，分述如下：

1. 從外在畫面論詩境

　　「詩畫合一」是傳統藝術表現中的重要特色之一，二者相輔相成，互補有無。詩之於畫，往往具有闡釋意涵的作用，若是畫中缺少題詩，便似未為完足。詩之價值則不僅在文學，也同時已成為畫面的一部份。鄭坤五個人的漢學詩文修養，使他在精神上融入傳統中國繪畫而得心應手。詩畫兼修也符合他個人「對於漢學貢獻」〔註182〕的心意。鄭坤五曾作〈讀畫〉詩：

> 詳參方法嘆經營，彩筆描詩忽有聲。尺素寸縑流逸韻，拳山勺水動吟情。披圖煮茗修閒課，靜坐焚書細品評。一幅輞川常繫念，蕭齋開卷慰平生。

畫不僅要能看，還要可讀。完成一幅畫，要磨練技巧仔細經營，再搭配一首詩抒情寫意，那麼一幅畫便可以望之有色，吟之有聲。畫外之境因之綿延而出，詩外之情也源源不止了。在傳統繪畫裡，文人寄情養性，盡在詩畫之道，其間天地大矣！

　　鄭坤五之虎詩中以「題畫虎」為基本詩題的作品，如：〈題畫虎〉、〈題自畫虎〉、〈題雪中雙虎〉、〈題坐虎〉、〈題抗戰一週年畫虎〉等詩，累計約當全體的二分之一。這一類詩畫合璧的作品，頗能呈顯畫家詩人的筆意寄託。諸如此類的題畫詩，可以透露鄭坤五筆下諸虎的幾許面貌。

　　題畫詩不一定必然在題目上以「題……」標示出，如鄭氏生前專訪報導中寫道：

> 一幅自畫自題的雪中猛虎圖……題詞如次：「托足霜天雪地中，不因

〔註182〕見〈臺灣藝苑創刊辭〉。《臺灣藝苑》一卷一號，昭和 2 年（1927）4 月 15 日。

環境失威風。獨標正色羞同化，翹首冰原笑白熊。」〔註183〕
以上所列出的「雪中猛虎圖」題畫詩，其實正是手稿本中作者題為〈畫虎〉的異文作品。「雪中猛虎圖」一題為記者的便稱？抑或是作者另行自題？此不得而知。諸如此類者，應該頗有其數，往往需有旁加的佐證，才能有確切的判定。

在缺乏大量畫作參證的情況下，吾人試從詩歌的文字推想畫面的構圖。中國傳統畫虎貴在「雄」字，虎圖中老虎的姿態，一般最常以雄壯威武的一面出現。鄭坤五虎詩中也不例外，例如：「一聲怒吼搖山谷，乍展雄威群獸伏」、「山君得勢負東嵋，攘臂何人敢捋鬚」、「堂皇威武猛雄姿，社鼠城狐望自危」等，都典型地表現出此類情態。而烘托主角所搭配的背景，傳統國畫中常取急瀑飛泉或高山峭崖，以映襯老虎獨霸一隅的孤高形象。鄭坤五之虎詩在畫面的建構上，也經常出現相類的形容，例如：「負嵋一吼起腥風，韻遠飛泉激石淙」、「息處嫌棲惡木陰，渴時不飲盜泉水」、「昂首岩頭時一嘯，滿山草木動秋風」、「野鳥驚飛半入雲，須知伏莽有山君」、「滿山草木動秋風，獸長耽耽出棘叢」等句，或以飛泉激淙，強化老虎的怒吼氣勢；或以峭岩茂莽，隱現老虎動靜伸屈之間的莫測；或以瑟瑟秋景，象徵虎性的蕭殺銳氣。凡此之類，將老虎負嵋之姿，強調性地展現出來。雖然繪畫中的老虎可能與真實不盡相符，但這正是中國傳統繪畫主流中的寫意形象。鄭坤五也大體繼承了傳統的寫意風格。

除了傳統之外，鄭坤五虎詩中也有獨出新意的擬構，例如：〈薔薇虎〉、〈爬癢虎〉。前者將最兇暴的猛虎與最嬌媚的花朵相搭配，取意於「一樣英雄伴美人」，似乎正欲表現出鐵漢柔情的一面；後者則反向地刻畫出強者受制於弱小的諧謔，以「山君無計除毛蝨」嘲諷威猛如虎的無奈。

鄭坤五眾多虎圖中最常為人津津樂道的，非著名的「食錢虎」莫屬。根據照史採錄得來的一則軼事言道：

牛稠埔有個日人警察，慕名求坤五先生為他畫一隻老虎。帶回家一看，為什麼畫軸的上方，畫一條線吊一枚古錢呢？有人告訴他，這

〔註183〕見《原子能報》民國35年9月21日第四版陳春林〈祝鄭坤五先生六旬壽詩附刊小引〉文中引此詩，本句「環」字原作「寰」字，「正色」手稿本作「本色」，「翹首」手稿本作「昂首」。次句手稿本原作「崢嶸骨格尚豪雄」，作者刪去後改為本句。另鄭坤五藏民國40年6月4日某未詳刊名報紙專訪引文，與《原子能報》全同。

就叫做「吃錢虎」。有影射諷刺的含義，他大發雷霆，藉故傳訊坤五
先生，痛打一頓洩憤。〔註184〕

想像在猛虎上方吊著一枚銅錢，這畫面的確有些不尋常的詭異氣氛。這樣絕
非自然的構圖，卻是畫家深積不滿之下的大膽創意呀！只是這樣的創意，畫
家竟為之付出了極大的代價。不僅被痛打一頓洩憤，傳聞其庄長一職也因此
而被藉故革職了。

　　若從其題目或詩後的括註中，可以推知畫面上老虎的數量，一般不是太
多。常為隻虎獨立，如〈題畫虎……獨坐虎〉；或雙虎併陳，如〈題雪中雙虎〉、
〈題畫虎……雙虎〉。其中比較可能眾虎同出的，或許是〈母子虎〉、〈哺乳虎〉
等天倫景象，畫面上眾雛虎尚未長成，一個個似幼貓般地環繞在母虎的左右。
虎類習性原就習於獨立，至多是小眾生活。一般在同一個畫面上的老虎數量
不會多，如此也才能彰顯其王者的強勢。唯獨只有幼虎，是比較不會單獨出
現的。

　　再，日治時期臺灣各地詩社林立，擊缽吟會舉辦頻繁，「畫虎」也是吟會
中曾經推出的課題。在鄭坤五的虎詩中，其中部分也可能原是課題之作。集
三臺擊缽佳作於一爐的《東寧擊缽吟前集》與《後集》中便皆可尋得〈畫虎〉
之題〔註185〕。以同樣詩題為例，鄭坤五虎詩中便有意象與之相類似的作品。
例如：新竹林篁堂〈畫虎〉詩云：

　　幾將墨瀋染毫端，模仿山君稿本看。我戒兒兒同馬援，休描類狗惹
　　人嘆。

取鄭坤五同題作品比觀之，其詩曰：

　　勇氣何嘗一發揮，於菟描就有餘威。馬援訓姪名言在，不肖常防類
　　犬譏。

兩詩相較，從字面上已可看出二者頗有相類。即如林作「模仿山君稿本看」
與鄭作「於菟描就有餘威」，同樣言畫虎一事，而「山君」即是「於菟」，「模
仿」等於「描就」；再者不僅同以馬援為典故，二作之末句，也同取「畫虎不
成反類犬」的俗諺作為警世之意。以絕句僅有四句，而類似之處卻已有三處

〔註184〕見照史〈鄉土文學先驅鄭坤五〉，收在氏著《高雄人物述評（第二輯）》第85
　　　　頁。
〔註185〕見《東寧擊缽吟前集》第154頁有新竹林篁堂、臺北曾笑雲二作；《東寧擊
　　　　缽吟後集》第38頁有澎湖陳春林、高雄鮑樑臣二作。

而言，二者間之相似度甚高。又如鄭坤五〈畫虎〉詩曰：

> 兔毫札筆繪雄姿，祇恐難成類狗兒。野性尚存須露爪，威風不減在添鬚。寫生有術難描骨，知己無人任相皮。欲使季常驚喪膽，應加顏料染胭脂。

取高雄鮑樑臣同題作品比觀之，其詩云：

> 墨痕獰猛寫淋漓，一例雄奔下谷陂。炯炯瞳如凝電閃，斑斑毛似向風披。負隅長似吞牛氣，作勢非同類狗姿。社會狐威多假汝，臨圖應有膽寒時。

這兩首詩相較之下也頗有異曲同工之妙。起首俱以提筆揮毫為意，密切呼應題意；末聯則皆以虎像警世，不同在於前者用典，後者應時；其間則一取其露爪添鬚的張揚，一取其銳眼斑毛的殺氣，分從不同角度描寫虎姿的威猛氣勢，並戒以切勿學之不精，反類狗兒。同題詩作並不一定就是課題詩，英雄所見略同也並非不可，從以上的比觀中，無非在印證鄭坤五所認為「擊缽吟是一種實習機關」〔註186〕，亦即某些詩歌中常見的用語或意象，往往是用以磨練詩藝過程中的典型素材。

　　不論是題畫詩或課題詩，其詩歌創作上的主旨，無非以「畫」、「虎」二意為主軸。鄭坤五虎詩中以〈畫虎〉或〈題畫虎〉為詩題者，比例甚高。其作大部分直接畫虎寫虎，其中有部分雖有虎名卻實非言虎的作品，如〈燈虎〉、〈射虎其三〉，或作燈謎，或為競詩，雖然所指各有不同，但都或多或少地運用了虎的既有形象或意義。與其他畫虎諸詩，也有意韻相通之處。

　　雖然主題為虎詩，然而鄭氏在多數詩歌中並不直接予以稱名。若以題畫詩而言，觀畫讀詩，則這或許正是含蓄地結合詩意與畫境的一種手法。如〈題畫虎〉云：

> 一聲怒吼震山野，攘臂編鬚誰敢惹。自古英雄易受愚，威風莫被妖狐假。

在詩歌中，全詩未著一虎字，也未予任何稱名。然而透過震野的吼聲、強壯的聲勢卻予以老虎具體的形容。只不過，這樣的形容其實也可以同時套用在其他猛獸上。但最後一句運用了「狐假虎威」的典故，卻巧妙地結合前述形容，將老虎的意象完全定位了。以這樣的詩搭配虎圖，相信是更相得益彰了。

〔註186〕見坤五〈駁醫卒氏三診及第二傍觀生之再診感言〉，《南方》第140、141期合刊，昭和16年（1941）年11月1日。

　　而即使有所稱名，在虎詩諸作中也明顯地運用代稱，對主角老虎因時制宜地給予不同的別稱。鄭坤五在詩歌中直接採「虎」字入詩者並不多見，詩人另外分別以「山君」、「封君」、「於菟」、「斑奴」等四種不同的名詞稱之，加以靈活運用。其稱「山君」，乃以此猛獸宛如山中君王，展顯老虎稱霸山野的威武強勢，例如：「山君得勢負東隅，攘臂何人敢捋鬚」之句；「封君」，本指領受封邑的貴族，以此稱虎，則在強調其雄據一方之尊貴，例如：「封君咸足鎮千山，狗黨狐群跡已殘」之句便是；而「於菟」，實乃古時楚人稱虎的地方語言〔註187〕；至於「斑奴」，在取其毛皮花紋斑斕而為名。運用不同的稱名，可以強化詩意的表現，凸顯詩旨的意涵，並增加詞面上的變化，避免重複與單調，這是很好的一種修辭方法。

2. 從內在寄託論諷諭

　　日治時期言論受到許多的限制，生活在異族統治之下的文人，往往必須以含蓄的方式表達，方能有所保全。鄭坤五在擔任庄長時期曾因詩畫得罪日人，其箇中三昧想必深有體會。鄭氏的好友澎湖詩人陳春林曾就鄭坤五詩多諷刺，有所稱許道：

> 先生於民族精神，在暴日中間純為中流砥柱，間於自作詩句，多寓諷刺之意。如〈苦熱〉詩：「痴心直欲煩窮羿，一矢凌空射赤烏。」〈血花〉詩云：「開時宜熱不宜寒，拼放心頭一寸丹。烈士黃岡遺馥在，千秋留與國民看。」〔註188〕又在日政府大鼓吹皇民化全盛期中，自畫雪中猛虎並題云：「托足霜天雪地中，不因環境失威風。獨標正色羞同化，翹首冰原傲白熊。」（謂白熊被雪同化而白）。其他類此甚多。先生於文學一道造詣甚深，有達則兼善天下之意。〔註189〕

引文中所舉之〈苦熱〉詩〔註190〕，為臺灣文社徵詩題，鄭坤五寄意於中國傳統神話中射日的英雄后羿，期望有朝一日能將代表日本的太陽旗射下，其內心無非在盼望著異族統治的痛苦時代能早日結束；〈血花〉詩為昭和 7 年

〔註187〕《左傳宣公四年》：「楚人謂乳穀，謂虎於菟。」《釋文》：「於因烏，菟音徒。」
〔註188〕「拼」字，手稿本作「迸」字。「頭」字，手稿本作「苗」字。「岡」字，手稿本作「崗」字。
〔註189〕見《原子能報》35 年 9 月 21 日第四版陳春林〈祝鄭坤五先生六旬壽詩附刊小引〉。
〔註190〕據手稿本〈苦熱〉：「鑠石鎔金信不誣，置身難覓水雲區。痴心直欲煩窮羿，一矢凌空射赤烏。」

（1932）高雄州下聯吟會次唱的課題，鄭坤五當年即以此詩奪下該次吟會狀元〔註191〕，甚受好評。詩中取黃花岡烈士的義舉，鼓舞時代青年激發熱血丹心，效法先賢，再創千秋事業。言下之意正是意欲推翻異族，再造新局。在諸如此類的課題詩中均表現出了他個人的民族意識，而書寫個人意志的自畫題詩，更是彰顯其不屑於同化的態度，而以斑斑黃紋雄視冰原的猛虎英姿，象徵威武不屈、傲然堅強的臺灣人民。強健的猛虎不會畏懼寒冷的冰霜，依舊傲然挺立，絲毫不屈，即令是一時受到拘限，也仍然壯志不改，絕不喪氣，只待有朝一日，衝破困頓，依舊傲嘯江湖，展現威武。鄭坤五詩歌中的猛虎形象，其實不就是日本殖民政權之下，臺灣熱血青年們傲然挺立的風範與期許嗎？詩畫合一，富含深意，鄭坤五將其心志正深深地寄託在詩語畫意中啊！

鄭坤五的虎詩其實也內含著深沈的諷諭意義，透過詩情畫意，潛藏作者內心幽微的情懷。茲分以下數項說明之：

（1）畫外之境，揮毫寄情

繪畫不僅是技藝，更是一種寄託心靈的方式。畫不能言意無窮，它同詩歌一樣，是反應心靈的一種藝術表達法。鄭坤五畫虎有名，除了其畫藝精湛，技巧純熟，最主要的，是因為有一股背後的創作動力在支持著他。這股動力為何？以下兩首詩或許可以是一個表徵：

> 欲寫壯懷聊畫虎，每慚末技只雕虫。得機崛起除群小，電掣雲飛一擊中。（〈畫虎〉）

> 深慚天職未曾完，聊畫封君強自寬。與世無功空老大，藉留餘勇寄毫端。（〈題畫虎〉）

詩中所言「欲寫壯懷聊畫虎，每慚末技只雕虫」、「深慚天職未曾完，聊畫封君強自寬」，已經明白地指出畫虎之舉在聊寫壯懷。男兒當此亂世之際，常有撥亂反正的雄心。一雙能詩能畫的雙手，是上天恩賜的才情，也必然是先天被賦予了某些期待的緣故。雖然現實中的種種牽絆或侷限，都容易使事與願違。對社會的使命感，是傳統知識份子的天職，即使不能力挽狂瀾，又怎能全然放棄呢？將一枝詩筆當史筆，繪一幅圖畫作借鏡，誰說文人不宦便不能濟世？鄭坤五在其名著小說《鯤島逸史》的序文中曾慷慨指出：

〔註191〕見《詩報》41 號第 8 頁，昭和 7 年（1932）8 月 15 日。所錄〈血花〉一詩文字與手稿本皆同。該次吟會左詞宗陳春林、右詞宗陳月樵，鄭坤五得第左一右二。

> 竊謂人生不幸為文人，已不能上馬殺賊，下馬作露布，落筆豈可不
> 慎！已不能達而兼善天下，又豈可窮而不獨善其身哉！縱不能為國
> 干城，又何忍以無稽之文字貽害社會乎！著者有感於斯，乃有《鯤
> 島逸史》之著。……自信對社會不無補。幸讀者諒之！〔註192〕

濃厚的社會責任感促成鄉土俠義小說的誕生，如此的情義也同樣揮灑在畫紙
上。面對著異族入主的時代，有骨氣的士人是不願坐視的，即使不能策馬驅
敵，也希望能略盡己力以抗衡之。鄭坤五〈畫虎〉詩曾表現他之所以用心畫
虎的心境，詩曰：

> 每防類犬貽譏笑，骨格皮毛著意描。畫到頭顱異貴相，愧難投筆較
> 班超。

雖然鄭坤五並未以現時生活作為繪畫題材，然而由殖民統治下被視為禁臠的
臺灣人筆下，一幅幅地畫出威、猛、暴、殘等不同情態的虎姿，鄭坤五是有意
藉著健勇的猛虎形象，來加以寄託在日本殖民統治之下酸苦卓絕的傲骨。他
揮筆畫下虎的千姿百態，也同時藉著詩歌書寫心志，在詩畫合一中或標榜風
範，或警世諷時，或寄意未來，表現出文人不妥協於權霸的堅定。虎詩虎圖
的著情用意，成為他寄託理想、濟世利眾的良方之一。即使是會被看似雕蟲
小技的吟詩作畫，可也是爭得千秋的利器。鄭坤五並非全然以遊戲心態來創
作虎詩虎圖，於此〈題自畫虎〉一詩之中可以給予清楚概括了：

> 堂皇威武猛雄姿，社鼠城狐望自危。喜得千秋有遺跡，人留名姓虎
> 留皮。

（2）守護鄉土，胸懷中原

乙未割臺深深震撼了臺灣人民，鄭坤五幼年親眼看著父親為抵抗入境的
日軍而奮戰負傷，最後甚至因此而亡。對於恢復主權的盼望，以及對於捍衛
鄉土的熱情，他似乎繼承著父親的血液，流貫一生。他對漢詩的堅持不懈，
目的在於「似當尚有一線香火因緣」〔註193〕，著眼於漢文化的傳承不絕；他
輯錄〈臺灣國風〉，意在開啟對鄉土文學的認識和重視；他認同「臺灣話文」
的概念，以在地語言書寫在地人事，以落實真正的白話文。諸如此類，顯現

〔註192〕見鄭坤五著、羅景川補訂《鯤島逸史》第16頁。高雄：高雄縣立文化中心，
　　　　1996年5月。
〔註193〕見坤五〈對臺灣詩人七大毛病再診〉，《南方》第137期第18頁，昭和16年
　　　　（1941）9月1日。

出鄭坤五在強烈認同中原文化的同時，也十分積極地從事鄉土文學的推進。中原是他的原鄉，臺灣是他的家鄉，鄭坤五的戀戀情懷是濃厚的。只是，滿清政權的無力、日本政權的霸道，卻是現時的實況。那一份內心的巨大遺憾與想望，便只能透過筆端的詩情畫意來加以撫慰了。他說：

> 筆端無計善貪狼，欲藉雄姿鎮八方。舉世有誰知畫骨，略存皮相卻何妨。（〈題自畫虎〉）

> 自古臺灣無猛虎，筆端造化移來補。千秋坐鎮古東寧，八面威風護國土〔註194〕。（〈獨坐虎〉）

> 爪牙銳利眼凝神，雄踞岩前作怒瞋。差幸威嚴原〔註195〕畫祇，只留皮相不傷人。（坐虎）

> 帳中有客曾探穴，頷下無人敢捋鬚。欲博熊羆常入夢，自然妖魅不容狐。〔註196〕（〈胭脂虎〉）

海外孤島的臺灣，歷史以來經常地受到各種外來政權的入主，而今劃為異族統治，尤其令人不堪。威猛強勢的老虎，無人敢動其汗毛，只要有它坐鎮，必然可以安穩無虞。雖然臺灣並未出產老虎，富於想像力的文人，卻希望藉著彩筆，替臺灣造來有力的保護。畫家的心意，可憫也可敬呀！

　　被箝制的寶島臺灣宛如受困於牢籠的猛虎，一時之間相當失意。但詩人相信，虎畢竟是虎，一時的困頓只要掙脫，終究有揚眉展威的一天。在〈逃檻虎〉詩中，詩人內在對未來的樂觀態度是鮮明的，他高聲吟道：

> 失意於菟任大□，鐵牢乍脫返山坳。自由一旦能恢復，依舊威風振二嶠。（〈逃檻虎〉）

不自由，是英雄豪傑的最大束縛，也是霸道政權統治之下，在野群眾最大的願望。能保護臺灣的猛虎，如果有一天更能振臂怒吼，遊走八方，屆時必將群小走避，不敢妄為，其銳不可當的強勢，也自當重新擁抱中原，光復大漢江山。在鄭坤五的虎詩中，每每有「逐鹿中原」的意象出現，例如：

> 一聲怒吼搖山谷，乍展雄威群獸伏。正是風雲動地時，耽耽應視中原鹿。（〈題自畫虎〉）

〔註194〕手稿本原作「誰敢侮」，又另加（　）刪去。

〔註195〕手稿本原作「非」字，另書「原」字於旁側。茲以前者先作，後者再修，故暫從後者。

〔註196〕手稿本、《臺灣藝苑》二版本內容皆同。

滿山草木動秋風，獸長耽耽出棘叢。角逐中原終得鹿，漢高與汝共
成功。（〈題畫虎〉）

身披錦繡足威風，逐鹿中原想沛公。亂賊妖狐今絕跡，方知草野出
英雄。（〈題畫虎〉）

野鳥驚飛半入雲，須知伏莽有山君。待機踴躍中原地，草澤英雄豈
不聞。（〈畫虎〉）

咆哮踴躍出蠶叢，應是中原逐鹿中。過處九秋紅雨驟，一蹊楓葉舞
腥風。〔註197〕（紅葉虎）

詩畫中的老虎不再是茹毛飲血猛獸而已，具有強壯體魄、巨大身軀的虎，彷
彿是打破現實困厄局勢的唯一寄託，成為了未來美好新世界的有力重建者，
這是文藝家的移情幻影，但卻具像地反映出內心極度的渴望。畫外之情往往
才是一幅畫最精彩動人的精髓，詩人喜歡畫虎，也喜歡送人虎圖，圖上寫意
的老虎，無非也是為畫家傳達理想、號召同道的傳意虎啊。

（3）牴排異族，羞於同化

　　認同鄉土，固守傳統的另一面，便是牴排異族，羞於同化。鄭坤五自青
年時代起便小有聲名，自日治時代到國民政府時期，即使政權遞變，在不同
政府向民間文人示好之時，鄭坤五往往是南部地區的代表，受到當權者的拉
攏。在其作品中的確也能見到〈慶饗老典〉、〈新年言志〉、〈恭祝登極御大典〉
等應制之作。然而更大量的是他長年參與的課題擊缽的詩稿，以及日常生活
往來觀察的記錄。尤其在文戰時期，他以散文的形式極力捍衛舊學，大有雖
千萬人吾往矣的豪氣，儼然成為舊學一派的領袖人物。他以清楚的主張力挺
舊學，以大量的詩文寫作延續傳統漢文於不墜。與經年累月的身體力行的實
際行動相比較，他所寫過的應制諸作，似乎分外地言不由衷。

　　觀諸虎詩之作，也同樣深刻寄託著他牴排異族的潛在意志。擴張著老虎
威武不屈的形象，詩畫中的老虎依然是無懼堅持自我，堅毅不改顏色的勇者
化身。如有詩曰：

善變嘗漸狗尾龍，豈甘白化效銀熊。英雄本色終難改，自若冰雪冷
遇中。（〈畫虎（雪中）〉）

〔註197〕「紅雨驟」，手稿本於此旁另有小字做「茅葉浪」。「舞腥風」，手稿本於此旁
　　　　另有小字做「掀遍地」。

鬚眉倒豎氣森然，一嘯生風滿四邊〔註198〕。絕似鴻門樊壯士，怒瞋
叱吒項王前。（〈畫虎〉）

在殖民與被殖民的不平衡社會裡，避世者有之、抵抗者有之、附媚者有之、
痛斥者亦有之。但亂局中即使世道淒冷，懷志不遇，眼見眾人紛紛附勢趨炎，
也要堅持本我，千山獨行，這才是英雄本色。前首詩與前述雪中猛虎圖題畫
詩不論在構圖或詩意上，兩者都極為相近，頗具異曲同工之妙。同樣傳達出
絕不輕易低頭的一身傲然之氣，就算風雪漫天，也要昂首挺立，獨步向前。
詩人在作品中將同樣都很威猛的熊、虎並觀比較，但兩者的評價判然二分，
白熊被譏為狗熊，毛色自若的老虎被譽為英雄。同樣的環境，同樣的生存，
二者之高下，已被詩人區分為天地之別了。次首詩以橫眉怒目的豪霸身姿，
直比作鴻門宴中樊噲擁盾護主，瞋視項王的無懼形象，集忠勇於一身，正是
威武不屈的大丈夫。

　　鄭坤五自 15 歲由漳浦返臺至 61 歲恰逢臺灣光復，其人生精華都在日治
時期，長達五十年的時間受著種種的管制和扭曲，詩人曾經是很感慨的。除
了獨善其身，不改本色的修為外，詩人也期望著能進一步掃除異類，消滅小
人，彷彿寄望著英雄的出現一般，勇武剛猛的老虎，在善於畫虎的詩人畫家
筆下，便連帶的成為寄意之所在了。他曾言道：

山君得勢負東隅，攘臂何人敢捋鬚。異類至今除不了，世間猶勝假
虎威。（〈題畫虎〉）

滿山麋鹿懾威風，社鼠城狐漸失蹤。藉爾欲除人面獸，畫來朝野兩
英雄。（〈兩虎〉）

封君威足鎮千山，狗黨狐群跡已殘。社會尚餘人面獸，披圖相對膽
應寒。（〈題畫虎〉）

白額南山枉負嵎，輒勞猿臂一加誅。如今難覓〔註199〕將軍箭，竟使
餘威又假狐。（〈畫虎〉）

披著人面的凶獸肆其淫威，橫行霸道，使得眾人敢怒不敢言。什麼時候才能
出現真正威武的虎將，代天行道除盡異類凶獸，還給朝野一個清新的時空
呢？

〔註198〕手稿本原作「月在天」，另書「滿四邊」於旁側。茲以前者先作，後者再修，
　　　　故暫從後者。
〔註199〕「覓」字，東寧前集作「得」字。

（4）抗議暴強，諷刺不平

雖然老虎常被賦予勇者的形象，但一體兩面的是，老虎的兇暴容易使弱小者受到極大的傷害，也因此往往使牠成為強霸者的代名詞。鄭坤五虎詩中老虎的負面形象以〈食錢虎〉為最鮮明的代表，其詩曰：

> 大人變後錢為命〔註200〕，嚼嚥銖錙味亦甘。見利未曾容兔脫，攫金無厭比狼貪。負嵎財界遭威壓，出柙銅山任視耽。到處孔方吞沒盡，富兒色變敢多談。

詩歌中老虎的形象鄙細貪婪，仗勢欺人，惹人生厭。牠搖身一變成為一個貪財嗜利、視錢如命的錢鬼；一個銖錙必較、不擇手段的小人；甚至是一個欺壓善良、與民奪利的酷吏。前番寄託心志的理想形象，至此已經完全蕩然無存。霸道無理者永遠受到唾棄，鄭坤五在詩歌中對這一種人毫不客氣，直筆揭露其醜惡的一面。若再配合以前述「食錢虎」圖畫在視覺上的弔詭佈局，那麼這首詩歌在文字上毫不隱晦的作風，其實正宛如圖窮匕現一般，是挾帶著萬鈞之力吶喊而出啊！

同樣譏諷暴強奪利者的還有另一首〈題畫虎〉，詩曰：

> 於菟威武本天成，一怒能教百獸驚。別種近今知戒肉，充飢常用孔方兄。

在此作品中，詩人幽默地開著玩笑，以為古今老虎品種有異，古者天生威武，可以怒驚百獸，鎮服群黎；而今之虎已再不嗜肉，最常讓牠充飢的卻是孔方兄一味了。同樣是食錢虎，前一詩銳利如刀，淋漓見血；後一詩則是諧謔如丑，玩弄股掌，難怪在傳統詩界有人要戲稱鄭坤五為「臺灣的金聖嘆」〔註201〕了。

如虎豹般的貪殘強霸者雖然可惡，平凡百姓卻常常無可奈何。面對著這一類情事頻頻出現，詩人也曾發出深深的喟嘆：

> 弱肉強餐理所常，班奴嘗厭血脂香。山人別有傷時感，禿筆無心更畫倀。（〈畫虎〉）

> 隨倀引誘出岩阿，市上橫行可奈何。近世豈無馮婦在，只緣難制爪牙多。（〈畫虎〉）

> 生為於菟一命捐，死甘服役待誰憐。烏因啣恨常填海，鬼竟忘仇共

〔註200〕手稿本眉批註云：「首句四字或用『烏菟異種』，以代『大人變後』。」
〔註201〕見不詳撰者〈讀者的迴響：鄭坤五先生的逸事〉，參羅景川《鄭坤五和鯤島逸史》第134頁附錄。

戴天。忍改初心無愧色，慘戕〔註202〕同類更公然。也知爾輩終成
漸，冥罰難逃付鼎煎。（〈虎倀〉）

社會上欺善怕惡的情景，屢見不鮮；而鬼迷心竅，為非作歹者亦所在多有，
且常爪牙群附，詩人深沈的無奈充滿在字裡行間。感慨傷時卻無法有所作為，
畫家的一枝筆繪出形象以哀時寄情；詩人的一枝筆除了為畫題詩以記，尚且
另作〈虎倀〉一文闡明之，其文載道：

虎倀者，俗謂之虎鬼也。世傳人被虎食，其魂必引親朋以供虎食。
夫子不語怪力亂神，豈真有此鬼哉？噫！吾知之矣！所謂倀者，以
指人之不肖者之寓言也，鬼者，失人格之話，鬼也，君不見近世借
外人勢力以戕害同胞者乎？光復前更僕難數，令人不勝悲憤！世之
有心人何不起而矯正之。使各抱同類愛而脫鬼籍，則何幸如之也。

異族殘傷，令人憤怒；若是同胞相殘，更是情何以堪！殖民統治時代許多扭
曲的人心，是不是該及早矯正？而慘痛的歷史，是不是更該讓它早日成為
過去？記取過去的痛楚，不再重蹈，幸福的時代才會真正來臨。

在異族統治的時代裡，固有傳統文化的嶄露頭角，是非常值得珍惜的。
九曲堂鄭坤五曾經以詩歌揚名，以畫筆爭光。鄭坤五的虎詩虎圖，作為其藝
術技巧的表現場域而論，曾有過突出的成果和榮譽；作為殖民政權底下知識
份子的時代意識而論，他也是日治時期致力傳續傳統文化的具體實踐。

表30　鄭坤五虎畫題詩一覽表　　共42題89首

序	詩　題	序	詩　題	序	詩　題
1	射虎4首	8	畫虎2首	17	紅葉虎1首
2	胭脂虎2首	9	食錢虎2首	18	回顧虎1首
3	虎倀2首	10	題自畫虎4首	19	題畫虎（得鹿圖）1首
4	逃檻虎4首	11	題畫虎5首	20	楓虎1首
5	前題意有未盡，用四豪韻戲詠一絕1首	12	爬癢虎1首	21	昂頭虎6首
6	題自畫虎3首	13	燈虎2首	22	畫虎4首
7	題畫虎3首	15	雙虎1首	23	畫虎2首
8	畫虎2首	16	哺乳虎2首	24	畫虎——雪中1首

〔註202〕「戕」字，《臺灣藝苑》作「賤」字。

25	獨坐虎 1 首	31	題畫虎 8 首	37	題畫虎 1 首
26	母子虎 1 首	32	題雪中雙虎 1 首	38	畫虎 3 首
27	兩虎 1 首	33	題抗戰一週年畫虎 2 首	39	題虎 3 首
28	題畫虎 1 首	34	題自畫虎 1 首	40	坐虎 1 首
29	雌雄虎 1 首	35	題洞口護兒虎 3 首	41	虎象圖 1 首
30	薔薇虎 2 首	36	題畫虎 1 首	42	題坐虎 1 首

第三節　白話詩

一、鄭坤五的白話觀

　　鄭坤五白話詩的出現，與當時整體臺灣文壇的變化趨勢，是緊密聯繫在一起的。鄭坤五雖然以擅長傳統詩歌而聞名，但同時也以開風氣之先的輯作、提倡白話詩歌，對日治時期乃至往後的臺灣文學發展，在作品呈現與思想啟發等方面，具有重要的貢獻。搜檢鄭氏作品中有關涉及白話詩的各式重要文獻，茲先統整彙編如下表：

表 31　鄭坤五白話詩及其相關言論重要文獻一覽表

時　　間	鄭氏文獻
1925、1、29	〈致張我軍一郎書〉（《臺南新報》8244 號） PS：張我軍〈復鄭軍我書〉（《臺灣民報》3：6，1925、2、21）
1925、1、29 後	〈張我軍欲革命文壇，肆罵舊學者為孽種、為無恥之徒，余曾肆廣長舌登一文於報紙，促其反省，無奈意有未盡，又成一律〉（手稿本）
1927、4、15	〈臺灣國風〉（手稿本，又《臺灣藝苑》1 卷 2～3 號）
1927/4/15 後	〈續臺灣國風〉（手稿本）
1932、1、15	〈就鄉土文學說幾句〉（《南音》1 卷 2 號）
1932、7、6～1934、8、29	〈迎春小唱〉評、 〈消夏小唱〉評（《三六九小報》196 號～372 號）
1941、10、01	〈訓「誰是誰非」作者嵐映氏詞〉（《南方》139 期）
1941、11、1	〈駁醫卒氏三診及第二傍觀生之再診感言〉（《南方》140/141 期）
1941、11、15	〈再訓嵐映君〉（《南方》142 期）

1942、2、1	〈我也對黃晢之君說說新舊問題〉、 〈我也對舟揖君說幾句〉（《南方》146 期）
1942、8、15	〈回答嵐映君〉（《南方》158 期）
1942、9、15	〈答覆林克夫氏〉、 〈答嵐映第二期文戰草案〉（《南方》160 期）
1944、3、30	《鯤島逸史》出版。
日治時期	「屈文就話為主，屈話就文為賓」〔註203〕（手稿本）
日治時期	〈我也來說說歌仔戲〉（手稿本）
光復後	〈對白話文有幾條不可解的話〉〔註204〕（手稿本）
光復後	〈不可偏重白話文〉〔註205〕（手稿本）
光復後	〈褒歌〉（手稿本）
光復後	〈某氏白話詩〉〔註206〕（手稿本）

　　依據時代遞進排序的上表諸文獻，紀錄著鄭坤五自 1920 年代起，長達數十年間對於白話詩的觀察，以此反映了其文學心路歷程的轉變。吾人即嘗試站在歷史演進的軸線上，以鄭坤五個人的文學生命歷程為主要背景，縱向考察其白話意識與文學作為：

（一）1920 年代

　　臺灣新文學運動自一九二〇年代初期發軔。1924 至 1925 年初，張我軍以〈致臺灣青年的一封信〉、〔註207〕〈糟糕的臺灣文學界〉、〔註208〕〈請合力拆下這座敗草叢中的破舊殿堂〉，〔註209〕連番地以鮮明的主張與激切的言詞，

〔註203〕見鄭氏便箋手稿。又鄭坤五〈就鄉土文學來說幾句〉亦言：「只恨著自己無力量，可以推翻這屈話就文的死板物罷了。」、「要鼓吹真正的臺灣文，實在刻不容緩的。」見《南音》昭和 7 年（1932）1 月第 1 卷 2 期第 14 頁。
〔註204〕見鄭氏手稿本〈筆記第三號〉第 95 頁。
〔註205〕見鄭氏手稿本〈雜記〉第 36 頁。
〔註206〕〈某氏白話詩〉：「文字無平仄，拳頭陣陣輸。可憐壞種子，大半又貪污。此等壞東西，人人皆可殺。若無早回頭，定見二二八。」
〔註207〕張我軍：〈致臺灣青年的一封信〉原載《臺灣民報》2 卷 7 號（1924 年 4 月 21 日）。
〔註208〕張我軍：〈糟糕的臺灣文學界〉原載《臺灣民報》2 卷 24 號（1924 年 11 月 21 日）。
〔註209〕張我軍：〈請合力拆下這座敗草叢中的破舊殿堂〉，《臺灣民報》3 卷 1 號（1925 年 1 月 1 日）。連同前述諸文皆收錄在張光直編：《張我軍文集》（臺北：純文學，1989 年 9 月）。

大力批判臺灣傳統文學,痛擊傳統文人,並引進大陸五四運動的理念,意欲
推動建立以白話文為寫作工具的臺灣新文學。一再地激起傳統詩壇的強烈反
彈,開啟了新舊文學論爭。例如 1925 年元旦提出的〈請合力拆下這座敗草叢
中的破舊殿堂〉〔註 210〕一文,開宗明義說道:「臺灣的文學乃中國文學的一
支流」,指斥臺灣「又有許多無恥之徒,欲逆天背理,呆頭呆腦的豎著舊文學
的妖旗,在文壇上大張其聲勢。」這一番話引起臺灣傳統文壇的許多不滿。

　　傳統詩人鄭坤五終究也按耐不住地,以「鄭軍我」的筆名,發表〈致張
我軍一郎書〉〔註 211〕公開信予以正面駁斥。這是鄭坤五第一篇有關新舊文學
討論的文字,這篇不足一千字的短文中,鄭坤五對張文明顯對臺灣文壇宣戰,
因以「檄文」形容之。首先明告對張我軍文中「自命維新,一味排斥舊學,甚
至呼此中為孽種……」的偏激失禮,乃「有失文人資格」,婆心警告他反省改
過,「取消不遜文字」。事後還寫下〈張我軍欲革命文壇,肆罵舊學者為孽種、
為無恥之徒,余曾肆廣長舌登一文於報紙,促其反省,無奈意有未盡,又成
一律〉詩歌一首,對張我軍的放肆言詞深表不以為然,其詩曰:

> 革命文壇敢自居,胡陳糟粕檢無餘。蜀中吠日憐狂犬,井底談天笑
> 坐魚。評象總緣雙眼眊,薰人卻為下元虛。大言侃侃無尊長,口過
> 從來少讀書。

詩中句句責備,以蜀犬吠日、井蛙觀天譏刺張我軍的短視、狂妄,謂其目無
尊長,讀書太少。顯然此詩口氣較之公開致書是嚴厲許多了。

　　除此情緒情感之外,鄭坤五對張我軍所提出的文學議題,其實是帶著讚
賞的,謂之「頗思路不凡」,顯然在就文學論文學的層面,鄭坤五保持著樂於
討論的理性態度。針對張我軍的意見,鄭坤五有贊成,也有反對,可歸納為
兩點:

1. 贊成八不主義

　　留學北京的張我軍宣倡胡適〈文學改良芻議〉的八不主義:一、不做言

〔註 210〕〈致臺灣青年的一封信〉,《臺灣民報》2 卷 7 號,1924 年 4 月 21 日。
　　　　〈糟糕的臺灣文學界〉,《臺灣民報》2 卷 24 號,1924 年 11 月 21 日。
　　　　〈為臺灣文學界一哭〉,《臺灣民報》2 卷 26 號,1924 年 12 月 11 日。
　　　　〈請合力拆下這座敗草叢中的破舊殿堂〉,《臺灣民報》3 卷 1 號,1925 年 1
　　　　月 1 日。
　　　　諸文亦皆收錄在張光直編《張我軍文集》,臺北:純文學,1989 年 9 月二版。
〔註 211〕鄭軍我:〈致張我軍一郎書〉,《臺南新報》8244 號(1925 年 1 月 29 日)。

之無物的文字；二、不做無病呻吟的文字；三、不用典；四、不用套語爛調；五、不重對偶，文須廢駢，詩須廢律；六、不做不合文法的文字；七、不摹倣古人；八、不避俗話俗字。鄭坤五謂其「切中時弊」，深表贊成。雖然被視為傳統文人，但年輕的鄭坤五在文學革新上的態度是開放的，他並未將新舊文學視為截然二分的對立，意味著八不主義雖是針對舊文學弊病所提出的革命訴求，並不盡然是不能接受的。或者說，舊學中已經積累的沈痾，鄭坤五實則也默許有興革的必要。

2. 臺灣文學界宜採漸進方式改革之，張氏亦不該蔑視臺胞的文化成績

主要在於臺灣方經日本殖民政府高壓統治與廢止漢文的摧殘，猶如「病後衰翁，元氣未足。」而島內經此壓迫，反能強力自覺，經由家庭教育與詩社林立兩方面復興並傳承漢學，凡有識階級莫不額手稱慶。鄭坤五此一番話，無非明告張我軍需體認到臺灣社會的實況，移植外地文化固然可以促進本土進步，但不宜全然棄舊從新，連根更除。更何況，臺灣地區在殖民政府統治下不僅能維繫漢文於不墜，更使之蓬勃興旺，這是一份得來不易的驕傲，足以顯示臺灣民眾的文化自覺水準很高，鄭坤五直言：「如此功勛豈容謾罵者也！」舊學縱使有不當之處，也絕非張氏文中所稱的「中國舊文學的孽種」，張氏實在不該以偏蓋全，以新惡舊，全然抹殺了臺灣同胞的文化成績。

鄭坤五在言語之間自信地以臺灣為榮，這與張我軍文中以「敗草叢中的破舊殿堂」形容臺灣文學界，彷彿以臺灣為恥的態度，判然二分。以鄭坤五的角度看來，張我軍的言語不僅是輕蔑不敬，甚至是褻瀆了全臺灣民眾合力保存文化的努力。身為臺灣子弟，當然要起而捍衛臺灣人的尊嚴了。

鄭坤五除公開陳述己見，在日後且輯注臺灣民間歌謠，題為「臺灣國風」，成為前瞻性地提升臺灣白話文學價值的第一人，給予張我軍論點有力的反擊，建立了臺灣民歌史上的新里程。

張我軍極力推動「建設白話文文學，改造臺灣語言」的主張，認為「臺灣的文學乃中國文學的一支流。本流發生了甚麼影響、變遷，則支流也自然而然的隨之而影響、變遷，這是必然的道理。」（〈請合力拆下這座敗草叢中的破舊殿堂〉）此乃以大中國本位主義出發，意欲建立的似乎是中國式的臺灣白話文學。鄭坤五則立定在臺灣主體思考，主張在地本土的臺灣白話文學。

張我軍並非是臺灣提倡白話文的第一人，早在 1920 年《臺灣青年》發刊

時，白話文寫作的想法已逐漸在知識份子群中獲得認同，並藉由報刊媒體廣為傳播。而張我軍，正是擎著白話新文學旗幟，向臺灣傳統文學激嗆發難的第一人。

張我軍始終反對運用方言於白話文寫作，曾明文指出：「我們日常所用的話，十分差不多占九分沒有相當的文字。那是因為我們的話是土話，是沒有文字的下級話，是大多數佔了不合理的話啦。所以沒有文學的價值，已是無可疑的了。所以我們的新文學運動有帶著改造臺灣言語的使命。我們欲把我們的土話改成合乎文字的合理的語言。我們欲依傍中國的國語來改造臺灣的土語。換句話說，我們欲把臺灣人的話統一於中國語，再換句話說，是用我們現在所用的話改成與中國語合致的。」〔註212〕張我軍似是漠視了臺灣歷史與社會發展的獨特性，使得此一說法充滿了濃厚的文化偏見。鄭坤五基本上並不反對張我軍所提「建設白話文文學，改造臺灣語言」的大遠景，但他不能同意張氏所謂的「白話文」就是「北京話」，他反對「拘泥官音，強易『我等』為『我們』，『最好』為『很好』」（〈致張我軍一郎書〉）！直言道：「本島三百年來，所謂二簧西皮、南管郎君，無非仰拾中華唾沫而已。」（〈臺灣國風〉序），他自覺地看重臺灣自我的地位，臺灣有其自體文化，不必一定跟隨於中國之後，並認為：真正的白話應具有在地性。白話源出於土地人民，白話文學便是來自民間的文學。而「臺灣原有一種平易之文……只此足以！」（〈致張我軍一郎書〉）臺灣有屬於臺灣本地的白話文，北京話拿到臺灣來就不是臺灣人的白話了！因此臺灣人的白話文學書寫，也當然不應該是官音的口語化書寫，而應該採用臺灣本來已經存在的「平易之文」來寫作才是。

張我軍在稍後的〈復鄭軍我書〉〔註213〕中回應鄭坤五，認為鄭氏乃「以情論事」，不夠理性，也不能苟同改革漸進論。張氏雖然也認為北京話寫作不能說就是白話文，但「如我們若能造出新名詞、新字眼而能通行也可以，何必拘泥官音呢？」言下之意以北京話是強勢語言，從而以之為書寫工具。如此論調，隱含著對弱勢語言的自卑或輕視的意味，顯然有極大的議論空間，而且張我軍並未針對鄭氏所言「臺灣原有一種平易之文」的臺文書寫問題，提出明確的解決意見。

大約兩年之後的1927年6月，鄭坤五於其主編的《臺灣藝苑》上，首度

〔註212〕張我軍：〈新文學運動的意義〉，《臺灣民報》第67號（1925年8月26日）。
〔註213〕張我軍〈復鄭軍我書〉，《臺灣民報》3卷6號，1925年2月21日。

刊載〈臺灣國風〉專欄，公開推介個人收錄並評點的臺灣民間褒歌，實體呈現「臺灣原有的平易之文」，以區別於「中國白話文」。鄭坤五從最道地的民間原音裡，搜尋真正屬於群眾生活語言的白話作品，意欲以此展現臺灣本土原色，真正的走出了臺灣文學、臺灣話文的成績。這比張我軍所謂的北京白話文，毫無疑問地，是更貼近了臺灣本地人民大眾的內在心曲，也更凸顯出白話的本質。

　　放眼中國早期文學經典，有許多也都源自於民間白話創作，如《詩經》、《三國演義》、《西遊記》、《粉妝樓》之類，原都是民間「平易文」，在後世成為了士子推崇研讀的經典之作。鄭坤五因此說道：「安知他日褒歌發達，輸出北京而不為彼處人士所尊崇，而奉為東都腔也。……獨不知古詩三百，大半怨女曠夫之作，與孺歌童謠且入經史，若褒歌者，於大雅復何傷乎？年來不憚許子之煩，略為彙集成篇，暇時附以批語，行將喚起有心人青睞一顧，他日附庸雅頌，向藝林中闢一席地，為吾臺生色，誰曰迂哉！」（〈臺灣國風〉序）同樣的見解在數年後依然不變。鄭坤五繼〈臺灣國風〉之後，與好友蕭永東持續採集民間歌謠並進行評析，在公開刊載兩人合作的〈消夏小唱〉之前，他先發表了〈就鄉土文學說幾句話〉，〔註214〕他對臺灣民間歌謠與白話詩創作的未來，寄予期許與樂觀，文云：「現在咱臺灣表面上，雖也有白話文，但不過是襲用中國人的口腔，不得叫做臺灣話文了。……將來臺灣獨特的白話詩與天籟自鳴的歌曲，可以脫離數百年來被輕視的眼光，一躍而登世界的文壇。」臺灣許多人受到五四新文學運動的激勵，紛紛嘗試以中國白話寫作，但此同時，有識者們也積極地要從臺灣的泥土裡挖掘自體的白話文學，鄭坤五正是此一代表性人物。他在臺灣白話文學發展初期的思考與支持，不僅顯示出他開闊活潑的文學胸襟，更難得地表達出強大的自信與自覺，使鄭坤五成為了臺灣白話文學發展初期的重要舵手。而同時代像鄭坤五一樣嘗試於臺語文學道路的，還有其好友東港蕭永東、臺南許丙丁。〔註215〕都為臺灣話文的實際創作或應用，提供了質量俱佳的貢獻。

〔註214〕鄭坤五：〈就鄉土文學說幾句話〉，《南音》第 2 期頁 12～14（1932 年 1 月 15 日）。

〔註215〕呂興昌〈臺灣文學分先覺──許丙丁作品編序〉：「有一寡特別有見識分『舊文人』在鄉土文學佮臺灣話文方面卻是真有貢獻：親像鄭坤五、蕭永東分臺語作品，無論質佮量，攏嘛真分呵咾的。」收在《許丙丁作品集》，臺南：臺南市立文化中心，1996 年 5 月。

（二）1930 年代

進入 1930 年代，鄭坤五發表的最重要的一篇文章就是 1932 年 1 月 15 日於剛創刊不久的《南音》雜誌上刊登的〈就鄉土文學說幾句〉，文中他開篇就表明自己是贊成鄉土文學的立場。他不是第一個提出「鄉土文學」名詞的人，但卻是就「鄉土文學」提出具體思考概念的重要先鋒。

鄭坤五清楚地贊同鄉土文學，植基於從之前即已表露出的對臺灣主體文學的自信，與其在本土白話認同推廣的作為上。他在文中提出了幾個概念：

1. 鄉土文學是國學之本，與世界文學同存並進

在殖民強權面前去掉自卑與被壓迫，昂然抬頭爭取我族發言尊嚴。民族平等的前提下，各民族文學彼此之間也同樣是相互平等的地位。而每一民族文學的獨特性，來自於各個民族的鄉土文學的展現。所以世界文學與鄉土文學可以相容並蓄，同存共進。

文學的寫作源於語言文字的使用。什麼樣的語言產生什麼樣的文字，也就創造出什麼樣的文學。鄉土文學因而必然植根於鄉土語言，運用著鄉土文字。因而鄉土文學比白話文學要求更接近故土母體。如果說白話文學運動是要求文學藉由書寫工具的改變來展現生活真貌；那麼，鄉土文學其實是訴求於內在意識認同與文學書寫主題的結合，藉以更裡外合一地讓文學與孕育它的土地文化緊密融合。

要求以白話寫作的背景動機之一，來自於五四運動中標舉的「民主」、「科學」的實踐。以白話文寫作的重要訴求之一，在於可以與文言文區別，從而讓文學更接近生活，也更貼近群眾，其記述的便利性既符合科學精神，也容易接近以民為主的新時代民主精神。

白話文運動激揚起臺灣話文書寫的推進，從而促進了鄉土文學的出現，而鄉土文學獲得廣泛的迴響，映襯出臺灣話書寫化的迫切性，也讓人進而深思本土意識／文學與民族意識／文學之間的關係。

2. 臺灣話文的書面化

當文學意圖強調鄉土性的時候，地區語言的書面化，便刻不容緩。

臺灣當時社會上所使用，同時包括了日語、漢語、臺語等。日語是因為政治外來的語言，它是拼音文字，臺灣人民經過一段時日，使用得愈來愈順暢，許多人也慢慢地習於以日文書寫。但它的語言內質文化，畢竟與臺灣社會無法完全相容。若說漢語，這是臺灣人語文最主要的部分，傳統文學的寫

作與閱讀，基本上都還是繼續繼承著漢語的系統和文化。但在生活語言的部分，經過數百年的變化之後，真正流通於臺灣社會的臺語，已經與漢語有所不同，所謂「臺語，不是閩南語。」「現今之臺語除原來閩南語彙、語音成分外，已融入平埔話、北京語、外來語（如日語、英語）語彙、語音成分。故不能以閩南語稱之。」〔註216〕所以鄭坤五曾區別道：

> 現在咱臺灣表面上，雖也有白話文，但不過是襲用中國人的口腔，爾們、我們、那麼、這般等等各地的混合口調而已，不得叫做臺灣話文了，說來也好笑，連我也是這樣濫製的南北交加畸形式的臺灣文，所以要鼓吹真正的臺灣文，是在刻不容緩的。

臺灣白話雖美妙動人，但有音無字是最大的困擾。因著這個不方便，臺灣話文的實際寫作並不順暢。作為中國造字法的六書，並未能在臺灣話文上完全解決問題。

在當時已經為人們所用的權宜之計，其一為取漢字音近的字作為臺語音標，此法由來已久，清初黃叔璥《臺海使槎錄》中記錄臺灣原住民歌謠，就是採用此法。但效果其實不好，因為正如鄭坤五所言：「往往不能實寫，以致失真，……不得暢敘其音容」。其二，是利用羅馬字，這是很利便的記音方法，自荷蘭時期傳入就一直在使用。但鄭坤五當時認為其缺點是「羅馬字不如五十音的普及。」衡諸當時日本殖民時期，此話也是實情。即如蔡培火雖在1929年已經正式成立「羅馬式白話字研究會」大力提倡羅馬字〔註217〕，但普及成效依然有限。

鄭坤五個人認為可以採行的是利用當時臺灣人普遍熟悉的日語五十音，作為寫音的字，以輔助漢字之不足，他說：

> 五十音外再增加幾音像カキクケコ（流甲吱咽格果）、ハヒフヘホ（百鱉噗八援去聲）、タチツテト（搭滴預底卓）更付八音的配號，大概就可以補助一半自的音了。

也就是利用臺灣人熟悉的音標系統，為臺語記音，是現成便利可用的方法。不過他也特意強調此法：「用來補助卻好，若全用代漢字，我便不贊成」。其

〔註216〕見吳登神《臺灣漢語語法概論》第一編〈臺語之定位〉第1頁。臺南：臺南縣鯤瀛詩社／臺南縣國學會，2003年6月修訂再版。
〔註217〕見林瑞明編〈臺灣文學史年表〉232頁。收在葉石濤《臺灣文學史綱》，高雄：春暉，2000年10月再版。

意當是指，記音字不能全然代替既有的臺語漢字，它只是填補不足而已。此前於 1929 年，連橫已經發表過〈臺語整理之頭緒〉、〈臺語整理之責任〉〔註218〕兩篇文章，指出臺語高尚古雅，原傳自古中國，許多本存在著書寫的形式。1931 年 1 月 3 日起他更在《三六九小報》連載〈雅言〉，臺語漢字之既存可用，已為眾所周知。即使新創記音字，也沒有必要廢除古雅的舊臺語字。

鄭坤五說：「咱漢族自古皆是屈言就字」，指的是文言文的寫作，將日常語言拗折成書面文字，亦即所謂「屈話就文」，文言文有其自成的藝術美感，但畢竟與生活語言之間有相當的距離。在高唱鄉土文學的當下，文言文是非常格格不入的。「臺灣音字的創造（即補助字），和臺灣鄉土文學，有連帶的關係」，只有白話、口語寫作，只有做到大陸所謂「我手寫我口」、臺灣所謂「用筆尾寫舌尖」，才比較可以符合鄉土的訴求。即如鄭坤五所抱怨的：

> 講到我本是一箇喜歡大自然的人，最反對不自然的事，常常為自己
> 要表示的言語，每被文字束縛，只恨著自己無力量，可以推翻這屈
> 話就文的死板物罷了。

鄭坤五這番話是非常貼近新文學的了。他甚至曾經在便箋上清楚寫下：「屈文就話為主，屈話就文為賓」〔註219〕（手稿本）希望以文字為語言服務為主，語言為文字服務為輔，做到讓文字可以毫無阻滯地供應語言書寫的需求。他在此強調的，是更側重於臺語文字不足以充分提供筆下書寫臺灣話文的工具性問題。

鄭坤五在其稍早的〈臺灣國風〉，以及稍後的與蕭永東合作評論的〈迎春小唱〉、〈消夏小唱〉的行文中所使用的言詞，宛如在面前開講一般，真正做到了白話運動中的期待：「明白如話」。以傳統文人而如此贊成、身體力行於白話寫作，也再次顯示了鄭坤五開放、包容的文學態度。鄭坤五認為，有朝一日若能為臺灣話文找出圓滿的書寫方法，「則臺灣鄉土文學就可以完成了。」顯見臺灣話文書面化是鄉土文學的關鍵問題。

〔註218〕連橫〈臺語整理之頭緒〉、〈臺語整理之責任〉分載 1929 年 11 月 24 日、12 月 1 日臺北《臺灣民報》288、289 號。
〔註219〕見鄭氏便箋手稿。又鄭坤五〈就鄉土文學來說幾句〉亦言：「要鼓吹真正的臺灣文，實在刻不容緩的。」見《南音》昭和 7 年（1932）1 月第 1 卷 2 期第 14 頁。

後來，曾經從學於鄭坤五的許成章氏致力於臺語文學，甚至晚年傾全力編著《臺灣漢語辭典》（臺北：自立晚報文化出版部，1992），想必也受到了鄭坤五的影響，或者說，是將鄭坤五對「臺灣音字的創造」的期待，付諸於具體的實現。

（三）1940 年代

一九四〇年代，臺灣進入戰爭期，皇民化如火如荼地推展，太平洋戰爭隨即爆發。文壇也自 1941 年起以《南方》半月刊為主戰場，展開激烈的新舊文學論戰。鄭坤五以擁護舊文學的立場，與以林荊南為首的新文學擁護者們，互相參雜著理念與意氣，彼此唇槍舌戰。

1. 新舊文學的區別在內容，不在形式

繼承著二〇年代以來新文學運動的持續積極推展，新文學家與舊文學家之間的關係，似乎越來越緊張。新文學是不是就是白話文學？新文學是不是才跟得上新時代？新文學是不是就可以取代舊文學？⋯⋯諸如此類的問題不斷地被提出，雙方各是其是，各非其非，針鋒相對的情形，時有所見。鄭坤五在二〇、三〇年代的新舊文學討論中都沒有缺席，也受到一定程度的重視。但時至四〇年代，他以頻繁的發言次數、激切不遜的言詞，加之以堅定的態度，為舊文學的維護毅然跳上臺面，成為舊派發言領袖。在《南方》半月刊上連續發表的論戰文章，是他在此一時期最集中也最重要的言論。在鄭坤五的藏書當中，有一本自行裝訂的書冊，封面題為《文戰集錦》，可推見鄭氏自己也十分珍視這一次的論戰經歷。

昭和 16 年（1941）6 月萬華元園客於《風月報》131 期發表〈臺灣詩人的毛病〉〔註220〕，直言臺灣舊詩人的七大毛病：

> 第一，作者甚多如牛毛，讀者有似麟角；
>
> 第二，摹倣古人不已；
>
> 第三，移用成句不鮮，乃為俗說的「詩不厭偷」之誤；
>
> 第四，偽託；
>
> 第五，揣摩詞宗的意思；
>
> 第六，無中生有的篇什；

〔註220〕元園客〈臺灣詩人的毛病〉，見《風月報》131 期 8 頁，昭和 16 年（1941）6 月 1 日。

第七，一詩數投。

　　凡其七大毛病，臺灣的詩人都十居其五，亦發展舊文學之疵。

這樣無所忌諱的言論，明言臺灣傳統詩人是舊文學發展之最大阻礙，引起全
臺傳統詩人一片譁然。撻伐者有之，贊成者亦有之。鄭坤五一直到該文發表
三個月之後，才在文友的催請下，以〈對臺灣詩人七大毛病再診〉〔註221〕一
文逐條舉證駁論之，鄭坤五最後歸納道：

　　總而言之，以上之所謂七種毛病根源，其實僅**好名**與**實力不足**二者

　　之原因已而。名心，賢者難免；實力不足，非得已也，於病乎何有？

　　先生固自白亦舊詩人，毅然轉向，誠不失為識實務之俊傑。然對於

　　舊詩，似當尚有**一線香火姻緣**，在此舊詩氣息奄奄一息之秋，縱不

　　小分烏屋之愛，亦何忍厭惡和尚，連袈裟亦剌目也？惜哉！

言語之間，鄭坤五流露出對傳統詩壇的許多維護，頗具長者包容愛護的用意。
他並非否定詩壇的確有些陳痾陋習，如偽託、揣摩詞宗心意，但拉開視野，
衡諸臺灣當時的整體局勢環境，在維護漢文化「一線香火姻緣」猶恐不及之
前、在「舊詩氣息奄奄一息」之際，是不是可以給被殖民壓迫、文教扭曲下的
臺灣文人多些悲憫？是不是可以給這些現象多些寬容？時年五十七歲的鄭坤
五，以婆心看待臺灣詩壇，這篇〈再診〉的諸般文學討論，是植基於呵護本土
傳統文化根苗的苦心上。如果說新文學者寄望下重藥使蒙昧的臺灣士民幡然
醒覺，那麼鄭坤五則該是寧可對命運多舛的臺灣歹命兒多予撫慰鼓舞，不忍
苛責。

　　類似鄭坤五如此的心意，卻不盡然為新文學者接受。新文學運動不是純
粹的文學議題，而其實是含雜著適應新社會需求的時代性在內。所謂：「我們
的文筆人動不動就要拿感情用事，這是文壇所不取的」〔註222〕、「凡有鼎新
革舊者，不外適應乎時勢之潮流」〔註223〕、「近代文學是社會的工具，是替
民眾負荷祈福的，是反映人的生活，是人道和正義的註解」〔註224〕……等。
文學若要適應時代實際需求，其功能性則必然會被放大強調。因而在時代性

〔註221〕鄭坤五〈對臺灣詩人七大毛病再診〉，見《南方》137期15頁，昭和16年
　　　　（1941）9月1日。

〔註222〕吳漫沙〈醒來吧！我們的文壇〉，見《南方》136期15頁，昭和16年（1941）
　　　　8月15日。

〔註223〕黃習之〈新舊問題論〉，見《南方》145期，昭和17年（1942）1月15日。

〔註224〕嵐映〈認識〉，見《南方》157期18頁，昭和17年（1942）8月1日。

的標的下，新、舊文學的功能特性被賦予不同的期許和詮釋，例如：

> 舊文學，即文言文、舊詩等，其特色是在形式之美……新文學，即
> 白話文、新詩等，其特色，是在重視內容之實而輕視形式之美。……
> 一言以蔽之，舊文學者，文而假；新文學者，質而實。〔註225〕

> 舊文學是保守的，消極的；新文學是進取的，積極的。〔註226〕

> 發明古人所謂發明者，以古人所未發明而發明之，此豈非新文學者
> 乎？故「新文學」三字，似乎不可以白話新詩等為斷。〔註227〕

> 創立漢詩研究會，可藉漢詩得以發揚忠孝之精神，而盡詩人文章報
> 國之現務之美舉，此誠屬真合時代之要求也。〔註228〕

在此各是其是，各非其非中，猶如百家爭鳴。而鄭坤五提出他個人的看法是：

> 在我之見解，是以無平仄、無協韻，短文式之自號新詩為「**新詩**」。
> 然我卻常信自己所作之舊詩亦為新詩，因為平素，不肯為古人奴隸。
> 尚且舊詩人中，亦有已變為舊詩中之新詩者，亦復不少。然所謂「**舊
> 詩**」，雖是對新體詩而言，卻亦因咱大家是帝國臣民，須要避嫌，將
> 漢詩之漢字，用舊字換過而已，所以我便就將他叫做「舊詩」。

> **舊詩若能別出心裁，也就不得叫他作『「舊詩」。**究竟新者無的確新，
> 舊的也無得確舊。與其用新、舊爭論，不如改作甲、乙二派五角，
> 較為合理。〔註229〕

鄭坤五在此獨出己見，完全不隨俗解釋，崩解了一般對新舊文學定義，甚至
建議廢去「新舊」之名，去除彼此間的對立性。若就此言，則新中有舊，舊中
有新，舊可生新，新可用舊，宛若太極之陰中有陽，陽中有陰，互為相容相
生，相輔相成。那麼，文學實不應取二分判立法，也不會有功能相背的情形，
而可以回歸文學的藝術本質作切磋琢磨，摒除功能意識成見，於「別出心裁」

〔註225〕傍觀生〈駁修正生及高麟袍之謬見〉，見《南方》140、141期（合刊本）22
　　　　頁，昭和6年（1941）11月1日。
〔註226〕癲狂生〈對舊文學者說幾句話〉，見《南方》147期10頁，昭和17年（1942）
　　　　2月15日。
〔註227〕左淇〈給傍觀生書〉，《南方》143期14頁，昭和16年12月1日。
〔註228〕林得模〈讀漢詩研究會創立公啟所感〉，見《南方》145期，昭和17年（1942）
　　　　1月15日。
〔註229〕鄭坤五〈我也對黃習之君說說新舊問題〉，《南方》146期18頁，昭和17年
　　　　（1942）2月1日。

上用功。換言之，新舊若真要區分，那也是在神不在形，在內容不在形式。

　　不過，隨著日軍戰勢的吃緊，時局愈發動盪中，「國策文學」、「和平文學」等先後被提倡，新文學家們紛紛大擅文學報國之勝場，舊文學的時代功能還是不斷地受到質疑與要求，衰廢之聲四起，林荊南（嵐映）昭和 17 年（1942）8 月〈認識〉文中說得最直接，他說：

> 自中國事變以後，在這短短的幾個年，我們島民因學習北京語而得
> 著漢文素養的，其數字是不可輕輕看過的。而且，這些攻讀北京語
> 的，所得的卻不是古文，不消說是**白話文**。你們提倡保存漢文粹（假
> 稱）而創設吟社，如你擁護漢文詩界，**這樣工作有甚麼效果？**我深
> 深地希望你**認清時代性**，別要出來流毒於文藝界。〔註230〕

顯然在歷經一年多的文學論戰中，舊學如鄭坤五者，乃深深立根於臺灣島內文化薪傳的憂心；新學如林荊南者，則大大放眼於時代前進中的現實應用，兩者之間一顧後一瞻前，一定腳跟一飛上天，實在是兩條南轅北轍的思考路線。莫怪其喧喧呶呶，難得交集了！

　　戰爭末期，鄭坤五《鯤島逸史》由南方出版社出版，我們不得不說，數十年來，鄭坤五不論在文學論戰，抑或是創作實務上，都是植基於其內在深刻未曾動搖的臺灣本土之愛。或許他曾被批評為頑固的守舊派，但這正是他對鄉土執著堅定的鄉土深情。

2. 臺灣在來白話文

　　文學既然被強調要具有社會現實的功能性，連帶的也必然注重其工具的便利性。所謂「工欲善其事，必先利其器」，文學也不例外。新時代所強力推動的白話文書寫，就是文學服務社會的利器。但舊文學與白話文並非分立，傳統文學史中的白話文學佳作比比皆是。宋詞的調於酒館歌樓、元曲的衍自勾欄戲院，流行不墜的話本小說、乃至上古的十五國風，都是典型。

　　白話文運動自二〇年代開始在臺灣受到廣泛討論以來，歷經幾波的文學論戰，來到戰爭期的四〇年代，依然是一個重要的議題。回顧鄭坤五在二〇年代已清楚地知道「臺灣原有一種平易之文」，自覺到北京話不是臺灣白話文，他率先創編〈臺灣國風〉，發揚臺灣之聲，以行動示現優秀的臺灣白話文學。三〇年代他撰文贊同鄉土文學，再次強調「各白話文家所寫的白話，自

〔註230〕嵐映〈認識〉，見《南方》157 期 18 頁，昭和 17 年（1942）8 月 1 日。

然是用他自地的鄉談，這就是那文學家的鄉土文了。……現在咱臺灣表面上，雖也有白話文，但不過是襲用中國人的口腔，……不得叫做臺灣話文了。」他大力支持臺灣話文的書面化，疾呼「鼓吹真正的臺灣文，實在刻不容緩」，而且嘗試創造臺灣音字。他展望「將來臺灣獨特的白話詩，與天籟自鳴的歌曲，可以脫離數百年來，被輕視的眼光，一躍而登世界的文壇，豈不是爾咱同胞的願望嗎？」我們看到尋求文化自由解放的鄭坤五，期許將道地臺灣話文，推到世界的頂巔，讓全人類都聽到臺灣天籟，他渴望在臺灣語言的抒放中看到平等與尊重。這背後其實潛藏著被殖民者深沈的悲哀，顯示了內心深處那份讓我族母語光朗發聲的卑微企求。

　　當各界有心人士尚在積極尋找便利臺灣話文書寫方法的同時，中國白話文已經強勢的在臺地蔓延。鄭坤五始終無法完全認同中國式的白話文，他曾指出：

> 譬如：「馬上」、「我們」、「她」、「老婆」，我總認他是中國話，就是中國人，無騎馬者妄說「馬上」，對妙齡之愛妻叫「老婆」，我也不服。況兼咱大家是臺灣人，用中國方言，強化臺灣白話，動不動便「馬上」「我們」、「她」、「老婆」，實在我不感心！（但若是廣東族語文字則不在此限，我前面所說「臺灣白話」者，是福建白話）。
> 〔註231〕

一句「實在我不感心！」表達了他強烈的不以為然。雖對傳統文學是絕對的維護，但在白話文方面，鄭坤五的臺灣鄉土意識遠強過對中國的祖國意識。因此當林荊南極力推昇北京白話文時，鄭坤五提出一連串的質問：

> 怎樣汝所主張說，北京語**白話文**是新文學不是漢文學，有什麼區別？我現在所寫之文字，是臺灣福建語白話文，究竟舊到什麼程度？……怎樣只限定北京語白話文是新文學，而輕視臺灣在來文是舊文學？要排斥，又捨近圖遠，近廟欺神，拋棄**臺灣在來白話文**，而就北京白話文，（灣製北京白話文之成績好壞，聞說江某博士，不甚感心，在臺北曾指摘了），方合說是有時代認識？又怎樣用臺灣白話文，便不能做出新文學之作品，抑是一定會寫：「汝們」、「老婆」、「那話兒」、「馬上」、「很好」，或換「之」作「的」，改「耳」作「呢」，用「耶」作「麼」，將「矣」作「了」，謂「伊」作「他」，方合叫做

〔註231〕鄭坤五〈我也對舟楫君說幾句〉，《南方》146 期 25 頁，昭和 17 年 2 月 1 日。

　　　新文學？若伎倆只此，豈不是真容易乎？〔註232〕

北京話是北京的鄉土話，臺灣話是臺灣的鄉土話，利用漢文字可以寫出北京
白話文，也可以利用漢字表現臺灣白話文。兩者都可以做出好文學，兩者地
位都相同，如何要厚此薄彼？揚人抑己呢？鄭坤五先是在《詩報》〈墨戲〉中
開始嘗試將臺語和華文結合在一起，稱為「在來漢文」，用以和「中國式白話」
對稱。〔註233〕後來則進一步地強調語言的在地性、本土性，以「臺灣在來」
稱之，更鮮明地突出臺灣本位主義的思考態勢。在其《詩報》〈墨戲〉專欄中，
曾經集中例舉指稱過：

　　　「話癖」又曰「話母」，或曰「話屎」。如漢文中之濫用，於之乎也
　　　者，與竊夫，蓋謂。

　　　又如華臺合璧之所謂白話文中，「之」、「馬上」、「那麼」、「也」、「一
　　　用」、「不覺再用」。……試就島人中，所慣用者略舉一二……左記：
　　　「號作。時ツン。時節。時運。知帝。（在也）リアリア。（而已）。
　　　豫算。形式。體形，目的。機關。不過。報告報告。分當時。許當
　　　時。許撈。許撈へ。許撈蝦仔（註此句的確似達爾文進化論中所說
　　　原理，由二字許撈而進化至第三期者也）。汝太安呢。汝講安呢。汝
　　　知不。按盞按盞。的大志的大志。彼囉（ヒツド）龜挑必勞，這個
　　　這個。彌衡動短。彌衡下豹。況兼。伏果伏果。汝聽有無。汝知影
　　　不」。〔註234〕

如此之類的「臺灣在來白話」，具有濃厚的鄉土風味，可以看到鄭坤五的留心
保存，及其欲以之抗衡於北京白話的意味。但此般概念卻引來林荊南的訕笑，
他著文說：

　　　你說你那種的白話文是「臺灣在來文」；可笑！拜託你寫一篇「臺灣
　　　在來文史」，出來證明它是遠在我們所寫的白話文之先。你又不曾幹
　　　過「臺灣在來文」的運動，又不曾寫了「臺灣在來文」的創作問世，
　　　而且咱們過去的討論問題是限於「詩」一方面的；我甚麼時候曾排

〔註232〕鄭坤五〈回答嵐映君〉，《南方》158期19頁，昭和17年8月15日。
〔註233〕例如：鄭坤五〈訓「誰是誰非」作者嵐映氏詞〉文中鄭氏嘲弄嵐映氏道：「此
　　　　是汝慣寫中國式白話文，對於在來漢文法無甚素養，所以文義看不明白。」
　　　　見《南方》139期20頁，昭和16年（1941）10月1日。
〔註234〕見《詩報‧墨戲》昭和16年（1941）8月2日第253號22頁。

斥「臺灣的鄉土文學」（怕是你所說的臺灣福建語白話文）？……

原來我們所主張的**新文學**和我們所排斥的——**舊文學**——舊詩，及

你現在所說的「**臺灣式的白話文**」，是立腳於三角點的；舊詩做得怎

樣清新，若沒有脫離韻律和體制的拘禁，依然是不得說是新文學；

臺灣式的白話文依然僵在胎裡，不合文學的時代性，不是現代文學

所要求，所以不能夠進入新文學的疆域。〔註235〕

林荊南堅持要在形式和功能上強調，因將鄭說鋪排成三角鼎立的局面。儼然三者間存在著相互角力競爭的難解態勢。這段言論出現在文學論戰的末期，反映出新舊文學之間的僵局始終沒有打開，而文論筆仗歷經年餘的鏖戰，也終究沒有尋索出統協的交集。彷彿自此預埋了下一波論戰的伏筆，只待點火，又將燎原！

二、臺灣國風

（一）「臺灣國風」的命名

「臺灣國風」一名首見於 1927 年《臺灣藝苑》第一卷第二號，此後連續三期以〈臺灣國風〉專欄登載臺灣褒歌，依序分別收錄 19（另有序文）、13、5 首，合計 37 首。其中前二期共 32 首為鄭坤五輯錄兼註評，後一期刊載竹山陳宗英輯 4 首與新竹商工輯 1 首褒歌，5 首皆有友鶴（鄭坤五筆名）漫評。而《臺灣藝苑》中的 37 首褒歌均可得見於手稿本。

《臺灣藝苑》，自昭和 2 年（1927）4 月 15 日創刊號，目前所得見者至昭和 4 年（1929）2 月 1 日第三卷第二十二號，每月一刊，〔註236〕現存三卷共二十二期。主編鄭坤五，發行人蕭乞食，鳳山郡發行。發行旨趣如其〈創刊辭〉所示：「所謂藝術者，實學術中，最有趣味者也。種目雖多，究其最福利蒼生者，則醫術也。…冀與同胞共力，挽持風雅，特闢樂園於誌上，趣味公開。不獨民眾精神上之慰安，與有相當效力，對於漢學貢獻，不無多少補益。因名之曰『臺灣藝苑』，志在普及，文求平易。」藝苑透過漢醫與藝術等主題，立意於振興漢學，委請鳳山九曲堂文學名家鄭坤五主持筆政，鄭

〔註235〕見嵐映〈給坤五先生〉，《南方》159 期 23 頁，昭和 17 年 9 月 10 日。

〔註236〕《臺灣藝苑》月刊，每月 1 日出刊。唯一的例外是第一卷第一號於昭和 2 年（1927）4 月 15 日出刊，第一卷第二號於昭和 2 年（1927）6 月 1 日，期間相距 1.5 個月。之後便規律地每月一刊。

坤五多元的文藝才華也得以在此園地暢意展現〔註237〕，成就了他文藝生命中的一座高峰。

從鄭氏手稿本中可以看到：鄭坤五最早是以「新國風」、「白話詩」之名稱之，後來在正式公開發表時，最終選擇使用了「臺灣國風」。他也自揭非首創者，謂「十數年前，李漢如先生曾獨許其為近世國風。」〔註238〕而此一「臺灣國風」的定名，以振聾發聵之勢，推昇了臺灣民間歌謠的文學地位，啟發後人對民謠價值更多的省思。

何謂「臺灣國風」？鄭坤五在〈序〉中定義說：「臺灣國風者，乃通俗採茶褒歌也，係臺青年男女間，自鳴天籟，一種白話詩文。」這段話以「臺灣國風」、「褒歌」、「天籟」、「白話詩文」四者稱說相同的對象，而四者之意實各有所偏重。

「褒歌」者，是民間本然的稱說法，以其語多褒刺，故稱褒歌。常為男女民眾在山間水湄採茶、工作或閒暇時，相互唱和之辭，因又稱「民歌」、「山歌」、「採茶歌」、「閒仔歌」。是百姓心聲的一種自然表達，反映著不同的民情面相，是庶民生活的一面鏡子。

「天籟」者，是鄭坤五對褒歌發自於民間肺腑的自然天成，所給予的讚嘆。以此有別於作家作品的嘔心瀝血、雕琢縟飾，藉此讚譽民間歌謠自然純美的無上魅力。

「白話詩文」者，標榜運用民間俚俗白話語言構成，可視為詩文的一種創作。凸顯庶民日常語言的創作力，也尊重其可入列於文學藝術範疇。白話既出於庶民生活，便是土地的真氣，人民的心聲。

對採茶褒歌以「國風」之名稱之，指陳其出自於民間口耳傳唱的創作本質，且以等同於《詩經·國風》的地位，彰顯歌謠的薪傳意義與價值。此一推崇不僅意欲消極地除卻一般人對傳唱於底層民眾口耳之間的民間歌謠的鄙薄態度，更希冀積極地推重民間歌謠在文學與社會角度上的價值。在一九二〇年代白話文運動崛起的過程中，同時代的知識界，實已多有此共識。

透過命名的新意，歌謠價值得以受到新的詮釋。前有李漢如以時間作縱

〔註237〕《臺灣藝苑》中鄭坤五的編著作品包括有詩歌、小說、雜文、謎猜、詩話…等，特別是歌謠與漢醫的輯錄與評說，尤其引人注目。他既是主編，也是主力作者，無疑地是該刊的靈魂人物。

〔註238〕見〈臺灣國風〉序，鄭坤五《臺灣藝苑》第一卷第二號（昭和2年6月1日），頁3。

向觀察，稱歌謠為「近世國風」，後則鄭坤五突破李漢如以時間為聯繫的方式，改採空間地域為觀察角度，冠之以「臺灣」二字，使「臺灣國風」一名，強調土地意識，呈現在地特性，也凸顯了本土族群文化的獨有風采。在臺灣的土地上，有臺灣人自己的音腔和心聲，不同於福建、廣東，迴異於北京、上海，更絕對不是東京、大阪。在臺灣被離棄於大陸祖國、被殖民於日本帝國的特殊時代裡，「臺灣國風」的創舉，既標示臺灣本地在中國封建傳統之外的獨立特性，也彰顯臺灣一島在日本殖民之下的自主文化。一種來自於民間的自覺與自信，一種親近土地的回歸與認同，透過傳統詩人鄭坤五的創名立幟，開展新的省思。

　　鄭坤五之所以如此命名，來自於其對採茶襃歌濃厚的鄉土情味的欣賞。他未將文學自視為高尚，沒有把文學當成是讀書人的專利，也不以雅俗判定藝術之高下。所以「凡宴飲間有北妓在座時，余每丐其一唱，時人多目襃歌為俗鄙不堪，而笑余為奇迂」時，他總不能明白「笑者之居心何在也？」而這些即使是從妓女口中唱出的歌謠也令他醉心的主要原因，在於：「余自昔便雅好之，蓋喜其能獨創音律，巧盡心聲也。…歌曲之屬，尤貴於表現當時情狀，描盡心聲，方有藝術價值。」鄭坤五以藝術本質之美感為訴求，以情味之新巧與否定取捨。「獨創音律」、「巧盡心聲」，簡言之，即貴在創新與真心。創新使人不膩厭，真心使人有感動，正是採茶襃歌迷人之處，實則也是任何藝術形式之所以能雋永動人的根本要素。民間隨興的襃歌原不求揚名傳世，卻反倒可以「隨機應變，寫景寫情，百出不窮，無微不至」，從而創造出動人的魅力，鄭坤五因而讚之曰：「真普及的藝術也」。

　　相對的，陳陳相因的故詞濫調，矯揉造作的虛情假意，即使是文人貴族的大作、殿堂祠廟的高曲，也將令人厭棄。鄭坤五指出臺灣當時的情狀道：

> 若本島三百年來所謂二簧、西皮、南管郎君，無非仰拾中華唾沫而已。北腔則曲調囂囂，曲詞粗鄙，大遜南管，乃島人崇尚之，以為京腔。倘不習此，不足以當時髦。……況吾臺人之聽北曲，知音雖亦不少，然不解者實居大多數，且唱者自己不知曲中意味，而浪事聲調者，尚往往有之，聽者更不問可知矣。惜南曲一律依舊，既無創作，復缺新詞，百年來如一日，陳陳相因，殊為恨事。總之，南詞北調無非替古人作應聲蟲而已。視度曲者，猶一留聲機耳。

中華的南詞與北調本亦甚佳，然傳至臺地沿襲日久，多未改進，在鄭坤五看

來，不是故舊無趣，就是有聽沒懂。之所以如此的原因，根源於這些腔曲「無非仰拾中華唾沫而已」，謂臺灣不過是拾中華之牙慧，既非原創，自是應聲而已。臺人強以為高尚，頗有附庸風雅、自欺欺人的蒙昧。如果不想作別人的應聲蟲，就要找出自己的聲音，並且大聲地唱揚。

然而，臺灣自己的聲音何在？鄭坤五明白標舉的，正是臺灣的採茶褒歌，它唱出臺灣土地的情景，唱出臺灣子弟的心聲，表現真正的臺灣聲氣，褒歌當然可以理直氣壯地戴上「臺灣國風」的冠冕，可以與京腔、南管並駕齊驅。鄭坤五樂觀地說：「安知他日褒歌發達，輸出北京而不為彼處人士所尊崇，而奉為東都腔也？」臺灣子弟實在應該看重自我文藝，切勿妄自菲薄。鄭坤五因以身作則，一方面宣倡〈臺灣國風〉的理念，一方面公開登載臺灣話文作品，剖析臺灣褒歌的內涵，發掘〈臺灣國風〉足以與《詩經國風》並駕齊驅的藝術特色。鄭坤五闡釋民間褒歌內在的文學意境，展露出自信的意念，以務實行動提升了民間通俗文學的地位。

（二）〈臺灣國風〉的文學性

〈臺灣國風〉所收錄褒歌，均為整齊的七言四句民歌，頗似臺灣民間流行的七字仔、四句聯，乃以四句為一組的韻文，常常是一韻到底，平仄韻可相通，但平仄不講究，格律寬鬆，不避俗詞俚語，可唸亦可唱，讀來鄉土韻味濃厚，十分平易親切。多是民間中下階層民眾隨性創作，不知作者名號。

〈臺灣國風〉堪比《詩經・國風》，鄭坤五逐首評點褒歌佳妙之處，便利於讀者體會箇中意趣，也頗有以此實證理念立意的意味。鄭坤五就〈臺灣國風〉進行評點的體例構想，根據其手稿本所記，最早是包括四部分，依序為：褒歌文本、注、章句及體法、評曰。其「注」以字詞釋義為主，「章句體法」意在離章辨句，「評曰」則綜合評說旨趣情味。這樣的規劃顯示：鄭坤五計畫以傳統詩注的方式，為採茶褒歌進行評點，或有助於賞析褒歌的文學藝術性。可見鄭坤五視民歌為值得深入品味的藝術，可比照於前代經典研讀。

實際上，《臺灣藝苑》中鄭坤五介紹〈臺灣國風〉的基本體例為「褒歌文本—注—評曰」的模式，部分則無注。〔註239〕「注」主要是注釋字詞與標注難字讀音。鄭坤五本是福建漳浦人，其選錄的民歌便是以臺語發聲的歌謠。

〔註239〕《臺灣藝苑》全體 37 首中計有 9 首有評無注，包括第一卷第三號有 4 首、第一卷第四號有 5 首。其餘 28 首皆有注。

　　既是臺灣民間歌謠，自是使用臺灣話讀說。然而，鄉土語言多有地域性，他鄉外族人士往往無從知曉，必要的釋詞、注音便有一定的助益。如：「為娘割吊要按盞，一陣燒熱一陣寒」，〔註240〕若非熟悉臺語者，恐怕難以從字面上體會「按盞」與「割吊」之意。前者乃依音填字，後者為閩臺語詞彙，鄭注：「要按盞，將奈何也。割吊，割絞腸肝也。」方可一解讀者迷霧。

　　注音者，〈臺灣國風〉中先以漢字記錄歌謠，再就特定文字，取音近的漢字作為臺語音標，如：「看見娘仔生做美，少年無媒真刻虧。倒落眠床吐大氣，好魚好肉食不肥。」〔註241〕鄭注：「美，讀水同音；氣，讀與愧同音」，以「讀與…同音」、「讀作」的方式予以注音，雖不盡然切中，亦不遠矣。此法由來已久，清初黃叔璥《臺海使槎錄》記錄臺灣原住民歌謠，就是採用此法。但臺語聲調頗為豐富，些微的讀音差異就是不同的聲氣意態，此注音法實在很難完全而細緻地標示出臺語的正確讀音，正如鄭坤五也自覺地指出：「不得暢敘其音容」，存在著極大的缺陷。但以當時尚在臺灣話文議題的討論初期，臺語書寫系統也尚未出現的時代背景下，取漢字音譯臺語，仍具有階段性的效能。

　　「評曰」基本上是綜合評述，包括旨趣、情味、結構、修辭等，不一而足，篇幅短而內容豐富。這是鄭坤五實證褒歌價值的主單元。他如何能在理地析論出褒歌確實為「隨機應變寫景寫情，百出不窮，真普及的藝術也」？褒歌又如何地「附庸雅頌」？而果真能得以「向藝林中闢一席地，為吾臺生色」。換言之，褒歌有何文學藝術性？又如何和《詩經‧國風》相提並論？

　　經觀察，除臺語的語言在地性之外，〈臺灣國風〉可歸納出六大面向的文學藝術特點：

1. 繼承賦比興傳統

　　賦、比、興是自《詩經》以來作詩的三大法則，傳統詩歌不論是律絕或是民歌，莫不受此影響，臺灣褒歌既可比之為國風，其詩法自然也應有所相承。

（1）賦

　　賦是「敷陳其事而直言之」（朱熹《詩集傳》），是最簡捷直率的表達法，能有效地表現出直率的風情。多數民歌中都普遍地運用了賦的手法。它可以理性地直述現象動作，也可以感性地直抒心境意象，達到傳達明曉的目的。

〔註240〕《臺灣藝苑》1：2，頁5。
〔註241〕《臺灣藝苑》1：2，頁5。

〈臺灣國風〉中亦然，例如：

> 看見娘仔生做美，少年無媒真刻虧。倒落眠床吐大氣，好魚好肉食
> 不肥。〔註242〕

這首褒歌採用純粹鋪敘的「賦」手法，直接表述男子內心的相思之苦。他為
美麗的女子而心動，卻為缺少可靠的媒人代牽紅線而苦惱。只能失眠慨嘆，
食不知味。與《詩經・關雎》所稱的「悠哉悠哉，輾轉反側」，有異曲同工之
妙。毫不矯飾的語言，生動描繪出少年人思念意中女子的相思苦況。鄭坤五
讚曰：「活畫出一癩蝦蟆想食天鵝肉的情景。」

> 日間挽茶寮仔內，茶若挽了分東西。左手牽衫拭目滓，右手招哥著
> 再來。〔註243〕

鄭坤五評點：「起句直舒邂逅」，此歌直接採用賦法鋪述，順著時間的推移，
兩人分離的時刻也愈來愈接近。按耐許久的矜持，也終究卸下，女子心中萬
般的不願意，最後都凝聚在眼底的淚水裡，直如「蘭舟催發，執手相看淚眼」
（柳永〈雨霖鈴〉）的纏綿！大膽地說出再相見的期待，直畫出難分難捨的道
別圖景！

（2）比

比是比喻，乃以彼物比此物，是很受歡迎的修辭法，民歌中尤其應用廣
泛，不僅能曲盡委婉之幽情，甚至是意在言外的含蓄微妙正藉此以發，增加
了許多的趣味。藉著「親像」、「可比」等明白喻詞的使用，明比很容易可以從
字表看出，如：「梟雄姐妹那要交，親像夯石塞路頭」、〔註244〕「阿君可比五
少爺，出門無轎也著車」〔註245〕……等等。

再有不用喻詞，卻也通俗易曉者，例如：

> 大隻水牛細條索，大漢小娘細漢哥。是你有好不識寶，細粒干樂較
> 賢趒。〔註246〕

以「大隻水牛」比喻大漢阿娘，以「細條索」比喻細漢哥，經由前後句的對
比，一讀可知，十分傳神。以牛比喻女子，細繩比喻男子，雖秀雅不足，但農
家情味重，又有反差效果，別具質樸情趣。

〔註242〕《臺灣藝苑》1：2，頁5。
〔註243〕《臺灣藝苑》1：2，頁4。
〔註244〕《臺灣藝苑》1：3，頁13。
〔註245〕《臺灣藝苑》1：4，頁21。「少」，原刊本誤作「小」，今依手稿本改之。
〔註246〕《臺灣藝苑》1：3，頁12。

另外，以情境的鋪設作隱喻者也有可觀，如：

> 七月初一開鬼門，秋風透來冷成霜。咱今姻緣來捻斷，日頭過午心
> 著酸。〔註247〕

首二句以秋季鬼月乍開，陰風森森，冰冷凝霜，暗喻自己的心境，正是陰暗低落不已。原來失戀誤姻緣，即使日方過午，內在卻是酸苦如在鬼境，只有淒寒而已。整首歌在此比喻誇飾的氣氛中，顯出心寒外涼的雙向悲悽，氛圍特殊。鄭坤五十分同情，直道：「人生趣味抹煞淨盡，令人情卻，不忍卒聽。」更謂「視白居易和關盼盼之『燕子樓中更漏永，秋宵只為一人長』，有過之無不及也。」推許之情，溢於言表。

（3）興

「興者，先言他物以引起所詠之詞也。」（朱熹《詩集傳》），此手法乃為引起動機、帶起話頭。旨在由歌詩的語言觸發內在感情，牽引後續的唱作，與後敘內容之間可有也可沒有必然的關連。褒歌由於篇幅短，常藉外物繫連引動，強化情意。例如：

> 狗咬燈火不甘放，看有食無氣死人。不食娘仔麼條項，與娘相好無
> 採工。〔註248〕

戀情無進展，徒然消耗，真是失意！但說放棄，也尚不至於，如何是好呀？真是磨人。此褒歌首句極其形象，活脫脫的圖畫帶起了全歌的情境，鄭坤五評點說：「此歌妙處全在起手二句。」若言此句在比擬兩位主人公的現況關係，或也無不可，而其起了很好的引帶起興的作用，則是鮮明的。

2. 比肩於古典詩文

優秀的民間歌謠常以其質樸無華、率真活潑而動人，鄭坤五在開發其文學藝術時，常取古人知名詩文，與之相互比擬論證，意欲藉此提醒世人不可一昧以為民歌都一定是粗俗鄙穢。民歌不僅可以有與名作異曲同工的表現，甚至毫不遜色，由此以提升褒歌的地位。例如：

> 娘仔住在某字號，哥你無嫌來迢迢。真名正姓共哥報，免得害哥去
> 尋無。〔註249〕

此歌出自一位大方的女子口中，熱情開朗，毫不扭捏作態。自始至終直接鋪

〔註247〕《臺灣藝苑》1：2，頁4。
〔註248〕《臺灣藝苑》1：3，頁13。
〔註249〕《臺灣藝苑》1：3，頁13。

敘，雖說不夠含蓄，但清晰地刻畫出了陽光果敢的形象。鄭坤五顯然也很欣賞這辭氣暢貫直下，意象鮮明的特色，直讚曰：「通篇一氣串成。較唐詩『美人一笑搴珠箔，遙指紅樓是妾家』，尤為誠摯懇切，活畫出一女流社交家口吻。」評點中所引詩句乃出自唐代李白〈陌上贈美人〉，兩相比較之下，褒歌表現得「誠摯懇切」，比詩仙的名句也不遜色呢！

> 小娘約哥後壁溝，假意舁椅去梳頭。搭心若來著喊嗽，哥仔招手娘
> 點頭。〔註250〕

這是一首約會寫實歌，指明了兩人相約，卻必須故作姿態，留心動靜，密作暗語，方才能有機會親近！在男女嚴防的年代理，約會是多麼的瞻前顧後，好掩人耳目！這自由戀愛或許不盡合於傳統禮教的要求，卻是小兒女真情的表露、真實情狀的傳神描繪！坤五評點說：「情景表現毫髮無遺，聽者試閉目靜神，重念此歌，當如活動電戲之開演於眼前也。」正符合〈臺灣國風〉序中所期許：「夫歌曲之屬，尤貴於表現當時情狀，描畫心聲，方有藝術價值。」

　　鄭坤五謂念此歌不可「拘於禮節」，若過於拘泥，則連許多古代名家佳作都要被「一併抹煞」了。他特別取清代袁香亭的作品為例，袁氏以香奩詩寫作而聞名，詩歌多有溢於禮教之外的描述，如：「金扇暗遮人影至，玉扉輕借指聲敲」、「密約夜深能待我，喫虛心細善防人」、「窗外聞聲暗裡迎，瞻娘有膽亦心驚」〔註251〕諸名句，與褒歌有異曲同工之妙。若這首褒歌可棄，則同樣以香奩詩稱絕的《疑雨集》不也可「一併抹煞」了。鄭坤五可說不僅極力推許此歌，也等於是藉此為大部分被認為不拘於禮節的民歌發言辯護了！

3. 民間的文學美感

　　民間歌謠以通俗簡明為尚，但也有名言佳句之勝。平常讀者領略歌謠的意味，鄭坤五則除此之外，還往往要點出民間文人修辭佳作，以凸顯民眾文學美感，不見得就比文人之作遜色。例如：

> 好花也著好花盆，美娘著對美郎君。今來英臺配馬俊，嘴齒打折共
> 血吞。〔註252〕

此歌以好花配好盆起興比託，卻一轉而以「英臺配馬俊」的錯譜鴛鴦，極嘆佳人配拙夫的恨事。全歌通俗易解，用典活潑雅趣，生動地感慨著人生的大

〔註250〕《臺灣藝苑》1：2，頁6。
〔註251〕「窗外」，原刊本誤作「窗內」，今改之。
〔註252〕《臺灣藝苑》1：3，頁13。

遺憾。鄭坤五點出其中微妙的關鍵用語，說：「起句用『也著』二字，第二句用『著對』二字，已含有無限悲哀了。……」原來在不起眼的字詞裡，早已經將主人公的心情埋伏其間，民歌中的幽微細膩，被鄭坤五明眼點現了。

> 手舉燈仔要照路，燈仔打破融糊糊。跋到溜皮共溜褲，小娘看見哭成晡。〔註253〕

歌中形容夜行跌倒受傷，愛人心疼哭泣情狀。一首看似平凡的褒歌，鄭坤五特別指出其中巧妙曰：「論理是先跌倒，然後打破燈的。今乃先道燈仔打破，次方云跋倒溜皮，乃詩格中一種倒裝句法，也不知從何處學來！天籟自鳴，其巧妙之處，真不可及也。」真是一語道破歌者曲轉的心機！原來藉由反向敘說，含蓄表露受到心上人疼惜，卻壓抑著不說出的歡喜！褒歌深處用情，其實正埋藏著一份享受被對方珍愛的甜蜜。

4. 真率的情感心聲

褒歌受到鄭坤五大力推崇的最主要魅力，來自於其「貴於表現當時情狀」，換言之，民間直抒當下心聲情狀的坦率，足動人心，最是迷人之所在。例如：

> 天頂落雨流目滓，心腸苦切無人知。想要大山移落海，將伊的厝移過來。〔註254〕

這首褒歌寫難耐相思之苦的戀人，恨不得將橫阻在兩人之間的大山移平填入海中，再將對方的厝直接拉到自己身邊，真是好大手筆！這簡直是漢代高人費長房縮地法的翻版！鄭坤五讚其豪氣曰：「妄冀挾泰山以超北海手段，要移山填海且更將愛人之家移來，此等思潮奔放，豪邁真不可及。蓋自小說中樊梨花移山倒海故事脫胎者也，趣甚。」讓天涯變咫尺，讓意中人常相左右，是所有相戀男女的共同願望吧！主人公直白撒氣，毫不扭捏作態，純粹而可愛，豈非天籟！雖然在修辭上有「移」字重見，此在近體詩中是力求避免的，而民歌中口語直書，不拘細節，有拙稚之趣，於此可見一斑。

> 一盆好花鶯爪桃，準辦一蕊要與哥。是哥金嘴不敢討，有剩哥額免驚無。〔註255〕

歌中女子面對心儀的人，大方用情，表露心意，展現出陽光般的熱情。反倒

〔註253〕《臺灣藝苑》1：2，頁6。
〔註254〕《臺灣藝苑》1：2，頁4。
〔註255〕《臺灣藝苑》1：3，頁13。「辦」，原刊本誤作「辦」，今改之。

是男子羞赧畏怯，多有顧忌，形成強烈對比。鄭坤五「不禁欲大呼特呼提醒之曰：有花堪折直須折，莫待無花空折枝也。」男女態度之反差，讓局外人也著急。足見褒歌力透紙背的感染力了。

5. 諧謔的諷諭寄托

含蓄婉轉，曲折寄託，是中國詩歌傳統的特色，民間歌謠也不例外。意在言外，往往更加引人深思。例如：

> 見著查某個個愛，行到菜店著想開。少年身命若打害，做風落雨你
> 著知。〔註256〕

這首褒歌先是嘲弄喜歡流連煙花界，主要在勸誡年輕人宜有節度，以免貪圖享樂歡快，竟致壞了身命，等爾後老來受苦，將後悔莫及。頗有以過來人身分諄諄相勸的意思，苦口婆心。鄭坤五評點得好：「起手直點出登徒子好色，如韓信用兵多多益善之氣慨，末半乃俱菩提心，加以當頭棒喝。轉結二句，可作醒世偈語誦之，真通俗格言也。願世之漁色者三復斯歌可也。」鄭氏以韓信用兵比喻好色貪多，也是一絕。

> 娘仔未大就要呆，目箭常常射過來。小船不可下重載，車帆起錠你
> 著知。〔註257〕

這是比較少見的勸諷年輕女性的褒歌。此歌無注。意味未成年的清純少女，要懂得矜持莊重，甚至裝傻，對周遭異性交友要多多留些心眼才好。後半首以過來人的口氣，透過比喻，暗示長大成人後，就會了解另一番輕重的兩性世界了。後二句的比喻含蓄而貼切，令人玩味，也隱含著一份疼惜在其中。評曰指出：「恐其嫩蕊嬌紅，難禁浪蝶狂蜂，戲謔之間含有憐香惜玉之意。比為小船尤妙不可言。車帆起錠，更形容得盡緻。」

> 阿君可比五少爺，出門無轎也著車。五萬錢銀寄會社，五萬開了正
> 趁食。〔註258〕

將郎君比擬「五少爺」，語氣中帶著揶揄。這個少爺出門很拉風，非轎即車，在從前時代可謂排場闊綽。他在會社存款雖有五萬，若是一旦用盡，就一定

〔註256〕《臺灣藝苑》1：3，頁12。「某」，原刊本誤作「媒」，今改之。「害」，原刊本誤作「呆」，今改之。

〔註257〕《臺灣藝苑》1：3，頁13。

〔註258〕《臺灣藝苑》1：4，頁21。「五」，手稿本作「土」。「少」，原刊本誤作「小」，今依手稿本改之。

得工作才能謀生。顯然他不是真正家財萬貫的富豪，只不過是好於奢華的火山孝子。鄭坤五不禁嘲笑他是「新受遺產的阿舍…學隋煬帝的無愁天子法」，這褒歌「真是替敗家子弟畫形圖了」。褒歌呈現的是個借鏡，勸人應腳踏實地，勤儉樸實，否則即使金山銀山，也禁不起肆意揮霍。

6. 鮮明的女性形象

〈臺灣國風〉中的人物，以女性形象最為鮮明特出。例如：

> 小妹共哥這樣好，望要生囝親像哥。點采哥仔爾轉到，有時看囝那看哥。〔註259〕

這首褒歌是女子毫不掩飾自己內心對情郎的愛戀和期待。兩人這樣相好，但或許是露水的情緣，讓她不敢夢想天長地久的依偎，卻期望為情郎懷個孩子，日後萬一他離開，還可以看著長得像他的孩子，以聊慰思念。這樣的女性形象癡情、執著又勇敢！鄭坤五評點出此一深意曰：「閱者或疑為尋常求嗣之意，而置『親像哥』三字於五里霧中。直聽至轉結，始圖窮而匕首現。其奇想天開，措意之妙，一至於此。」

> 娘今共哥隔這遠，聽見水螺心著酸。若得車路越到轉，今暝共哥困相床。〔註260〕

這首褒歌起始直述兩人距離相隔遙遠，每次相見都十分可貴。最怕聽見汽笛水螺聲響起，兩人就必須分離。正所謂「黯然銷魂者，唯別而已矣！」（江淹〈別賦〉）因此動了奇想：如果車能倒轉回頭，就可以與情郎共度春宵了。第四句將女子這不害臊的念頭說得露骨，讀者恐也不免臉紅。鄭坤五卻道：「無此，則難以顯出第三句之神韻。況尚不如《西廂記》『柳腰輕擺，露滴牡丹開』之太露鋒芒也。」讚其「癡人癡語，最有妙趣」。

> 娘仔送哥到大路，千勸萬勸著忠厚。不可貪戀人美某，身命打歹惡照顧。〔註261〕

男方即將遠行，女子殷殷勸誡其守身忠厚，希望他在外地切勿拈花惹草，過於放縱，否則終將影響身體健康。天下沒有人不期望戀人以忠貞相待，但傳統社會容許男性風流，卻是女性心中永遠的愁慮。鄭坤五引古詩句點破了這看似溫柔的真心情道：「臨別贈言，懇懇規戒，較雙文勸張君瑞「荒村夜月眠

〔註259〕《臺灣藝苑》1：2，頁4。
〔註260〕《臺灣藝苑》1：2，頁4。
〔註261〕《臺灣藝苑》1：2，頁5。「某」，原刊本作「媒」，今依鄭注改之。

宜早，客舍風霜起要遲」，關心更為週至。其防備未然，尤較「不恨歸來遲，莫向臨邛去」，說得堂皇冠冕。明明是妒心，她偏不認，而藉詞保重行人，婦人之心理，表現得如察秋毫。」

（四）臺灣國風的意義

二十世紀前期的傳統詩人鄭坤五，鮮明地標舉臺灣意識，大有意欲突破困厄的自主意識。他輯評〈臺灣國風〉的舉動，內藏著一份深層的企圖，企圖在社會意識上突出臺灣歌謠文化的獨立性，在文學藝術上挖掘臺灣語文內涵的特殊性，在族群精神上強調臺灣民眾自尊的建設性。將內在對臺灣文化未來發展的想望，交集於民間褒歌的整理工作。〈臺灣國風〉的提出，展現了鄭坤五濃厚的臺灣文藝信心，這樣的意識可說是來自於二方面：

其一、對本土的自信，意謂鄭坤五對臺灣的認同，及對本土文藝的看重。而可以反映廣大民眾心聲的歌謠，最是具有清晰的臺灣在地情味，吸引著包括鄭坤五在內的許多有識者的注目。即使是敝帚自珍，但一種植根於鄉土的民眾氣息，正是使文學新鮮有活氣的養分。文人放下自以為是的高尚，謙遜樸實頂禮土地，傾聽民間的原聲天籟。

其二、對外界的反動，主要來自於對新文學部分論點的反擊。以大陸白話文為新為創作，臺灣本土傳統為舊為割棄，是鄭坤五所不能苟同的。透過來自於土地民眾聲響的白話歌謠，整理本土語言文學的成果，呼應「用筆尾寫舌尖（我手寫我口）」的理念，避免臺灣人遺忘母土的聲音，同時抗衡日本當局強勢的語言同化政策，提顯臺灣語文的尊嚴與傳承。

進入一九三〇年代，鄭坤五發表著名的〈就鄉土文學說幾句〉，開篇即表明自己是贊成鄉土文學的立場。認為：每一民族文學的獨特性，來自於各個民族鄉土文學的展現，且「倘咱臺灣有人肯鼓吹，奮練得法，哪裡將來無有國學的可能性呢？」〔註262〕確認臺灣鄉土文學自有其價值。而褒歌正是來自於民間典型的鄉土文學，是民間真聲，臺灣正音的代表。鄭坤五譽之為「臺灣國風」，便是對臺灣文學主體的樂觀信心，也是臺灣白話詩的有力實踐。他以此為基礎，期待日後能走出屬於自己的臺灣話文。

同為昭和7年（1932），鄭坤五與好友東港蕭永東（古圓）合作輯評的〈消

〔註262〕見鄭坤五：〈就鄉土文學說幾句〉，《南音》一卷二期，頁14（1932 年 1 月 15 日）。

夏小唱〉〈迎春小唱〉〔註263〕開始在《三六九小報》連載，歷時二年。古圓自承是受到鄭坤五的影響，他說：「鄭坤五氏目前有講：歌謠自是國風，所以他曾刊《臺灣藝苑》，注重國風，且又極力獎勵。」〔註264〕文友之間意氣相通，接力作為，擴大倡發民間文學情趣。以鄭坤五對「臺灣國風」的定義看，則〈消夏小唱〉、〈迎春小唱〉正也是道地的臺灣國風。

比較鄭坤五親自輯錄並評點的正、續〈臺灣國風〉和僅作評點的〈迎春／消夏小唱〉，可見得二者的異同：

1.〈臺灣國風〉評論除了指出內容的意涵、趣味之外，尚且著重文學技巧的分析、典故運用的妙處等，鄭氏有意識地要強調出褒歌在藝術表現上的典雅、可取。

而「消夏小唱」諸作，則大大受限於報紙版面的拘束，率皆評語簡短俐落，著重於其趣味意涵的點顯，似乎希望帶給讀者茶餘飯後的趣談興味。對於文學性的藝術分析，幾乎缺如。這樣的表現，也明顯地趨向於提供休閒功能。

2.〈臺灣國風〉的評注比較鮮明地呈現出臺灣在地語言的獨特性，具有社會教化或倡導族群語文的企圖，能清晰地突出其被稱名為「臺灣國風」的文化意義。

而「消夏小唱」諸作在本土語詞方面，均未加以說明分析，而是訴諸於閱讀者的個別體會，僅以「土語」、「協韻」的方式，點到為止。若是不熟悉臺語的人士，恐怕有閱讀上的隔閡。

鄭坤五自1925年1月在〈致張我軍一郎書〉中公開提出「臺灣原有一種平易之文」，到1927年6月主編《臺灣藝苑》正式標舉〈臺灣國風〉，推崇民間褒歌的地位，再至1934年8月完成輯評〈消夏／迎春小唱〉，前後長達十年的時間裡，鄭坤五持續推展著本土歌謠，鼓舞讀書人投入從事，影響了後世許多人的省思，〔註265〕無疑地已作出了極其可貴的貢獻。鄭坤五直可謂為

〔註263〕〈消夏小唱〉、〈迎春小唱〉，古圓輯，坤五評。見《三六九小報》196～372號連載，昭和7年（1932）7月6日～昭和9年（1934）8月29日，合計70首校評，詳見林翠鳳：《鄭坤五全集及其評論》（高雄：大樹文史協會，2004年8月），頁39～54。

〔註264〕見蕭永東〈消夏盃詩話〉，《三六九小報》102號頁4（1931年8月19日）。

〔註265〕《臺灣新民報》《南音》《三六九小報》等雜誌均曾陸續刊登歌謠等民間文學，昭和10年（1935）李獻章更出版《臺灣民間文學集》（臺北：臺灣文藝協會，1936年），蔚為新里程。

臺灣白話文學發展史上的時代領航者。

三、新體詩

在新文學的浪潮中，詩歌當然也出現了反映新時代變革的新體詩。體式、造語、音韻等多方面的趨向自由，均與傳統詩大異其趣。日治時期基於對殖民政府同化政策的反抗，鄭坤五力主維繫漢文學的傳承，以維繫「一線香火姻緣」，對於新文學曾有過一番論辯。但在鄭氏詩稿中，出現過幾首新體詩，或稱新格詩，雖然皆屬實驗性質，數量極為有限，但依然可以視為舊文人反映文學演進新趨勢的一種表徵。

目前所見鄭氏新體詩之創作，以廣義來看，包括歌詞在內，僅有 4 題 13 首。這些作品除了屏東女中〈畢業生送別歌〉曾見於剪報，附貼在《九曲堂時文集》之末，理應公開發表過之外，其餘皆僅見於手稿本中，在目前都無法確定是否曾經公開發表過。

至於各詩的寫作年代：〈新格詩〉二首抄錄於鄭氏手稿本中，與曾經出現在昭和 2 年 4 月 15 日《臺灣藝苑》一卷一期「九曲堂詩集」中的〈羅漢松〉、〈水中天〉、〈錦榕〉、〈虎爪菊〉諸詩並列，手稿中也有〈甲子年上元前夜夢與麗人酬唱，醒而誌之〉〈甲子六月十五日，社友莊君龍溪婚事〉〈漁歌——甲子九月廿三日屏東三友吟會擊缽〉，查甲子年即大正 13 年（1924）。雖然鄭氏詩稿中作品不盡然依照時間順序排列，但全本詩稿所錄均日治時期詩作，亦未見光復後事，則〈新格詩〉二首據此可推作於日治時期，而且光復前是唯一的新體詩作品。其餘 3 題 11 首詩也都可確定作於臺灣光復之後。蓋〈臺灣詩人是時代的推進者〉有同題古詩一首，內有「日寇投降後，自由還故吾。……不意光復後，國事轉堪虞」句，可知其創作年代。再者，鄭坤五於光復後的民國 37 年（1948）4 月至 39 年（1950）7 月退休為止〔註266〕，擔任屏東女中教師，〈畢業生送別歌〉與〈運動啦啦歌〉都是當時之作。

對於一般視鄭坤五為傳統詩人的形象而言，這幾首新體詩側身於寫滿傳統詩的簿冊內，頗為特別。以其難得一見，茲錄於下，以存文獻：

〔註266〕依據民國 37 年（1948）4 月 3 日《臺灣省立屏東女子中學校刊》校慶紀念創刊號〈現任教職員一覽表〉記載，鄭坤五係於民國 36 年（1947）8 月 1 日到職。又據其今存〈離職證明書〉知：民國 39 年 7 月底退休。

臺灣詩人是時代的推進者　　新體詩〔註267〕

同處在廿世紀的吟壇／豈能容臺胞獨異？／要喚醒醉生夢死的痴
人／要促起懦夫的□□〔註268〕。

不作平時無病的呻吟／不生亂世吟風弄月的□□〔註269〕／不徒作
秋蟲般的不平鳴／不寫無天性的□□〔註270〕。

落筆必為岳武穆之填滿江紅／或像文信□□〔註271〕正氣／這才算
時代推進的詩人／希望大家□□〔註272〕步驟一致。

屏東女中畢業生送別歌

不負永年勤苦，讀書畢業今將歸去。歡送鵬程，前途萬里，開拓自
由天地。希望此後，師訓須遵，友情切勿忘記。更冀勉作社會中堅，
莫作尋常婦女。

欣逢男女平權，世界應運產出人才。有幸諸君，一步先進，前途樂
土展開。我們也當急起直追，助成建國將來。見賢思齊，大家努力，
當仁不讓應該。〔註273〕

屏東女中運動啦啦歌（四種）

第一段

著名屏女，體育最強。朝氣滿滿，威風凜凜。摩拳擦掌，待機登場。
必得錦標，爭取榮光。

第二段

保校榮譽，保我健康。意氣沖天，彩旗飄颺。所向無敵，永不可當。
努力前進，步武堂堂。啦啦啦啦、啦啦啦。

田徑

第一段

屏女同學，踴躍登場。健足如飛，愈跑愈強。追風逐電，快捷非常。

〔註267〕見《雜記》手稿本。
〔註268〕原稿破損。
〔註269〕原稿破損。
〔註270〕原稿破損。
〔註271〕原稿破損。
〔註272〕原稿破損。
〔註273〕見鄭坤五剪貼簿。

勇往邁進，奪取表彰。

第二段

平時努力，訓練有方。錦標奪得，校名芬芳。同學拍手，歡呼欲狂。
勇冠三軍，女性之光。啦啦啦啦、啦啦啦。

跳高

第一段

選手榮譽，惟我女中。腰如楊柳，影若飛鴻。不負訓練，勤苦用功。
長足進步，一躍凌空。

第二段

體育出眾，妙技無窮。發揮本領，大展威風。霸權在手，錦幟翻紅。
當前無敵，女界英雄。啦啦啦啦、啦啦啦。

標槍

第一段

屏女選手，精神最強。我校傳統，妙技標槍。如蛇出洞，比劍穿楊。
閨門之秀，體育之雄。

第二段

人才出眾，身體健康。為國學藝，為校爭光。冠軍榮譽，名震四方。
娘子軍威，光大發揚。啦啦垃、啦啦啦啦。

以上這些新體的詩歌，從形式看，〈新格詩〉採五言四句的絕句形式，屏女〈運動啦啦歌〉統一作四言體，還是套著傳統詩的外殼。〈新格詩〉所以稱「新」，頗令人費解；〈運動啦啦歌〉則是在修辭上接近白話，雖然也注意對仗，也運用典故，大體上簡明易懂，方便朗朗上口，以此而有別於傳統詩。但此二者，恐怕都與現代白話詩有較大的距離。至於〈臺灣詩人是時代的推進者〉一詩，雖然打破了規律的形式，但修辭上使用了許多的成語和典故，似乎不能對「新」語、「新」意的塑造產生太多加分的效果。〈屏東女中畢業生送別歌〉的寫作則頗見用心，不僅明顯的協調尾字音韻，在語言的運用上也能注意到通俗口語與雅致修辭的融合，適當地鑲嵌成語，避免了典故的壓縮，卻能語重心長，寄意深遠，是作者謹慎斟酌的心血，可以算是鄭坤五新體詩中的代表作。

雖然鄭坤五偶而為之的新體詩也有可觀之處，但熟習傳統詩歌的他，終

究沒有致力於新體詩的寫作，最後仍以一貫的傳統漢詩人終其身。但他曾經嘗試新體詩的雪泥鴻爪，透露出他是在親身探入新詩境內後，知其所以而後反，並非一昧地為反對而反對。

第五章　小說散文研究

　　鄭坤五是一位多產作家，除了詩歌之外，其小說散文數量十分龐大。如果說其傳統詩歌是以詩社吟會為主要發表場域，那麼，報刊雜誌便是其發表小說散文的主要園地了。從日治時期的《臺灣藝苑》、《三六九小報》、《詩報》、《南方》到光復後的《光復新報》、《原子能報》，鄭坤五在期間發表專欄、社論、小品，還包括論戰、小說等不同型態的作品。他不以一藝為名，可說是一筆多體，散韻兼出。

第一節　小說

　　鄭坤五現今所知的小說，從不到二千字的極短篇，到長達十數萬字的長篇都有所作，可見鄭坤五在小說寫作上具有相當的熱情。茲就十六篇作品在篇幅、內容、形式三方面的性質，製表概覽如下：

表 32　鄭坤五小說分類一覽表

序	篇　目	篇　幅	內　容	形　式
1	《鯤島逸史》	長篇	鄉土、史話	文言、章回
2	《大陸英雌》	長篇	俠義、現代	白話
3	《愛情的犧牲》	長篇	愛情、現代	白話
4	〈活地獄〉	中篇	史話、現代	白話
5	〈火星界探險奇聞〉	短篇	科學、現代、偵探	白話
6	〈誰是誰非〉	短篇	人情、鄉土	白話

7	〈瞎訟棍〉	短篇	人情、鄉土	文言
8	〈死生〉	短篇	豔情、人情	白話
9	〈地老天荒無此恨〉	短篇	哀情	白話
10	〈八萬元〉	短篇	破迷	白話
11	未題名小說一篇	短篇	人情、現代	白話
12	〈大樹庄勇士黃輕〉	極短篇	鄉土、俠義	文言
13	〈華胥國遊記〉	極短篇	遊記、幻想	文言、傳奇
14	〈謝范二鬼卒的正身〉	極短篇	偵探	白話
15	〈打破迷信的小說〉	極短篇	偵探	白話
16	〈廿世紀的恥辱白女奴〉	中篇	翻譯	白話

從上表的分類中，可得見：

1. 從篇幅上觀察

鄭坤五小說類型從長篇到極短篇都有創作，可說是十分均衡的分佈。這可以顯示作家在材料取捨上，具有自我伸縮剪裁的能力。中長篇小說的寫作，作者必須具備較豐沛的才學和耐力，以鄭坤五長年浸淫書海的博古通今，撰寫方塊雜文的快筆經驗，中長篇的小說型態能夠提供發揮空間。短篇與極短篇則文白兼用，內容多元，容易揮灑。

2. 從內容上觀察

各篇作品看似篇篇獨立，但由表中內容的分類上來看，則其間實在存著前後連通的關係，也因此顯現出作者在小說寫作事業上的主要脈絡。這脈絡主要有三：

其一、鄉土、人情的觀察與記錄

鄭坤五被視為臺灣鄉土文學的重要作家，無庸置疑的，鄉土、人情的主題，是他的最重要軸線。而在實際創作中，他也的確以鄉土為主要議題。

鄭坤五的「鄉土小說」與其所稱的「人情小說」互為表裡。在〈誰是誰非〉題前，鄭氏自標為「人情小說」，此「人情小說」意同於近代所謂「社會小說」，以描繪人情世態，反應社會問題為主題。與〈瞎訟棍〉等作均為同一類型。而他所寫作的人情社會，幾乎都根繫於鄉里土地之上，以致其「人情小說」往往具有濃厚的鄉土風味；而其「鄉土小說」則以表現人情世態的細膩而引人注目。

例如：〈誰是誰非〉寫出中國福建漳州府漳浦縣太華村老學究受富戶欺凌

的不平，〈瞎訟棍〉寫清咸豐年間泉州瞎進士作訟師的惡行，〈大樹庄勇士黃輕〉述明治晚期大樹庄武士黃輕，任臨時庄長時的義勇。這三篇都有明確的時空背景，也都實際描述者鄉土間人物的形象和所遭遇的衝擊和問題。可以反映作者自早期就對鄉土人事賦予相當的關懷，因而能在小說中呈顯切中鄉土文史的觀察點。日後轟動全臺的《鯤島逸史》被視為臺灣鄉土小說的代表，其實正是這些短篇鄉土小說的集大成之作。

如果說《鯤島逸史》諸作是對舊時代鄉土人情的回顧與省察，那麼〈死生〉、〈活地獄〉，便是對當世鄉土人情的報導與揭露。〈死生〉敘述日治時期赤貧百姓的窮困酸楚，與〈活地獄〉控訴日本警察酷虐變態，前後相互呼應，為當時正生活在臺灣土地上、廣大人民的淚與血，留下第一手的刻畫。

其二、科學、幻想的衝突與交融

有別於鄉土文學向下深根於土地的性質，鄭坤五另外在想像虛構的小說上，有遨遊天際的無邊奔放。這集中在〈華胥國遊記〉與〈火星界探險奇聞〉二作。

這是兩篇風格迥異的小說，前者採傳統傳奇小說手法，毫不隱晦其追仿〈枕中記〉的步履，不僅以文言文鋪寫全文，更是大吊書袋，幾乎以各式典故串連全篇。作者在其間肆意想像，將古典故實與現代新器互參，李戴張冠，不亦樂乎！是在中國傳統幻想文學上附加新世色彩的力作。

〈火星界探險奇聞〉則以現代科學成績為基礎，賦予超越時空的幻想，而寄託個人的思考與期盼於其中。其中的幻想成分，與〈華胥國遊記〉異曲同工之妙；對科學理解與嚮往的精神，則同樣表現在《鯤島逸史》、〈八萬元〉、〈謝范二鬼卒的正身〉、〈打破迷信的小說〉等小說，屢屢對迷信無知的說理破解。在文人力創文學想像與科學崇尚真實無妄之間，作者在小說中，分別從傳統與現代的兩種型態中嘗試呈現。

其三、女性角色的傳統性與現代化

新舊時代交替的過渡期間，展現思想現代化的指標之一，是對女性角色的認知。鄭坤五小說中以可觀的比重，著意於新時代女性形象的塑造，這主要出現在《鯤島逸史》、《大陸英雌》、《愛情的犧牲》三部小說，而這三部小說都是長篇之作，其中的《大陸英雌》更是全力描述女英豪的過人事跡。顯見鄭坤五正自覺性地將女性角色在傳統與現代之間的轉化，視為個人創作的主要議題。

《大陸英雌》的女主角劍秋集智勇俊美於一身，其俠義武健的形象，在日後分化成《鯤島逸史》中的眾家女將，尤守己的三位嬌妻，則簡直是劍秋的分身。《愛情的犧牲》內容描述現代男女勇敢追求自主愛情的曲折，其中鼓吹女性走出傳統，建立現代觀念的意圖，與《大陸英雌》中突出女性獨立形象、《鯤島逸史》中強調女子雄飛的概念，在基本上是一致的。

雖然在女性角色的認知上，鄭坤五仍有部分難脫傳統困束的觀念，如一夫多妻，但總體而言，其積極性仍然是值得推崇的。

3. 從形式上觀察

從統計上看，白話與文言兼具，標示出身在新舊文學交替時期，文人所面臨到的文白語言並競的環境，促使文人在傳統文言的書寫習慣上，若不想自棄於時代潮流之外，就必須逐步跟上遞變的時勢，嘗試於新式白話文的寫作。

鄭坤五的現代小說均以白話文寫作，顯示了出身於傳統舊學的鄭坤五，積極地以小說形式，在白話語言與現時內容兩方面，雙軌並進地向新學潮流邁進的活潑進取，也由此可證明他絕非是一個迂腐的守舊派，更不是排斥新學的頑固者。藉由白話流暢的筆調、生活化的語言，結合當時當世的題材，讓鄭坤五的這幾部小說，從形式到內容，充分展現出十足的時代感，可以說是鄭坤五表現新文學寫作的代表性文體。

不過，取得巨大成績的《鯤島逸史》，是透過鄭坤五最熟悉的文言文所寫作的。不僅如此，這本代表作更是採用中國最傳統的章回小說的體裁所完成，其中也藉由文言的優勢，同時展現出鄭坤五在詩詞歌賦等韻文上的才情，這是白話小說裡所無法做到的。

同樣的情形也在〈華胥國遊記〉中出現。鄭氏採用了當時已經式微的傳奇小說方式，快意馳騁其古典想像；甚至在文末以聯章詩的形式，對小說中的遊歷重點，賦詩大大詠讚一番。這兩項特色很難經由現代白話來達到。

綜合以上各項觀察切面，可見鄭坤五期許自己成為全方位的小說寫作能手。在外在形式的運用，與內容題材的組織上，鄭坤五其實呈現著繼承傳統，吸納新局的企圖。特別是在內容的開發上，作品兼含了鄉土、史話、俠義、現代、愛情、科學、人情、豔情、遊記、幻想、偵探等型態，吾人不得不認為：小說家鄭坤五是深具自覺性、有計畫地在訓練自己創作多元風格。小說讓鄭

坤五找到了能夠對韻散文字與萬象觀察，作擴大包容並同時呈顯的最佳形式。日治晚期完成的《鯤島逸史》雖然不是鄭坤五最後的一部作品，卻是他歷練長期寫作小說經驗的收成之作。這部小說的成功不是偶然的。

　　鄭坤五的小說中，《鯤島逸史》早已廣受討論，各作雖存在著許多探討的空間，茲以〈活地獄〉與〈火星界探險奇聞〉作為代表，一則以其富於獨立特色，引人注目；一則以筆者已經完成校註刊印，便於公開討論。藉著這兩部突出的作品，開發認識鄭氏小說的新門徑，同時體察鄭坤五以新文學作為反映新時代現象的創作成績。

一、〈活地獄〉

（一）背景與淵源

　　〈活地獄〉是鄭坤五於臺灣光復當年公開發表的第一篇小說。全部五十回，目前於鄭氏剪貼簿僅見三十四回，其餘不詳。但這一部 45000 餘字的三分之二本〈活地獄〉，紀錄著日本警察及其監獄裏習慣性地以酷刑虐待犯人的故事，內容驚心動魄，令人毛骨悚然，對於瞭解日治時期臺灣百姓陰暗苦痛的角落悲泣，以文學的方式，提供可貴的人文關照。

1. 寫作背景

鄭坤五於其〈活地獄序〉中述其寫作緣起道：

> 所以自明治以來，乘清日、俄日戰勝氣焰，樹立大陸政策，大肆其併吞中國企圖。得寸進尺，遂成世界公敵。
>
> 由疑生怪，遂誣省民中，有與祖國互通聲氣者。於是大捕各地人士，以莫須有而遭荼毒、身亡家破者，不計其數。一時風聲鶴唳，草〔註1〕木皆兵。中人以上者，無不戰戰兢兢〔註2〕，朝不保夕。而其刑具之奇酷，令人見之戰慄；刑法之慘毒，聞之〔註3〕髮指，洵為臺胞體驗在奴隸時期中刻骨之痛史〔註4〕。
>
> 爰錄於下〔註5〕，俾吾人知地獄本在人間。並可以使吾國同胞，略

〔註1〕「草」，原誤作「革」，據作者剪報自校改正。
〔註2〕「兢兢」，原誤作「競競」，據作者剪報自校改正。
〔註3〕「之」下原衍「而」，據作者剪報自校刪去。
〔註4〕「洵為……痛史」句原刊本無，據作者剪報自校補入。
〔註5〕「下」，原作「左」，本文今採橫式重編，故改之。

　　窺五十年中，日人〔註6〕虐待本省人之一斑也。

日本於明治維新後崛起於世界霸權國家之列，統治臺灣之後對臺民極端不信任，更大肆濫捕誣罪，荼毒之甚，無所不用其極。特別是刑具、刑法之慘酷，尤其令人髮指。鄭坤五意欲透過小說特別指出的，正是這部臺民宛如奴隸時期的「痛史」。

　　一如蘇聯作家索忍尼辛（Aleksandr Solzhenitsyn）榮獲 1970 年諾貝爾文學獎得獎巨著《古拉格群島（The Gulag Archipelago）》〔註7〕，索氏以其曾身陷蘇聯集中營，經歷了外人難以想像的地獄般生活，加上出獄後採訪同樣經歷的 270 位人士，將集中營裡如同地獄一般、將人變成鬼的血腥故事，撰成一部《古拉格群島》，以文字像全世界揭示了蘇聯無產階級專政下的血淋淋場面。

　　〈活地獄〉小說之題名為「活地獄」，作者即意在凸顯「地獄本在人間」一語，也就是藉此一語道破臺灣民眾生活在日本統治下的實際感受，是宛若活在「人間地獄」一般。

　　此一名稱頗為驚悚，地獄為人往生後受惡苦懲罰的無邊黑暗之境。以《問地獄經》〔註8〕為例，內云地獄有十八，其名字為：(1)泥犁、(2)刀山、(3)沸沙、(4)沸屎、(5)黑耳、(6)火車、(7)鑊湯、(8)鐵床、(9)蓋山、(10)寒冰、(11)剝皮、(12)畜生、(13)刀兵、(14)鐵磨、(15)冰、(16)鐵柵、(17)蛆蟲、(18)鋅銅。〔註9〕觀其名目，便知是種種錐心刺骨的折磨，正所謂「苦毒無量」〔註10〕。若人未亡而先受諸番惡苦，其難堪痛楚豈是血肉之軀所能承擔？蓋日治時期臺灣民眾所面對的，是身心雙方面的殖民高壓。以「地獄」為名，正暗示了生不如死的痛苦內涵。而小說中也聚焦於能令人直接感到苦楚的刑罰，詳細加以敘述，作者企圖以文字描繪出地獄的景象，而此地獄就在臺灣——受到日本統治期間的臺灣。

〔註6〕「人」下原衍「司」，據作者剪報自校刪去。

〔註7〕索忍尼辛《古拉格群島》，臺北：地球，1974 年。

〔註8〕見《經律異相》卷四十九地獄部引。

〔註9〕地獄有幾層？自古以來有 6 層、18 層到無量之多等說法。參蕭登福〈漢魏六朝佛教之「地獄」說（下）〉，《東方雜誌》復刊第二十二卷第三期，第 23～30 頁。

〔註10〕見《地藏菩薩本願經》第五卷：「無毒答曰：三海之內，是大地獄。其數百千，各各差別。所謂大者，具有十八。次有五百，苦毒無量。次有千百，亦無量苦。」

〈活地獄〉於民國 34 年（1945）12 月 27 日首度面世，自此開始連載於
《光復新報》。距離 10 月 25 日臺灣正式光復僅僅兩個月，距離 12 月 21 日創
刊《光復新報》則僅僅 6 天。可以說，這是鄭坤五在光復發表的第一篇小說，
也很可能是《光復新報》上的第一篇小說。

與其說〈活地獄〉選擇在臺灣光復後發表，不如說，〈活地獄〉終於等到
了臺灣光復，才得以發表。日本在臺灣施行殖民高壓統治，其間有太多的言
論、思想、人身、自由等等的控制，〈活地獄〉的內容完全以揭發日人在臺暴
行為訴求，這樣的小說敢想而不敢寫，只有等到政權易主之後，控訴前朝不
仁的作品，才有安全的發表環境。觀察〈活地獄〉的內容，顯然作者鄭坤五已
然觀察多年，早已醞蓄於胸。仰望青天，終得見日，那抑藏幽暗角落的歷史
悲情，才終於可以攤在陽光下，一吐鬱憤。〈活地獄〉的出現，正見證了歷史
遞變的時代性。

2. 文學淵源

〈活地獄〉的文學寫作淵源，可以包括文學史淵源，與個人寫作淵源二
方面。

（1）文學史淵源

〈活地獄〉自始即標注為「史話小說」，所謂「史話」，含有歷史與說話
的兩層含意。歷史，指出了小說內容的題材趨向；說話，則提示了小說寫作
的形式風格。

自古以來，從史料中取材，加以鋪排編寫歷史小說，一直是傳統小說中
的重要類型。凡過往人事均為歷史，可以是古代史，可以是近代史。羅貫中
寫《三國演義》為取材古代史之修潤鋪寫，陳鴻寫〈長恨歌傳〉則取材自其近
代史。歷史就是故事，但歷史並非小說，小說中的歷史虛實相參，虛實比例
則各有演繹。

〈活地獄〉作者鄭坤五在〈序〉中清楚說明了小說寫作的目的在「使吾
國同胞，略窺五十年中，日人虐待本省人之一斑」，作者想呈現的是剛剛才結
束的日治臺灣虐待史，是以印象清晰、親身見聞的當代歷史做為小說取材的
來源，這樣的小說不僅具有歷史性，而且兼具現實性。

說話，就是說書，以白話文為表述工具。說話人的底本稱話本，古代有
區分說小說、說史事、說佛事等等名目，在文學的範疇內，則通稱為小說。說
史事者，可稱史話小說。宋代的〈新編五代史平話〉是典型的說書人史話淵

源，〈大宋宣和遺事〉則是文人擬寫史話的代表了。〔註11〕鄭坤五的〈活地獄〉上承史話小說的寫作傳統，以白話文為主要工具語言，說演故事，帶幾分史實，鋪幾分虛飾。也如同傳統史話小說，兼具有傳史、社教、娛樂三方面的功能。

（2）個人寫作淵源

以目前所知鄭坤五的大小十一篇小說來看，以歷史故實做為小說素材的作品，包括〈大樹庄勇士黃輕〉、《大陸英雌》、《鯤島逸史》與《活地獄》四部。其中除了〈大樹庄勇士黃輕〉為短篇之外，其餘三者皆為長篇，且都已經訴諸公開發表，可說是作者自我認可過的作品。《鯤島逸史》更是以單行本出版，獲得廣大迴響，成為鄭坤五最知名的代表作。

《鯤島逸史》直接標榜為歷史小說，將時代鎖定在清朝咸豐到道光年間的臺灣本地。〈大樹庄勇士黃輕〉描述日治初期明治 29 年高雄大樹庄的一段鄉土軼聞；《大陸英雌》則是傾力鋪排民國初年軍閥時期大陸地區的忠勇事蹟；至〈活地獄〉則是揭露日治時代末期日警治臺的景況。從時間排比來看，四部歷史小說連串了自清代以迄日治的三百多年時光，並且主要以臺灣為發生場域，即使是《大陸英雌》所述的中國大陸，也是作者及當時多數臺灣民眾心中嚮往關注的對象。鄭坤五的歷史小說是以臺灣鄉土為寫作基底，他素來被讚譽為「鄉土作家」，是當之無愧的。

另外，鄭坤五描寫鄉土、人情的小說，如〈誰是誰非〉、〈死生〉，在素材上也帶有相當程度反映歷史的意味。因此，從篇幅、數量上來看，都可見得歷史小說是鄭坤五長期致力從事的題材，他是有意識的用心經營。

（二）事件的出現

構成〈活地獄〉全篇情節的主幹，是在以事件／警察／刑罰為主軸，三位一體的架構。全篇充滿血腥、暴力、懷疑、壓迫……，用今天的分級眼光來看，是一篇該歸類於「限制級」的小說。

作者對這篇小說的處理，建構在「有力者」與「無力者」的二分階級上。「有力者」是總督、檢察官、警察、巡查等當權的大官小吏，他們大多為所欲為，逞兇肆狠，視民如芻狗；「無力者」是無權的百姓，不論其職業是小販、

〔註11〕參劉大杰《中國文學史》第二十一章〈宋代的小說與戲曲〉，臺北：華正，1984
　　　　年 8 月版。

學生，亦或是醫師、文人、律師，在殖民政府眼中都同樣可能是陰謀份子，應予嚴格管控。小說中出現的人物約近百位，勾連在一次又一次的事件之下，「有力者」大多如凶神惡煞，「無力者」一個一個地捲入，卻絕大多數非死即傷，慘遭虐待。作者偏重在大小事件的串連，以及警察刑罰的特寫，藉此揭開一個又一個的苦難，使得整部小說彷彿是無止盡的苦難輪迴，活脫脫寫出人間地獄的景象。

由於時間的重疊與地緣的關係，《活地獄》對高雄、屏東人士的遭遇最多著墨，作為揭發日本政府暴行的軸線。作者在篇首已先點出小說寫作的輪廓：

> 大凡臺灣總督中對待本島人最酷者，首推佐久間，其次即小林。一意〔註12〕殺戮，如對〔註13〕余清芳〔註14〕及內山討伐，死者無數是也。大〔註15〕事刑辱，即〔註16〕最近四年間之「高等事件」〔註17〕是也。起初僅捕遊手好閒之人〔註18〕，繼乃波及中流以上者。蓋捕手無此則不能昇官發財也，請次第錄之。

小說開門見山指控兩位臺灣總督——第 5 任總督佐久間左馬太和第 17 任總督小林躋造。佐久間在臺前後 9 年（任期 1906 年 4 月 11 日～1915 年 5 月 1 日），以大正 4 年（1915）余清芳事件的討伐殺戮，震驚世界。而小林在臺前後 5 年（任期 1936 年 9 月 2 日～1940 年 11 月 27 日），恰是日軍戰事由受盛轉衰的時期，對臺灣的嚴厲管制，導致如昭和 13 年（1938）旗山郡月眉庄江保成事件等情事牽連無辜、打擊菁英甚眾。因此而被認為是「對待本島人最酷者」。〈活地獄〉中對前者未予納入情節中，對後者則受到作者關注，將所謂「大事刑辱」的具體內容，詳加寫出，成為主要重心。整部小說也就在日治後期殖民政府如何治理臺民的手段上，予以揭露。

鄭坤五認為臺灣之成為活地獄，與小林總督的惡毒，有密切關係。他對

〔註12〕「意」，原誤作「以」，據作者剪報自校改正。
〔註13〕「如對」，原刊本無，據作者剪報自校補入。
〔註14〕「芳」，原誤作「風」，今改。
〔註15〕「大」，原誤作「一」，據作者剪報自校改正。
〔註16〕「即」，原刊本無，據作者剪報自校補入。
〔註17〕「高等事件」，昭和 17 年（1942）日本特高警察，以高雄州特高組為首，動用臺日暴吏，濫用職權，誣陷臺民，在東港、新園、林邊、佳冬沿海一帶，大肆逮捕所謂「抗日」分子。他們無不遭受毒刑拷打，有數人竟被活活打死！
〔註18〕「好閒之人」，原誤作「好之人閒」，據作者剪報自校改正。

小林政策多有責難，試看：

> 蓋小林自江保成事件發生後，又加上末次唆使，曾一次聚集地方長
> 官秘密會議，臺灣人全部不容列席，會議內容是要將臺灣人盡驅到
> 內山去居住，某官長恐怕激變，諫止。然小林猶強硬主張，若臺灣
> 人敢抵抗，是他自取滅亡而已。幸有人勸阻，故不曾實行。而此惡
> 劣心腸，已被同胞探知。

> 統觀小林臺督政策，自此事發生以後，每每虐待臺胞，故在小林執
> 政時，各地發生疑獄，且施用前此所無之活地獄刑法。

臺灣民間的武裝抗日，激使統治者的憤怒，因而採取更嚴酷的作法。

但其實以時間所及而言，小說中著墨頗多的昭和 17 年（1942）「高等事
件」，已經進入到第 18 任總督長谷川清的時期（任期 1940 年 11 月 27 日～
1944 年 12 月 30 日）。但作者對長谷總督並無太多的批評，甚至推崇為歷任
總督中最佳者，因為長谷對臺民較未虐待之故，他說：

> 至長谷川蒞任，知小林苛政，始漸次開放。聞官界消息靈通者云：
> 長谷川曾寫密信命高雄檢察官瀧澤，謂若要留芳名於臺灣人間者，
> 須排眾議，早將高等事件之疑獄結束，不可擴大，名聲要緊，官位
> 得失切莫介意。故瀧澤到高雄時，對此疑獄全取消極主義，前後赦
> 出獄者不少也。

> 著者覺長谷川好處，曾在其與安藤〔註19〕交替時，對新年祝賀禮式
> 席上，言臺灣歷代總督，唯長谷川最可以。

物極必反，小林總督的苛虐，鄭坤五認為至長谷時已稍事緩和，赦除疑獄者
多，值得稱許。臺灣光復之後，他還曾經於報端發表〈長谷川清〉〔註20〕打
油詩一首讚之：

> 未嘗虐待我臺民，屈膝投降免及身。真箇清閒清到底，轅門衙壁有
> 他人。

其實，長谷川清是臺灣南進政策的主要執行者，例如 1942 年 4 月實施的「陸
軍特別志願兵制度」，1943 年 8 月實施的「海軍志願兵制度」，將臺灣數十萬
青年送上島外各戰線，就是在長谷總督手中進行的。鄭坤五詩中寓貶於褒，

〔註19〕「安藤」，指第 19 任臺灣總督安藤利吉（任期 1944 年 12 月 30 日～1945 年
8 月）。
〔註20〕見林翠鳳主編《鄭坤五研究【第一輯】》〈九曲堂詩草〉第 29 頁。

是比較適當的。

臺灣是日本的殖民地，日本政府對臺民長期存在著不信任的鄙視態度，加上臺民在意識上仍絕大多數不能完全認同日本，因此民間柔性抗日與武裝衝突的舉動不曾間斷。特別在二次大戰期間，隨著戰火的熾烈，臺民受到威權政府的監控也愈加嚴厲，大小事件接連不斷，人民惶惶不能終日。

將〈活地獄〉小說中曾經言及的事件，依照時間的脈絡條理歸納之，可以清楚地看到構成〈活地獄〉小說情節的時間支點。茲統整如下：

1. 昭和 11 年（1936）前後，所謂「治安維持法違反事件」

小販黃甲、父母會王乙、東港張某、基隆李丁醫師、鄰郡黃醫師、新竹吳醫師、六十餘名紳士醫師、大寮庄父母會蔡某、中國雕刻師黃朝宗、中華會館派員、眾友會蔡淑誨、華僑姘婦、菜友會中有錢可嚇者，如市內陳某、黃某、潘某、林某、其他數十名紳商、上吉法師、獅陣及宋江陣員、練習拳法者、小偷范某、詩人歐某。

2. 昭和 13 年（1938）旗山郡小林、月眉庄江保成事件

江保成、王登獻、潘琴、劉三年等、中國行商逃到東港、溪洲方面者多被捕、無辜受屈者三百餘人。

3. 昭和 17 年（1942）「高等事件」、「東港謀反事件」

小港庄大族黃姓兄弟 ABC、李番屏、蘇岳、林子邊吳滄浪、華僑被捕 40餘名、歐辯護士、陳嘉行、福州人王某、僑胞孔某、旗山姓范、華僑二名、臺胞三名、鳳山郡衙內庶務課員許某、許光陰醫師、鳳山張簡醫師、陳江山、蔡朝旺、黃本、張明色、蕭冷史。

以上三大事件，便是構成〈活地獄〉情節進行的主要支線。在這三大事件為主幹的發展中，繫連許多人物，推開諸般情事，逐一攤現日本政府在臺灣如何草木皆兵，大興疑獄，具體構設人間地獄的種種實況描寫。茲分述如下：

1. 昭和 11 年（1936）前後，所謂「治安維持法違反事件」

日本為了加強對臺灣人的思想和政治活動控制，於大正 14 年（1925）4月 22 日頒布了「治安維持法」，同時也設置「高等警察」（及政治警察），作為強化箝制的執行媒介。至昭和 16 年（1941）3 月 16 日全面改正，重新公布施行。此一法令使得臺灣民眾動輒觸法，殖民政府有往往以「治安維持」為藉口，標舉此法限制或處分民眾。此法是構成小說〈活地獄〉的根本源頭。因

為包括江保成事件與高等事件在內，都是以違反「治安維持法」的緣故，而受到偵辦。

以〈活地獄〉所舉事件為例，受到逮捕嫌疑的原因，均是被疑惑與中國有聯絡，或欲對抗日本政府。而日方的證據往往薄弱。例如在中國雕刻師黃朝宗家中搜出白鳳丸，矯稱「白」字為白崇禧〔註 21〕將軍之暗示，而認作私通中國證據；宋江陣用之刀槍藤牌，也被認為是要對中國內應之武器，以此亦類推及於獅陣及練習拳法者。鄭坤五解釋如此匪夷所思現象出現的原因為：

> 時某總督，召集各郡警察課長會議，恐怕島民叛向祖國，乃決議刣雞教猴，先將中等以下細民，捕拿誣他私通母國，對舊慣盛行的父母會加誣。後某警部進言，謂捕拿小民，不足使臺灣人驚心，且謂中國孫國父出身醫生，醫生固是危險人物，於是乃被及全島醫生。

政府對民間的懷疑可以無限上綱，以至於人人都有可能隨時被認為有私通或抗官的可能。作者以不同行業人民，包括賣冰的小販、藥材商、雕刻師、出家人、藝陣、仕紳、醫師，甚至婦女，不論富者、貧者、貴者、賤者，都有人被誣指下獄，甚而枉送性命。鄭坤五不厭其煩地一一敘說個別的故事，意欲凸顯當時政治的恐怖氣氛，已經深入到社會各階層。也在這些大大小小的違反情事中，很快地就現出了人間地獄的樣貌。

「治安維持法」的施行一直到昭和 20 年（1945）10 月 15 日才正式廢止，長達 20 年的執行期間，臺灣民眾因此法而枉曲的人數，難以估計。小說中擇出的人物故事，是具體而微的冰山一角。

2. 昭和 13 年（1938）旗山郡小林、月眉庄江保成事件

昭和 13 年（1938）江保成事件發生在旗山郡甲仙埔、小林、月眉一帶，因此一般又稱為「小林事件」。〈活地獄〉中出現的江保成、王登獻〔註 22〕、潘琴等，都是當時的抗日烈士。江保成據傳是江定的姪子，是噍吧年事件的倖存者，江保成事件可視為噍吧年事件的再延續。

大正 4 年（1915）噍吧年事件爆發於玉井、甲仙附近。〔註 23〕鄭坤五以

〔註 21〕白崇禧（1893～1966），國軍一級上將，七七盧溝橋抗戰爆發後，參與制定對日作戰計畫，素有「聰明諸葛亮」之稱。

〔註 22〕王登獻，一稱王丁獻。

〔註 23〕西來庵事件，參程大學《余清芳傳》第 21～34 頁，南投：臺灣省文獻會。

此作為敘述江保成事件的精神基礎。他曾作〈路竹三義士輓歌〉對聯一幅歌詠余清方、江定、羅俊三位西來庵英雄，其聯曰：

> 報國充一代干城，為民族犧牲，大願未成軀已殞。
>
> 立身作千秋龜鑑，盡匹夫職責，芳名永使世流傳。〔註24〕

這是對日治時期勇於抗暴者的推崇與追思。鄭坤五也剪輯同為《光復新報》專題報導一則：〈日籍官吏瀆職即受起訴及臺胞大規模抗日運動——西來庵事件始末〉，作為小說的參考素材。

江保成事件是小說中詳盡描述的單一事件之一，作者以此一震動南臺灣的抗日事件，作為昭和12年（1937）蘆溝橋事變，中、日戰爭爆發後，日本對臺民加強監控以及武裝鎮壓的例子，他說：

> 起初是因日本懸心吊膽〔註25〕，提防中國間諜〔註26〕侵入，而民間卻未曾出甚慌恐之事，惟當時臺胞間對於祖國勝敗，均抱最大關心與未來希望。新聞部數度〔註27〕增加四萬餘部，至惹日人妒忌，深防臺胞反側，街頭巷尾布滿高等便衣巡查，專門在暗中窺伺臺胞行動與心理，卻不曾表面化。……
>
> 不意蘆溝橋槍聲響後半年元旦，高雄州下各地派出所巡查，霎時大起慌張。大家放下屠蘇酒，肩銃背囊，有自轉車者自轉車，無者火車，臨時召集向旗山方面愴惶而去。

但也許是歷史的宿命，這與噍吧年事件一樣是件未競其功的抗日義勇。由於事前被日方偵知，遭到大舉搜捕。又由於正在中、日關係緊張時期，更是捕風捉影，大肆濫殺、濫捕無辜。小說亦稱中國行商逃到東港、溪洲方面者多被捕、無辜受屈者三百餘人。牽連如此之廣的事件，竟是光復後才逐漸為人所知。日方對言論、新聞的高壓控制，於此再見一斑。

　3. 昭和17年（1942）「高等事件」、「東港謀反事件」

在太平洋戰爭爆發的前夕，對日方不利的各種流言蜚語甚囂塵上，臺灣殖民政府為了穩定政權，加強治安，對謠言勤於追究，期以遏止各種陰謀的可能發生。〈活地獄〉中交代了時代背景道：

〔註24〕見鄭坤五手稿本。
〔註25〕「提心吊膽」，原誤作「野心吊照」，據作者剪報自校改正。
〔註26〕「諜」，原誤作「牒」，今改。
〔註27〕「度」，原誤作「頓」，今改。

然此後更有一大疑獄興於小林躋造〔註28〕之手。時值蘆溝橋事變之後，日本官憲深恐臺人與祖國聯絡為內應者，行文各州廳，使捕風捉影。爭奈實在暗中活躍志士，來無影去無蹤，雖窮極蒐羅，終不能發見。只連累許多無辜受屈者，令人聞之切齒已〔註29〕耳。此回大冤獄，全島雖屬不少，惟高雄州下最多，而鳳山地方與東港〔註30〕，是又其最著〔註31〕也。

昭和12年（1937）蘆溝橋事變之後，中、日雙方的緊張關係進入白熱化。殖民政府透過警察系統，在臺灣地區對中國勢力的偵防更加嚴密。特高為弭亂於未發，從1941年11月至1945年4月，大肆檢舉叛亂份子。據統計起訴者有200多人，其中涉案嫌疑犯包括有議員、律師、醫生、地方仕紳，乃至販夫走卒，致使許多民眾無端受到高等刑事審訊拘拿。但由於犯罪事實證據薄弱，所以許多臺民遭到刑求偵訊，甚至以警察的自由心證定罪。臺日暴吏濫用職權，誣陷臺民的事情時有所聞，冤獄更為普及，成為日治時期所謂的「高等事件」。

高等事件株連甚廣，但事件的真相極為隱晦。一則威權殖民時期，訊息管制嚴厲，外界多難窺其究竟；一則為日治後期戰事日慼，文獻多有不存。加上光復後國民政府以德報怨的作法，使得對日方的司法控訴半途而廢。長期以來，「高等事件」對大多數人而言是陌生的。

〈活地獄〉中，鄭坤五以在地人的近距離觀察，寫出南臺灣當時被認為是陰謀促使臺灣獨立的鳳山事件與東港事件的內情。雖然是採取小說的形式，卻是難得一見的、提示「高等事件」歷史的文學。小說中著力描寫了李番屏、蘇岳、林子邊吳滄浪、陳江山、蕭冷史等人在獄中受刑的遭遇，構成了重要的情節段落。

發生在昭和17年（1942）的「高等事件」、「東港謀反事件」是真實存在的事件。根據鄭氏一則剪自明治35年4月1日《光復新報》的新聞〈所謂活地獄高等事件／日籍官吏瀆職既受起訴〉，概括了《活地獄》小說的主要寫作史實背景，內容如下：

〔註28〕「林」下原脫「躋」，今補。
〔註29〕「已」，原誤作「己」，今改。
〔註30〕本文所主述地點：大樹、大寮、高雄、鳳山、東港，均為作者居住活動地區。
〔註31〕「著」，原誤作「者」，今改。

　　　　光復前一時震悸全島，所謂活地獄的高等刑事件，各地被誣人士，
　　　　於光復後見天日，痛感當時日籍官吏不法，由東港郭國基、陳江山、
　　　　蕭永東、張明色、陳秋金、李朝取；鳳山吳海水、蘇泰山、林金鐘、
　　　　彭清良、韓起鳳、李文後等人士起訴，被告日籍官吏塚本桂太郎（元
　　　　高雄署行政主任）、林田景俊（元潮州郡警察課長）、一度精一（元
　　　　鳳山郡高等總主任）、三條知人（元高雄警察課長）、寺奧德三郎（元
　　　　屏東警察署高等主任）、桐原三次郎（元高雄警察部事係長）、澀江
　　　　昇、掘越藤助、酒井馬松、赤星和佐、田俊盛、及為虎作倀省人許
　　　　丁和、趙菜讓等被捕到案。經高雄法院吳檢察官運周偵查終結，以
　　　　瀆職殃民罪，提起公訴云。

新聞中概括了臺民與日警雙方的代表名單，而其中有許多人是出現在〈活地
獄〉中的角色。例如：陳江山、蕭永東、張明色、吳海水、塚本桂太郎、三條
知人、桐原三次郎、澀江昇、掘越藤助、赤星和佐等人。這份新聞稿，相信有
極大的可能是出自於《光復新報》主編鄭坤五的手筆。因此可知：〈活地獄〉
小說是鄭坤五為時代作見證的苦心之作。

　　當時曾經親身執行搜捕偵辦行動的日本特務高等警察寺奧德三郎，於事
件發生三十年後，出版《臺灣特高警察物語》〔註32〕一書，以回憶錄形式紀
錄當年事件的相關資料，是珍貴的史料，可以與〈活地獄〉互作比對。

　　寺奧德三郎著《臺灣特高警察物語》內容共分四大單元：第一集〈南方
之風暴（獄中手記）〉，寫光復之初作者受到國民政府拘禁期間的經歷；第二
集〈特高懺悔錄〉，寫作者擔任特務高等警察期間過當行為的反省與懺悔，在
這一部分集中陳述了昭和 17 年（1942）高等事件中旗山地區的偵辦情形；第
三集〈三十年後之記錄〉，為作者與當年警友相互通聯的訊息記錄；第四附錄
部分為昭和 18 年（1943）4 月下秀雄檢察官《高雄叛亂陰謀事件調查報告書》
的全文。站在文獻的立場言，這份當事人的回憶與事後的採訪補錄，是十分
珍貴的第一手史料。有幾點可特別指出：

〔註32〕日本寺奧德三郎原著、財團法人日本文教基金會編譯《臺灣特高警察物語》，
　　　　臺北：文英堂，2000 年 4 月。
　　　　寺奧德三郎，出生日本廣島。1940 年任高雄州警部補，1941 年調至高等警察
　　　　課（兼任旗山事件偵查業務至 1943 年），1943 年任屏東警察署高等主任等
　　　　職。終戰後歸日本。詳見氏著《臺灣特高警察物語》第 265 頁〈筆者簡歷〉。

（1）提供事件期間警方的組織與部分人員

根據寺奧德三郎的記載：這起事件被官方認為明顯屬於違反「治安維持法」。當年的總指揮官為高等警察課長青柳警視，下分三支團隊以偵辦三地：第一班偵察鳳山事件，以特高股長劦田警部擔任偵察主任，下置齊藤巡查部長，及四名巡查；第二班偵察東港事件，以本田警部擔任偵察主任，下置二名巡查部長，及三名巡查；第三班偵察旗山事件，以寺奧警部擔任偵察主任，下置關巡查部長，及二名巡查。〔註33〕

逮捕的嫌犯分別拘留在高雄監獄、高雄警察署、屏東警察署，以及東港、鳳山、旗山、岡山各郡警察課，共七處。

換言之，高層顯然十分重視，其下分案鳳山、東港、旗山三組，動員高雄州的大量高等警察，來偵辦此一疑似叛亂陰謀事件。其間歷時一年餘，偵辦過程卻十分秘密。參與的高等警察人員名字，僅有極少數被寫入寺奧氏書中。這些人員是〈活地獄〉高等事件中的施刑者，也是使嫌犯感受人間地獄滋味的推手。統合後雖所得有限，謹錄於後：

A. 警部：

劦田警部、本田秀吉警部、屏東警察署高等主任寺奧德三郎、仲井清一高等課長、高等警察三條知人警部〔註34〕、高雄州高等警察課塚本桂太郎警部〔註35〕、桐原三次郎警部、林田警部、一度警部。

B. 巡查部長：

齊藤巡查部長、澀江昇巡查部長、關寬堆部長、赤星和佐（男）巡查部長〔註36〕。

C. 警察：

町田警部補、崛越警部補、屏東警察署巡查傅綱晉造、（臺籍）高股刑事鄭長孝。

D. 其他：

〔註33〕見《臺灣特高警察物語》第76頁。

〔註34〕三條知人，1975年6月1日因動脈硬化去世。夫人三條幸子任日本泉市議會議員。見《臺灣特高警察物語》第164頁。

〔註35〕塚本桂太郎，戰後返日途中，自船艦跳海自殺。見《臺灣特高警察物語》第138、166頁。

〔註36〕鄭坤五《光復新報》剪報資料作「赤星和佐」，寺奧氏《臺灣特高警察物語》作「赤星和佐男」。

法院通譯小野真盛。

對照小說中有兇狠的高等課本田、高等刑事仲井〔註37〕、高等係部長澀江、高等刑事赤星、（臺籍）刑事鄭推魂等人，實際就是本田秀吉、仲井清一、澀江昇、赤星和佐（男）、（臺籍）高股刑事鄭長孝。雖然小說中大多未曾道出全姓名，或亦僅用假名，但透過寺奧氏的回憶錄，讓夜叉般的警察顯形，或許也能安慰受難亡靈於萬一吧！而〈活地獄〉據實以書的真確性，在此又可得一證。

（2）特高警察的心理

寺奧氏在該書第二集中陳述旗山地區的高等事件偵辦過程，其間的心路歷程，概括為該單元標題〈特高懺悔錄〉，以「懺悔」二字表達內心的悔意。只是，寺奧氏同時也說：

> 於旗山事件同時，展開檢舉作業的鳳山、東港兩起事件，……在這等重大戰時事態下，檢舉這幾起陰謀事件，對臺灣民心安定，治安維持良有貢獻，這是莫庸贅言之事。……
>
> 但我們偵查官之功罪如何？要是能再接受一次真正的神聖裁判以明是非，這部《懺悔錄》，或許變成《特高功名譚》吧？〔註38〕

寺奧氏《臺灣特高警察物語》就曾經對臺民刑求逼供，極盡凌辱之能事，表露出的所謂「悔意」背後，其實是對自己「忠於職守，功在國家」的自豪！他並且堅定地為自己的信念辯護道：

> 身為官吏的我忠實地執行許多職務，高雄州高等警察偵查隊曾經表現的輝煌實績……
>
> 站在國家大局立場，以正義人道為信條，基於愛國心，以遂行職責為職志而忠誠執行現實之職務——這是當時的特高警察步的路。……
>
> 事實上，那是在遂行大東亞戰爭這個時勢下的作為，被批判為甘願

〔註37〕仲井清一，明治39年（1906）生，大阪人。22歲渡臺擔任巡查，昭和9年進入警部練習所甲科。晉升為高雄州警部補、警部。終戰時任潮州郡警察課長。擔任高雄警察署司法主任時，曾以「夜叉警部」聞名，被拔擢為高雄州高等警察課特高股警察課長。戰後為澎湖杜光明氏（一說：東港醫生郭國基）所殺，得年41歲。見《臺灣特高警察物語》第9、132、135、167頁。

〔註38〕見寺奧氏《臺灣特高警察物語》第116～117頁。

　　　　成為誤國軍閥之爪牙的殖民地特高警察，我們也絲毫沒有反駁餘

　　　　地。〔註39〕

言語間的優越感，幾乎要掩蓋了寺奧氏的絲絲悔意。殘害臺民成為不得不然，
執行酷刑是愛國表現。日治時期的日本人何曾將臺灣人視若同胞？所謂「以
正義人道為信條」，是否就不適用於臺灣人身上？

　　寺奧氏在該書第一集〈南方之風暴（獄中手記）〉，寫出作者戰後繫獄的
難忘回憶，他形容光復之初受到國民政府拘禁期間的經歷是「悽烈的犧牲」、
「令人髮指的事件」，〔註40〕看待自己生命重於泰山，看殖民地人民輕如鴻毛，
這樣的兩面標準在其回憶錄中屢屢出現。日治臺灣前期的高壓統治，如西來
庵事件、鐵國山事件，對臺民屠殺甚眾，甚至於到1930年的霧社事件，日人
依然殺人如麻，整個屠殺原住民的過程記錄，於歷史上皆斑斑可考。反觀寺
奧德氏的「絲絲懺悔」，實在顯得毫無誠意。

　　臺灣在1941至1945年，大肆搜捕所謂「叛亂份子」，起訴者200多人，
唯未起訴即遭刑求逼杖而死，應佔一定的比率，但根據寺奧德三郎《臺灣特
高警察物語》的追想，並無明確的數計。這大致上有兩種可能：

　　A. 作者刻意模糊歷史記憶，使它變成歷史的隱痛，故對其不利的史實，
儘量予以淡化，或使之消失無形。

　　B. 作者寫作此書，秉持「日本帝國的殖民合法性」史觀，將凌虐臺胞的
行為合理化，雖以「懺悔」為標目，但其真誠度卻令人十分質疑。

　　（3）下秀雄檢察官《高雄叛亂陰謀事件調查報告書》的公開

　　高等事件經過警方刑求濫捕之後移送法辦，據寺奧氏紀錄：高雄事件由
下秀雄檢察官偵訊，全部不起訴處分；鳳山事件由佐佐木檢察官偵訊，全部
判有罪。〔註41〕《臺灣特高警察物語》在卷末附錄了昭和18年4月15日下
秀雄檢察官《高雄叛亂陰謀事件調查報告書》，讓讀者可以自行對照警方與檢
方的兩造說詞，更重要的，是為〈活地獄〉小說提供了更堅實的歷史後盾。

　　這份報告書有兩大相關重點：

A. 檢察官對事件以不起訴處分

　　這份報告書的全名為《高雄不逞陰謀事件搜查復命書》，開篇第一單元

〔註39〕見寺奧氏《臺灣特高警察物語》第5、88頁。
〔註40〕見寺奧氏《臺灣特高警察物語》第5、32頁。
〔註41〕見寺奧氏《臺灣特高警察物語》第150頁。

「事件ノ概要」的第一句話就說：「本事件ノ真相不確實」！真是有勇氣的檢察官！陳述對本事件的看法時，他直言理由道：

（一）思想事件雖以缺乏物證為常態，然本事件嫌犯自白既缺少真實性，又始終不符自然，不合常理，諸多矛盾，難以相信。……

（二）……況且各州特高警察之嚴密監控，豈有對此事件毫無取得相關情報之道理？

（三）……若警方誤將良民加以長期拘禁，而發生對其刑求等情事，將損及政府聲譽，並影響統治。

最後下檢察官的建議是：

應立即結束對本事件之搜查，並以嫌疑不足為由，處以不起訴處分，早日釋放被捕嫌犯，亦不追究警方責任為宜。

這樣的判決無疑強烈默認了警方誣告、濫捕、刑求等不當情事的真實存在，為高等事件中受難人民大大申冤。但檢察官深富人道和平關懷，讓雙方不究既往。〈活地獄序〉一開始所說的「由疑生怪，遂誣省民」，實非虛語。

B. 報告書附〈檢舉人員調〉、〈檢舉被疑者一覽表〉

這兩份資料，前者表列被檢舉人履歷資料，後者為檢舉人之間彼此的關係圖。其中名姓不乏已出現在〈活地獄〉中的人物，茲就有完整姓名者統理如下〔註42〕：

　　a. 黃本

　　職業：保正、保甲聯合會長、防諜團長、漁業組合長、漁業組合專務理事區總代、防衛團副分會長部落會長等等。住所：林園庄細尾60。勾留刑務所。昭和17年2月6日被檢舉。

　　b. 吳海水

　　職業：州會議員、開業醫。住所：林園庄林子邊375。勾留刑務所。昭和17年6月8日被檢舉。

　　c. 歐清石

　　職業：辯護士。住所：臺南市南門町1。勾留刑務所。昭和17年9月23日被檢舉。

　　d. 張明色

〔註42〕見寺奧氏《臺灣特高警察物語》第249～259頁。

職業：東港漁業組合主事。住所：潮州街潮州 227。勾留高雄署。昭
和 17 年 8 月 6 日被檢舉。

e. 蔡興旺

職業：無職。住所：東港街東港 162。死亡。昭和 17 年 9 月 11 日被
檢舉。

f. 陳江山

職業：東港街協議會員。住所：東港街東港 122。勾留刑務所。昭和
17 年 11 月 7 日被檢舉。

這些可信的資料，讓小說文學中的想像色彩褪去大半，取而代之的，是清晰
憤怨的容顏。六個人中一人已死，一人在高雄署，其餘都勾留在刑務所內。
對照〈活地獄〉中眾人入監後的遭遇，吾人彷彿已經聽到了慘屬的哀叫聲。

寺奧氏《臺灣特高警察物語》一書所記與〈活地獄〉中所述有大量吻合
或類近的部分，等於是為這部史話小說內容的真實性作了重要的背書。綜觀
〈活地獄〉，幾乎可說是作者的觀察採訪實錄，實不能單以虛構的小說看待之。

（三）警察與臺民

日本人統治臺灣時，全面實施警察政治，有效推動了臺灣總督府的殖民
政策，持地六三郎說出日治時期臺灣警察制度的特色：

> 臺灣的警察，實為臺灣殖民政策的重心所在。臺灣的警察，除其本
> 身固有的事務以外，而幾乎輔助執行其他所有的行政。過去有所謂
> 「警察國家」的理想，這一理想在臺灣已成事實。〔註43〕

警察全面滲入臺灣各階層，直接貼近臺民的日常生活，成為帝國最具效率的
統治工具。鶴見祐輔曾指出：

> 為總督府手足、直接接觸人民者，厥為警察。人民所見所聞的官吏，
> 唯有警官。〔註44〕

警察不是人民的保母，而是地位崇高的官吏，一般尊稱為「大人」。在
政治上所賦予的極擴大的職權，使得警察也成為為暴政服務、苛虐百姓的作
手。日治時期嘉義詩人賴惠川《悶紅墨屑》的兩首詩傳神地道出臺民的心情，
詩曰：

〔註43〕持地六三郎《臺灣殖民政策》第 68 頁，東京：富山房，1912 年。
〔註44〕見鶴見祐輔《後藤新平》（第二卷）第 151 頁。東京：勁草書房，1990 年。

誰將臭狗穢三臺〔註45〕，蹂爛人權太不該。五百一千昌古老，全無
客氣一齊來。（其一）

非國民狂喝一聲〔註46〕，一聲便可萬橫行。即今國與民何在，倒敗
之先識已萌。（其二）

　　區分警察職責的內涵，分別有主管臺民政治活動的高等警察，主管臺民
思想言動的特務高等警察，主管報紙及一般出版品的出版警察，以及主管
非臺籍人士的外事警察。其中高等警察制度是在進入臺民非武抗日階段之
後，總督府所特意運用的一支警察力量。到了中、日戰爭後期，其角色越發
張揚。

　　警察是〈活地獄〉小說中真正的主角，臺灣人民之所以感受到宛如活在
地獄，警察就是第一線的施行者。日治時期警察是殖民帝國的第一功臣，卻
是人民心中的頭號閻羅王。警察權力的擴大利用，使得臺灣「警察政治」體
制建立。〔註47〕小說中側重記敘警察的行事作為，是情節的重要推進者，也
代表著日本政府施暴者的具體形象，主要有四方面：

1. 好逞威風，刑辱嫌犯

　　小說開篇第一則故事，就是賣芭蕉冰小販黃甲的不幸遭遇：

　　（黃甲）一日偶從×莊派出所經過，有日本巡查鹽尻者，呼買其冰，
甲交冰而後受其錢。……翌六日，值臨時施行清潔，鹽尻警吏監督
巡至甲處，亂指甲清潔不周，拳腳交下，甲方悟前日之冰，不曾送
其白吃之原因也。……見其人血液模糊，不能認出。旁一巡查嬉笑
曰：「汝認不得伊，我替汝紹介，這就是黃甲大〔註48〕人。伊想做大

〔註45〕作者註：「日人謂臺人為『昌古老』，或謂『清國老』。臺人謂日人為『臭狗』。」
　　　　編者按：此詩又載賴柏舟編《詩詞合鈔》中《悶紅小草增錄》頁120下，弟
　　　　一句作「誰教臭狗穢三臺」，作者註：「臺人恨之，鄙為『臭日本』，又呼為『臭
　　　　狗』。」
〔註46〕作者註：「日人對臺人，不論何事，加此三字，便可任意橫行。」編者按：此
　　　　詩又載賴柏舟編《詩詞合鈔》中《悶紅小草增錄》頁120下，作者註：「『非
　　　　國民』三字，乃日人之萬能輪，蓋加以『非國民』，則禍立至，彼則得意洋洋，
　　　　不知適成今日之識。」又此詩與《續悶紅墨屑》第77首「開口便道非國民」，
　　　　內容相近。
〔註47〕參徐國章〈臺灣日治時期「警察政治」體制之建立〉，收在《臺灣文獻史料整
　　　　理研究學術研討會論文集》第89～122頁，南投：臺灣省文獻委員會，2000
　　　　年11月。
〔註48〕「大」，原誤作「六」，據作者剪報自校改正。

將元帥。」……原來刑死中被水淋醒者，便是黃甲。

老實做生意的小老百姓，只因不知殷勤示好，未曾奉送警察白吃白喝，竟遭藉故挑剔，拳打腳踢，甚至誣指謀叛，刑求至於幾死。警察大人真是好不威風！視民如蟻，任意蹂躪！其後，類似的情節在〈活地獄〉中一而再，再而三地出現，只要有警察的出現，就可以看到氣勢凌人，隨興辱打的畫面。對賤役貧勞者如此，對社會菁英亦如此。從雕刻師、學生、信徒、商人到醫師、律師，甚至法師等，警察的氣焰始終猖狂。但身為受迫害的人民，卻無法有效反抗，被殖民者的悲哀，莫此為甚！作者心中無限的慨嘆，藉著陳嘉行之口道出：

> 臺灣人受日人肆虐如待豚犬，不論在社會中如何高級身份，警察中人是全不看在眼內。任是庄長以及議員，一經得罪警察，隨時就可以被其妄施橫辱。

警察有如牛鬼蛇神，凶神惡煞，臺灣人毫無尊嚴可言。日治時期賴和〈查大人〉、楊逵〈鵝媽媽出嫁〉等，也都同樣以此主題為文嘲諷。

2. 食錢受賄，貪得無厭

〈活地獄〉寫出了日治時期警察的金權政治。放肆打罵臺民的警察手中，握有極大的管制權和懲治權，這些權威，同時卻也讓不肖警察藉以成為勒索人民的階梯。一手握警棍，一手收財貨，食錢警察宛若嗜血好財的流氓，對百姓予取予求，貪得無厭。「有錢能使鬼推磨」，自基層至高層，多能通用。鄭坤五以高等課及二木刑事為典型：

> 高雄市設臨時檢察局時，最為耀武揚威者，便是高等課思想係。其中最動人觀聽，其姓氏令人切齒不忘者五名，……受此五人刑辱者，州下殆有三百餘人。大凡當時受誣而被檢舉者，有錢使賄者，大都略被拷問，便可託孔方兄福蔭，釋放歸家。惟無錢貧人，始不免耳。

食錢受賄與刑辱嫌犯互為狼狽，人民的感受最深刻，專管思想犯案件的高等課，更因此得到「食錢株式會社」的封號：

> 二木刑事被派到高等課助勤後，真箇食錢似虎，對犯如魔。其取錢手段與刑具之發明，皆有特別之天才。大凡日本官吏受賄，不似漢民族敢公公然然，必多方藉手，始敢作弊〔註49〕。及至二木某助勤，

〔註49〕「弊」，原誤作「蔽」，今改。

　　大家狼狽相依，朋比為奸，民間綽號高等課曰「食錢株式會社」。

「食錢株式會社」鮮活的諷刺了政府部門以官吏之尊位，卻如同流氓之卑行的醜惡。食錢受賄蔚然成風，成為集體意識，也成為團隊共犯的惡行。鄭坤五毫不隱晦警察無恥的穢行，直寫出食錢虎貪婪的嘴臉，揭發警界勒索犯人的計畫性行為：

> 其榨〔註50〕取金錢手術，乃故意捕捉其本人，及其家一人，或其鄰
> 人，使同在訊問室作旁觀者，使親見家主或鄰人受刑。……大抵以
> 此四種刑法施之，使旁觀者見之驚魂蕩魄，然後對旁觀者略加責問
> 而赦免之。其用意乃在彼不在此，是要使其歸去傳言受刑者之苦楚，
> 以博青蚨〔註51〕之自飛來也。其價金則看犯人家財多少而定，最低
> 自一千元至一萬元不等。

法令賦予警察的施刑懲治權，竟成為設計勒索的方式，實在令人不齒。緝拿菜友會，警方集體先從富商巨賈辦起之外，漢藥商王乙遭刑求逼供，經過重金層層賄賂，終得還家；小吏四處寄發偽信，誣陷大族地主，明告其花錢消災之道；尤有甚者，還鬧出脫褲事件，貽笑大方：

> 郡中警員，皆被婿家料及而買收其心矣。用盡心力，竟不能起訴。
> 有人慫恿其向檢察局出訴，蓋當時檢察局有黑幕定例，不論案件大
> 小，若應人要求對對手者處拘留者，一回謝禮五百圓。女家得此消
> 息，如法泡製，居然男家父子被拘留矣，且迫出警察受男家財物事。

警員辦案不論是非，但看銀兩充足與否，此黑幕中甚至有行情可循。作者雖然說「文官愛錢，到處皆然」，但顯然「有錢判生，無錢判死」，民怨如何不深？

　　警察如刀俎，百姓為牛羊，高等課尤其磨刀霍霍，公然索賄。一方面以職務之便作掩護，需索於嫌犯；一方面則以收受之多寡，斟酌下手之輕重。其貪心如狼，霸道如虎，施刑之重則又如魔似閻羅，人民焉能不既懼怕又痛恨？鄭坤五以畫虎聞名，據聞即曾受日本長官索畫，繪贈「食錢虎」畫一事。〔註52〕而實際上，日本警界在臺灣確有食錢索賄之事。

〔註50〕「榨」，原誤作「窄」，今改。

〔註51〕「青蚨」，錢也。

〔註52〕見照史〈鄉土文學先驅鄭坤五〉，收在氏著《高雄人物述評（第二輯）》第85
　　　　頁。

賴和〈查大人〉小說就是建構在警察查大人對於「照例的御歲暮乃意外減少，而且又是意外輕薄」的不滿上。「御歲暮」意即年禮，收受年禮較往年減少，因此明示暗示人民要懼怕，要進獻。查大人發怒的想：

> 一群蠢豬！怎地一點點聰明亦沒有？經過我一番示威，還不明白！
> 官長不能無些進獻，竟要自己花錢嗎？

這樣的語氣與鄭坤五寫警官嫉妒受賄的情節，有異曲同工之妙，〈活地獄〉中記述道：

> 某警部不曾受王乙家族賄賂，嫉妒他人受賄，乍入門時，見著受賄者欲放王乙歸監房，即時妒火中燒，不許王入房。受賄者亦一時盛怒，彼此竟相打起來，一場鬧至天翻地覆。幸課長聞知，親來制止。
> 聞說此兩問官，因此各相摘發受賄劣跡，不久皆被免職，一回日本，一往滿州。

收受賄賂也有競勝的心裡，身為警官不以受賄為禁忌，竟還計較有無多寡，甚至互揭劣跡，洩憤於民，實在是寡廉鮮恥。

3. 隨意誣指，屈打成招

〈活地獄〉小說諸事件均為政治思想相關嫌疑，其主管警察即是高等警察與特高警察。由於所述事件發生地區大都在高雄州境內，故小說中的警察大多與高雄州高等課有關連，部分為相關連的屏東署。高等警察與特高警察基本上有些不同，但在小說中不太嚴格區分之。「特高」一詞在小說中僅出現一次：「高雄州派來高等課**特高警部**中井」，除此之外，均以「高等課」、「高等係」通稱之。政治思想案件往往是意識型態上的見解差異，與一般刑事案件不同，因此除了一般警察本有的威嚴之外，高等警察格外多了一份恐怖。

這份恐怖淵源自隨意誣指，屈打成招。或者為了表現辦案業績，又或者變態凌虐取樂，高等課藉維護治安之名，往往遂行私欲之實。無辜受難的百姓，是疑心者的受罪羔羊，也是暴力者的掌中玩物。「誣」，幾乎成了〈活地獄〉小說中各事件刑獄的主要起因。社會治安不是起自於惡民為亂，而竟然是維護治安者的造亂，簡直是無風生浪，唯恐不亂。作者極力想揭露的，是警察政治時期，隨意羅織罪名的黑暗政治，以及當時社會人心的扭曲病態。鄭坤五統括地指出：

巡查因無事可辦〔註53〕，遂無中生有，吹毛求疵。凡富家平時有不曾請其飲食者，必指為抗日派，暗報高等課。更有最可惡者，是高等課刑事巡查又假造中國書信，內容說要勸其加入陰謀運動，發信人為某志士云云。用掛號郵便，寄到各地有名人士處，並觀其行動。

各地警察欲顯其手段，遂無中生有。凡平時有得罪於警察界者，警察大肆威風，睚眥必報，全島皆然。

警察一如得勢小人，有恃無恐，從中逞威、洩憤、得利，不一而足。如上吉法師的莫名被捕、中國行商的被疑勒索、鳳山黃姓大族與金瓜石李姓富豪的頓成骨灰、東港蕭冷史的無端入獄，凡此諸多冤案，比比皆是，真是罄竹難書。鄭坤五說「一命竟賤如雞豚，亡國民更何有身家生命之可言呢？」道出殖民地百姓財富不保、生殺隨人的悲哀。

親自執行過水攻法、鹽水針法等酷刑〔註54〕的寺奧德三郎也坦承：

由於是在刑求下做的口供，所以是否為事實，則不得而知。

在偵查期間，的確發生過許多如前述因特高警察之過當而引起的遺憾事實，以及極為嚴重的蹂躪人權事件。〔註55〕

濫捕在前，逼供在後，何來人權？惡棍良民，同成禁臠，哪有是非？小說中的警察，反映的是現實社會中，殖民帝國放肆其淫威的鷹爪的實相。

4. 臺灣警察氣節蕩然

中國傳統素來重視氣節。〈活地獄〉小說中，作者特別注意了臺籍警察的表現，但顯然結果令人失望。

日本佔領臺灣之後，很快地即由其本國移入大量警察人員，直至日本戰敗投降，每年都曾派人至日本各地招募警察人員。這中間，日本當局實具非常苦心，自1901年起，臺灣雖亦錄用臺灣人，但為數極微，至日本投降，僅佔警察人員百分之二十至三十，而且都是最下級的，所負責工作都屬輔佐性質〔註56〕。日治時期日本人鄙視、不信任臺灣人，部分臺灣人為了虛榮，不惜諂媚討好。即使在警界亦然。鄭坤五有一段話直接剖析道：

〔註53〕「辦」，原誤作「辨」，今改。
〔註54〕見寺奧氏《臺灣特高警察物語》第78、108頁。
〔註55〕見寺奧氏《臺灣特高警察物語》第81、117頁。
〔註56〕見王曉波《臺灣的殖民地傷痕》第206頁。臺北：海峽學術，2002年8月初版。

> 大凡在日本警察界當巡查者，十人中有九人日本化，全不知氣節為
> 何物。對日本人極盡奴顏婢膝諂媚，對本島同胞卻全無半點香火
> 情，甚且在日人面前，以善毆辱同胞為能事，以博取日人讚美，一
> 可升官，二可發財。日本政府雖對本島人苛刻，卻不叫日人去直接
> 做事，全利用本地巡查，來自相戕賊。

這是十分悲哀的奴才心態！日治時期階級尚分明，臺灣人身為次等國民，僅
是日本強化母國實力的壓榨對象之一，並未受到公平的對待，部分臺灣人卻
依然夢想透過討好來博取認同。殊不知日本人正好利用此心態，矮化臺民尊
嚴，指使臺民為之奉公，加深仇視分化。鄭坤五〈說說臺省人的氣節〉〔註57〕
即說到：

> 日本人領教這歷史的臺胞民族性，所以用離間計策，又明白臺胞中
> 有常識份子，絕對不能聽他利用，不得已而利用下層階級中，不學
> 無術的小人，……一面又利用同胞中，有一部分見利忘義者，為虎
> 作倀，如臺灣產刑事巡查，自相殘害自族以媚日人，以保私囊，強
> 行以力服人，趣旨以自家同胞，凌治〔註58〕同胞美名曰「自治」，硬
> 壓同胞使由畏而生順，子子孫孫屈服於他的鐵蹄下。

小說中兇惡的巡查犬養千種及其兄弟高等課刑事犬養虎倀，就是典型的例
子。鄭坤五為之取姓「犬養」，實在是寄託了對其泯滅人性作為的譏諷。

犬養千種原名「簡賊」，則意味了作者對他數典忘祖，「簡直是賊」的貶
斥。兄弟二人竭力對日本盡忠，是「皇民化運動優等受賞者」，日本當政者眼
中的模範。但「凡臺灣同胞，遭遇此一對難兄難弟時，從未有得便宜者。」犬
養兄弟在努力向現實當權者靠攏的同時，似乎早忘了體內流著漢人的血統，
也努力地要區隔自我與臺民之間的不同。對臺民嫌犯不假情面，嚴厲以對，
似乎是向日本長官輸誠的作為，也是任臺民向他們仰望懇求、凸顯自我身份
優越的好機會。

如此可悲可笑的心態，在本島產的郭刑事對會館派員的無情撻伐時、在
犬養的三位臺籍巡查同事挖腸抹鹽的虐行上，都可以看到他們的作為比日警
更勇於兇殘，也更冷血，彷彿全然不知惻隱為何物！作者仔細刻畫臺籍巡察
如何暴打虐殺的畫面，讓人不忍卒讀。讀者在緊鎖重眉的閱讀中，不得不感

〔註57〕原刊中華民國35年3月10日，收在鄭坤五剪貼簿《九曲堂時文集》。
〔註58〕「凌治」，臺語，虐待也。

慨殖民的社會中，氣節蕩然無存，人性扭曲蒙昧至此！

（四）刑罰的施行

　　選擇慘酷的刑罰做為小說的題材，是作者藉此肉身可見可感的痛楚，將臺民所受到有形無形的高壓迫害具象化，以象徵日治五十年臺民身心受創的深刻性。

　　各式各樣匪夷所思的苛酷刑罰，是構成地獄之所以為地獄的主要因素。作者在〈序〉中已指出：日本對待臺民「其刑具之奇酷，令人見之戰慄；刑法之慘毒，聞之髮指；洵為臺胞體驗在奴隸時期中刻骨之痛史。」其所言之「刑具」、「刑法」，正是描述的重點，而刑法尤重於刑具。而〈活地獄〉小說正以詳細描述刑罰的施行，成為其最大特色。這些刑罰都處置在臺灣人民的身上，是臺灣史上不該被遺忘的一段切膚之痛的經歷，鄭坤五寫下這段「痛史」，正欲以之為後人殷鑑，作為控訴日本暴政的有力證據。

　　刑求之事中外多有所聞，雖往往不甚人道，卻是自古以來不曾絕滅。〔註59〕〈活地獄〉中警方施用刑罰的普遍程度，幾乎可以說是：只要看到警察，就可能動刑。其中，高等警察又幾乎與刑求劃上等號。曾任特高警察的寺奧德三郎即坦言：

> 對思想犯進行偵訊作業時，以尋常手段會招供的人，可以說絕無僅有。……刑訊變成唯一的良法。〔註60〕

言下之意，不使用刑求，就無法取得口供。個中原因不僅是因為思想犯不同於一般刑事犯，也還由於臺灣人又特別頑強不怕死，才迫使警察不得不採用更激烈的刑罰來對付，寺奧德三郎不解的說：

> 日本人普遍的情形是被刑求到某個程度就會招供，而臺灣人卻是被整到半生不活地步也堅決地說『沒有』。……這種倔強心理，日本人是很難理解的。

如果說部分臺籍警察缺乏氣節，令人不齒；那麼，受日本警察酷刑的部分臺灣人為堅持正義威武不能曲、為不牽連同志而忍辱含垢的義行，則應當給予尊敬的掌聲。

　　統計歸納小說中所施用的刑罰，多達30種，各名目下又多有稍作變化的

〔註59〕參：王永寬《中國古代酷刑》，臺北：雲龍，1991年。
〔註60〕見寺奧德三郎原著《臺灣特高警察物語》第78頁。

花招。（見附錄：「〈活地獄〉施用刑罰一覽表」）每一種刑罰的背後，都有淒厲的哀嚎，乃至於鬼樣的殘軀。設若仿照佛經紀錄般，一種刑罰就是一層地獄，那麼日治時期臺灣人民正生活在彷彿是《淨度三昧經》所記的三十層地獄中〔註61〕，較諸十八層地獄更為恐怖。這就是作者意欲強調的地獄痛史的所在。茲就小說中各式刑罰，分類說明之：

1. 基本型

刑罰是加諸在人身肉體上的，直接以最簡單便利的手法，達到使人感到痛苦的目的，就是刑法的基本型態。

（1）傷殘肢體

包括：毆打、拔牙、燒燙、鉗指甲、犬撲、狗糧食、挖腸納鹽、拉油。針對犯人的肢體，給予破壞性的殘害，就是人類最原始的刑罰。其間施刑之情節，可分為漸進式傷害與斷然式傷害二種。

A. 漸進式的傷害。例如：毆打、燒燙，可以有力道、深度、面積等等的輕重差別。因此常見警察藉以逞威、洩憤、警告，或作為初步逼迫的方法。

從統計中可見，最普遍施用的刑罰首推毆打，可說是大小警察對付各式嫌犯最日常便利通用的方法。明治37年1月曾以律令第一號公布〈罰金及笞刑處分例〉〔註62〕，至大正10年（1921）廢止，其中對警方施用笞刑有明確規範。〔註63〕但在〈活地獄〉中所見，顯然笞打人民是可以隨興的。

「打」之所以廣被運用，乃因為先天上即隨時隨地可行，也因不論有無工具環境亦皆可施行，最主要的，還是由於其具有宏大的效用：

〔註61〕梁‧僧旻‧寶唱所撰《經律異相》卷四十九「地獄部」引《淨度三昧經》，錄三十地獄及獄主之名字，云：一曰阿鼻大泥犁。二曰黑繩重獄。三曰鐵白獄。四曰合會獄。五曰太山獄。六曰火城獄。七曰劍樹獄。八曰嚁吼獄。九曰八路獄。十曰刺樹獄。十一沸灰獄。十二大噭獄、小噭獄。十三大阿鼻獄。十四鐵車獄。十五鐵火獄。十六沸屎獄。十七燒地獄。十八丘彌離獄。十九山石獄。二十多洹獄。二十一泥犁獄。二十二飛蟲獄。二十三陽阿獄。二十四大磨獄。二十五寒雪獄。二十六鐵杵獄。二十七鐵柱獄。二十八膿血獄。二十九燒石獄。三十鐵輪獄。

〔註62〕見戴炎輝、蔡章麟纂修《臺灣省通志稿政事志司法篇》第一冊第181頁。南投：臺灣省文獻委員會，1955年6月。

〔註63〕參臺灣總督府警務局編《臺灣總督府警察沿革誌》第五章〈罰金及笞刑處分例の存廢〉第901～946頁。昭和17年3月29日發行。臺北：南天，1995年復刻版二刷。

a. 打者可以逞威風，建立個人威嚴，使人民害怕。例如：鹽尻警吏指稱小販黃甲清潔不周，隨即拳腳交下；大寮庄蔡某、親睦會長蘇岳、吳醫師等不順警部心意，隨即被賞以巴掌，手足齊來；犬養巡查拿著木刀入監房，不容分說，眾人頭上都先各打一下再說。諸如此類，在監獄內外的臺灣各地經常地上演著。

b. 警方相信嫌犯是不打不招，不給點兒厲害瞧瞧，不會乖乖招供。這是典型的刑求動機。警方本來就配備警棍，以防萬一。但逼問過程總或輕或重地使用不同手段對付嫌犯，以達到目的。〈活地獄〉中出現最頻繁的，自是非牛鞭莫屬。作者曾加註說明此刑具的型態：

> 此鞭聞係印度牛陰莖所曬乾者，其粗大比較諸普通牛鞭加倍云。

粗大加倍，意味著殺傷力也加倍。〈活地獄〉常見警方拿起牛鞭連打、狂打數十下，或是下馬威，或是附加刑罰，都讓嫌犯迅速皮開肉綻，不得不俯首。

B. 斷然式傷害。例如：拔牙、鉗指甲、挖腸納鹽、拉油、犬撲、狗糧食，是具有瞬間殘廢可能的刑罰。僅僅聽到這些刑名，就足以使人戰慄悚然。受刑者遭此刑罰，即使不死，也消磨了半條性命。施用者若分寸拿捏不當，受刑者經常有喪命的可能。因此，雖是基本型，致死率卻是最高的。

在沒有任何麻醉的情況下，活生生地拔牙、鉗指甲，其劇痛已經足以使人立即暈厥；而挖腸、拉油，甚至令人無法想像世間竟有此酷刑！其中任何一種刑罰，都可能因疼痛致死，若未做任何善後的話，感染致死的可能性更高。而更令人髮指的，是將活人裸身投向惡犬跟前，充當狗食。其間內心的恐懼，肉身的撕裂兼具，是痛之至痛，實是慘無人道之至極！只是，不論因何而亡，警方最後一概以「心臟麻痺」為由，開出死亡證明書。這是同時對死者與生者，進行了二度傷害。其卑劣行徑，令人痛恨！

施用斷然式傷害，不盡然針對惡性重大、或極其不合作等嫌犯，施刑者當時的情緒，其實才是施用與否的根據。施刑者的目的，並不一定是使他人致死，但卻希望藉此作身份權勢的最大示威，或個人內在心理某些層面的刺激性滿足。這就是凌虐。肢體傷殘的至極處分，就是全面性的終止軀體行動，也就是死刑。小說中並未出現直接施以死刑處分者，也就是說，〈活地獄〉其實是一部警察凌虐史。

（2）考驗人體承受力的極限

包括：吊刑、蒙面淋水、罰跪、久站、夯椅架、裸體、塞穢布、指戳法。

人體的承受力有一定的極限，越接近極限，痛苦越大。雖不盡然有性命危險，但還是可能導致暈厥、休克等結果。在肉身與精神的雙重折磨，大大傷害健康與尊嚴，而達到刑罰的目的。

A. 肉身極限。例如：吊刑、蒙面淋水、罰跪、久站、夯椅架。前二者則是違反日常姿態，引起身體極大的不舒適，極易造成傷害。後三者分別是跪、站、舉三種平常動作，但在時間無限延伸的情況下，不僅無法過久保持同一動作，而且會超乎體能負荷，造成身體機能的失調病變。以久站為例，王乙連續站立達十七日以上，其間經歷的痛苦日劇一日，結果是：

> 王乙站立一日夜，已覺痛苦萬分。……站至第五日，已滿身苦痛，忍耐不住，雙腳墜氣浮腫。至第八日，腳腫已由掌及膝，其大如橡，耳鳴目暈，糞便自下。至第十日，則雙腳知覺盡失，腳背腫成麵包，皮膚亦已條條破裂，黃水流滿地下。至第十五日，便粒米不能入口，三餐僅飲水而已。至第十七日，眼睛不能轉動，見物輒現兩形，或見物體自轉。

作者運用累進式的描述，使讀者可以感同身受，看到這只不過是平常動作，卻可以使受刑人痛苦，逐漸加劇到不可思議的地步。

B. 精神難堪，例如：裸體、塞穢布、指戳法。這些刑罰都不大會直接使肉體受傷，但卻在精神層面，使受刑人極為難堪。最典型者自是裸體。〈活地獄〉中唯一指稱受刑的女性，是華僑姘婦某氏，高等課用以對待她的方法，是燒燙和裸體。前者以吸煙中灼熱之銅煙管頭，灼燒婦人下身，這可以造成皮膚燙傷；後者則於密室中剝去婦人衣服，眾警官任意笑評婦人各部位優劣。這對肉身完全不會產生一絲絲的傷害，卻糟蹋了她的名節和尊嚴，在心理上烙下永久性的傷痕。

不論是鞭打、燒燙、犬撲、吊刑，甚至坐飛行機，施刑中警方常將嫌犯衣褲脫去，目的主要在確認嫌犯沒有私藏器械的可能，也就減少有效反抗的成功機率。但此脫衣裸身的作為，也同時衝擊著羞恥心，特別是社會地位較高者，此一羞辱，或將比荼毒肉身更為不堪。

2. 變化型

多帶有凌虐兼含取樂的趨向。施刑者會製作刑具，設計操作方式或程序，以受刑者的痛苦為修改創意的依據。

（1）常用法

包括：鐵挾指、鼻灌水、跪鐵口、穿棒踏。這是小說中作者特別提出最常被施用的四種方式，此四者內容都不複雜，均以簡單的刑具，即可強化肢體痛苦，甚至傷殘，但不易有喪命的顧慮。因此手續方便，操作簡單，安全性高，這也就是此四者成為最受歡迎刑罰的原因了。但其痛苦的程度，是讓人一看到刑具的出現，就有立即的高度恐懼感。眾警官以此四法施加於人民，恐怖的場面「使旁觀者見之驚魂蕩魄」，從而勒索受刑者家人親朋。這樣的預期應該是收到了令人滿意的效果，使得不肖警察相互模仿走告，而使之成為常用刑罰。

（2）專有名詞

包括：教新馬法、潛航艇式法、坐飛行機法、打撞槌法、食麥酒配柔魚法、落下傘刑、燒橡皮膠法。以上為鄭坤五在小說中標示出自有名稱的刑罰，這些名稱都是施刑者圈內自用的專有名詞，必須使用相當近似的刑具，也有一定的步驟程序，才能達到預期的效果，也才能符合專有名稱的意涵。基於特定的施刑方法，而顯示出這些刑罰的獨立性與特殊性。名稱上取得可愛，隱含著設計者或施刑者內心的趣味取向。換句話說，這些過程的重點之一是玩弄嫌犯，在施刑的過程中，享受趣味。上述這些刑法若從施刑者的角度看，儼然是警察大人集體玩著騎馬遊戲、閉氣入水遊戲、造飛機遊戲、投擲遊戲，煙燻遊戲等。這些遊戲的創意，是在無情冷漠、變態瘋狂的心理上，造設出來的。受刑人的反應，或者正是施刑者快感的來源。高等課令人視若魔鬼，因為其手段的兇殘，也因為其心態的陰狠。

（五）結語

〈活地獄〉是作者鄭坤五在親身經歷日本殖民統治五十年後，將心中對高壓政治的悲憤控訴，轉化成不朽的文字。以臺民親身的暗角泣血經驗，要敲醒任何對日本統治還抱持一廂情願夢想的人。這是一部群妖現形記，是一部殖民血淚史，也是一份付出慘痛代價的醒世錄。

日治臺灣五十年近代史，尚有許多疑團待解，鄭坤五的《活地獄》，追索當年一段作者親歷的時代，將日治特高警察的暴行及歷史背景，爬梳其間種種黑幕，採取臨界點寫作方式，直接描繪臺民一旦進入特高警察控管體系，接受各種酷刑拷打，幾乎生不如死的活地獄景象。

　　〈活地獄〉以事件（抗日與迫害）、人物（警察與臺民）、行為（施刑與受刑）三角共構出整部小說的骨架和肌理，在與時遞進中，以作者白描的方式、寫實的文筆、詳細的描述，使讀者能同步感受先民悲慘的身心苦楚，也由此體會被殖民的恥辱。美麗的寶島，不該有凄絕的悲嚎。鄭坤五寫下〈活地獄〉的用意，必然不是希望延續仇恨、以暴制報，而是讓歷史的傷痕，被鮮明的紀錄下來，以時時提醒殷鑑不遠，莫再重蹈覆轍。這一本臺灣版的《古拉格群島》曾經是這個島嶼的集體記憶，卻希望它永遠是島嶼子民策勵和平的一面鏡子。

表 33　〈活地獄〉施用刑罰一覽表

		1. 基本型		
序	刑　名	施刑內容	受刑者	施刑者
1	毆打	1. 拳腳交下，血液模糊。 2. 連打數掌，順將衣褲撕碎。 3. 在面上巴掌。 4. 用木刀、木棍猛打，皮肉迸出，黃水直流。 5. 用牛鞭狂打。 6. 笞杖。 7. 綑縛吊起痛打，致脅骨被打折，足踵打壞。 8. 被縛住，用索子頭捽打。 9. 臺灣巡查按住上半身，日巡查手足並起。 10. 兩巡查一將頭顱挾在膝下，兩手握犯人兩手，一個手執牛鞭連打。	小說中曾受警察拘拿者皆受之〔註64〕。	各大小警察
2	燒燙	1. 以吸煙中灼熱之銅煙管頭，灼婦人下身。 2. 用吸餘有火之香煙熱灰，扣入被疑者衣裳內使受火傷。	某華僑姘婦鳳山耶穌信徒	福貞刑事 二木刑事 高等係員

〔註64〕被毆打者有：小販黃甲、父母會頭王乙、李黃吳三醫生、瑞芳金瓜石富豪李某兄弟、大寮庄蔡某、上吉法師、詩人歐某、蘇岳、吳滄浪醫師、歐辯護清石、臺胞謝某、陳嘉行、福州王某、汕頭僑胞孔某、范某、江保成事件眾人、二小外省經紀行商、學生、耶穌信徒、張簡醫師等。

3	拔牙	1. 拔去牙齒。 2. 將車用「斯巴那」鉗住牙齒拔出，連拔數齒。 3. 用「斯巴那」拔牙，更將黑色劇藥水，塗抹齒根，使牙槽發炎，一時從下顎腫到頰上。	李丁 李番屏 蘇岳	犬養千種 高等刑事島田等
4	鉗指甲	將左手指甲，用鐵鉗全部鉗去，發炎而死。	范某	田中某
5	挖腸納鹽	1. 三個巡查治一人，兩個拿腳，一個用中指，碰插入腔門，挖出大腸，約三寸餘長，納入粗鹽一撮，然後塞還肚內。 2. 大腸挖出，將腸內鹽粒去盡。又用清水洗過。再置入肚內。	李、黃、吳三位醫生	犬養虎偎 本地巡查 日人巡查
6	拉油	用手拉散下肚油脂。	吳醫師	本地巡查
7	犬撲	褪去衣服跪地，正面撲進一匹猛犬。	李番屏	高等刑事
8	狗糧食	充軍用狗糧食。	不知名某氏 東港張某	日本巡查
9	吊刑◎	1. 從樑上縋下大索，將雙腳縛住，轆轤聲響，從平地上倒吊離土約六尺高。 2. 縛起，使兩足指點地在可及與不可及之間。 3. 倒吊，將頭顱入水。 4. 吊起，剝光衣服，燒其陰毛。	小販黃甲 父母會王乙 會館派員 黃醫生 吳醫生 雕刻師黃朝宗 上吉法師	特高警察 鹽尻警吏 高等課刑事 犬養虎偎 臺灣探偵刑事二木某 吉谷輩 本地郭刑事 本地巡查
10	蒙面淋水◎	1. 用手巾蒙住被疑者面上，而淋水於巾上，使呼吸困難，或至暈倒者。 2. 用冷水，連衣服潑之。	鳳山耶穌信徒 王乙	鹽尻警吏 高等課刑事 犬養虎偎 特高警察 高等係員
11	罰跪	1. 罰跪。 2. 跪在不吊起之木造飛機架上，不許起身小便。 3. 跏趺跪，仰面跌倒後用水噴醒。	吳醫師 吳滄浪醫師 蕭冷史	高等刑事島田、中井 本地巡查

12	久站	連續站立數十日，不許坐臥俯仰。	王乙	鹽尻警吏 高等課刑事 犬養虎偩
13	夯椅架	夯椅架。	蕭冷史	本田 鄭推魂
14	裸體	於密室剝去婦人衣服，笑評婦人各部位優劣。	某華僑姘婦	福貞刑事 二木刑事
15	塞穢布	用污穢破布塞滿口內，令神經難堪，以防咬舌自殺。	蘇岳	高等刑事島田等
附1	指戳法◎	當嫌犯打瞌睡，偵察官就頻頻戳他。		特高警察
附2	鹽水針法◎	以鹽水注射嫌犯大腿。		特高警察

2. 變化型

序	刑名	施刑內容	受刑者	施刑者
1	鐵挾指	乃先以四枝五分徑鐵枝，挾犯人四指（大指不挾）或至脫節者。	菜友會員陳某等數十名紳商。	吉谷
2	鼻灌水◎	由鼻灌水。	菜友會員、陳某等數十名紳商。	吉谷
3	跪鐵口	在地上鋪滿麥酒碻口鐵王冠數十箇，箇箇向上，然後教犯人跪其上至七、八點鐘。	菜友會員、陳某等數十名紳商	吉谷
4	穿棒踏	1. 使犯人跪地上，以木棒穿在其腳蹺內，左右伸兩端，以兩巡查踏其上，使兩個膝骨幾碎。 2. 將犯人兩手縛在背後，兩人踏住橫在腳肚木棍，然後用手推倒其上半身，使仰面向後，已無手可支住，欲向上又因其上半已失中心，力不能如意，只在欲上不上、欲下不下、頭部離地尺餘之間，兩膝皮膚被上身拉扭，幾乎破裂，一時筋骨皮膚痛苦，不可言喻。 3. 使頭戴椅子，腳彎夾一木棍跪下，兩人踏住棍的兩端，又教一人拿竹片打腳掌底。	菜友會員、陳某等數十名紳商。 蘇岳 蕭冷史	吉谷 高等刑事島田等

5	教新馬法＊	1. 將犯人兩手掌縛貼在肩膊上，口內塞滿破布，脫棄其衣服，一巡查騎其背上，地下布滿碾碎之白石，使其匍匐往來數十次。少不如意，背上人即以牛鞭打之使速行，至手腳皮破，嵌入石粒，猶不許停止。 2. 在遍鋪碎細石子的地上，勒用手臂節與足膝匍伏，往來周而復始，日行數拾遍。 3. 拿木椅置頭上，地上舖下碎石，命匍匐其上往來旋轉，周而復始。 4. 四腳跪落地用膝肘跑粗石。 5. 用索子縛住下腰，牽縛馬屁股後約離一丈，騎上憲兵拍馬而走，使腳步趕走不及，跌倒地上，而馬跑不止，拖之磨刷道上瓦礫而前。有時被馬後足踢，肋骨折裂。	上吉法師 張簡醫師 蕭冷史 澎湖人某甲	臺灣探偵刑事二木某、吉谷輩 高等係員 日憲兵
6	潛航艇式法＊	將犯人腳手縛住，兩巡查扛頭扛腳，扛到一□槽堁，將其上半身沒入水底，使他絕息時始扛出，再用人工呼吸法使他回陽。	蘇岳 陳江山	高等刑事島田等 高等係員
7	坐飛行機法＊	1. 此刑具有種種形式，隨問官心機各異形耳。蘇岳所坐飛機，是用二片八分厚六寸闊木板，一長一短，長者在前，短者在後，中釘一中柱，是用丸杉剖平者，兩旁各有一條二寸闊木板牽住，其形略似單葉飛機。使蘇岳腳蹺內挾一木棍而縛於機上，雙手縛在背後，兩旁巡查各執牛鞭，迫取口供。再將兩手將索勒住，反縛背後樑上，輅轤一響，吊離地約有八尺餘高，如在空中飛翔，由吊索絲從雙臂繞起，使全身□刑□飛機重量，全部歸到兩臂索痕內來。巡查又故用棍棒，推之往來飄動以資取笑。 2. 樑上懸掛著六個老少，被縛在幾片橫直之木板上，全無衣褲，僅存一息，在空間往來飄動。	蘇岳 許醫師 陳江山 老少六人	高等刑事犬養虎悵 特高警察 高等刑事島田等 高等係員
8	打撞槌法＊	巡查各先拿一椅頭，約離三尺左右，相對排下，然後將人犯弄倒，二人各執住其腳使倒吊，頭貼在地上，兩巡查乃各捉住腳踵，左右分開，兩巡查各立椅頭上，將之	蘇岳 陳江山	高等刑事島田等 高等係員

		腳腫拉住，唱聲「起！」，以二待一，高高提起二尺餘，然後又唱聲「唉！」哨放了下去。頭腦經此一擊，目內火星四射，肚內食物從鼻中溢出。少頃又撞擊一次。天靈蓋上隆起大鵝冠，痛不可忍。		
9	食麥酒配柔魚法＊	用膠皮管插入鼻孔內灌尿，恐其咬舌自殺，並防止其禁氣阻尿不入喉，又將膠皮管塞滿口內，使其滿面尿水橫流。	汕頭僑胞孔某	刑事課
10	落下傘刑＊	1. 將犯人用繩索縛住半腰，用軲轆繩上半壁上去，使背脊向上，頭足向下。 2. 用繩縛住雙足，用軲轆繩上，使全身倒栽，頭面在最下。此最凶。	許醫師陳江山	高等係員
11	燒橡皮膠法（毒瓦斯）＊	使受刑者獨閉在室中，不加拘束，只在室內焚一爐火，擲橡皮片於中，問官即走出閉門。小頃，橡皮被焚，即起一道臭氣，令人吸入鼻內，胸中隨起嘔逆，十五分鐘，無不天旋地轉暈去。中毒者若不急救，往往送命。	陳江山蔡朝旺	高等係員
附1	井字架◎	1. 讓嫌犯坐到以約兩寸橡樹角才做成的井字型木架上，將手腳綁緊後偵訊。 2. 綁在井字架上，使用牛鞭做的約兩尺五寸長細鞭抽打全身。		特高警察
附2	通電◎	使用輕微電流。		特高警察

註：
1. 刑名為鄭坤五明言者註「＊」，餘為筆者擬稱之。
2. 復見於寺奧德三郎《臺灣特高警察物語》一書者註「◎」。
3. 附1、2為〈活地獄〉未見，增補自寺奧德三郎《臺灣特高警察物語》者。

二、〈火星界探險奇聞〉

（一）寫作背景

〈火星界探險奇聞〉全文 9900 餘字〔註 65〕，依篇幅而言，屬於短篇小說。見於作者鄭坤五的手稿本中，曾連載於《臺灣藝苑》第一卷 2、3、4 期。

小說將時間鎖定在「西曆二千零十五年」，大約是寫作當時的 90 年後。內容如其標題，以地球人類登陸火星探險為主軸。而實際上則以「法國學者

〔註65〕見林翠鳳主編《鄭坤五研究【第一輯】》第 211～230 頁。臺北：文津，2004年 11 月一刷。

宇兮士博士復倡首第二回火星探險隊」為界，分為前後兩大區段，前段約佔
全文的三分之一，描述地球人順利地登陸火星的諸般見聞；後段約佔三分之
二，敘述因第二回火星探險所牽引出的一段預謀殺人案件的破案過程。嚴格
的來講，後段實在偏屬於偵探小說。不過其間從蛛絲馬跡的推求，到終究破
案的過程，始終講求科學辦案，具有現代理性的精神。

　　這是臺灣最早的科學小說，可視為傳統文人鄭坤五，將個人寫作觸角延
伸至新文學領域，以小說為表現形式的一項嘗試性成果。推溯其寫作背景，
可分二方面來說：

1. 歐美科學的進步

　　以歐洲為主的西方國家，一、二百年間在科學界的驚人成績，塑造其強
大的國力。讓亞洲各國，深刻感受到瞠乎其後，望塵莫及。臺灣在劉銘傳任
內推動的現代化中，比起大陸內地更早領受到科技文明的優點，特別對於「電」
的認識，有不可思議的驚異感。以鄭坤五為例，其早期詩作中就有〈電話〉、
〈電扇〉之作〔註66〕，試看其詩曰：

電話

電理誠奇幻，如今話更難。試看一脫口，已過幾關山。（其二）

電扇

陽陰氣洽方為電，纔作燈光又製扇。從今滿座盡春風，赤帝炎威無
所展。（其一）

理化於今日日新，扇機格致服西人。文風藉爾頻揚起，莫與輕紈付
劫塵。（其二）〔註67〕

字裡行間充滿了對新科技神幻奇妙的讚嘆，「電理誠奇幻」時道出了時代大眾
共同的心聲。

　　科學小說是隨著科學的出現而發生的。十八世紀工業革命之後，歐美科
學突飛猛進，其科學小說的發展因此約當二百年〔註68〕；中國在十九世紀中
葉鴉片戰爭發生後，無法抵擋歐美帝國主義的強勢入侵，逐漸被動與主動地
接受或學習西方的科學技術，二十世紀初，中國科學小說也於焉發生；臺灣

〔註66〕見林翠鳳主編《鄭坤五研究【第一輯】》第40頁。
〔註67〕此詩另見於手稿本，與其一為作者不同時期所作。今為簡便，姑置一題下。
〔註68〕參林健群〈晚清科幻小說研究（1904～1911）〉，第二章第一節西方科幻小說
　　　　的發展。國立中正大學中國文學研究所民國87年碩士論文。

在劉銘傳推動現代化之後，緊接著日本明治時期也感染了維新強勢的殖民新政，本土的科學小說在日治時期也終於出現。鄭坤五〈火星界探險奇聞〉是一個受到世界與本地科學風潮薰染下，自然而然出現的文學產物。

2. 作者對科學的崇尚

鄭坤五向來反對迷信，而破除迷信最好的方法就是科學。萬般事項皆有理路可循，將愚夫愚婦視為玄妙不可解的事物，藉由科學證明，逐一賦予合理解釋，褪去神秘外衣，是鄭坤五作品中屢見不鮮的主題和情節。以《鯤島逸史》為例，盲目地以為旋風降神，其實是熱空氣對流的自然現象；以人驚駭的白日見鬼，乃是有心人利用光影投射原理玩弄所致；夜半時分無形鼓舌使人懼不能眠，是北部人不知臺灣大甲溪以南守宮能鳴的無知，所惹出的笑話。〔註69〕作者不厭其煩地將原理在小說中說明，顯示了他對科學理解的掌握，也有著推廣科學精神的熱誠。

其實，現實生活中的鄭坤五，曾經自立試驗栽培雞肉絲菇、送異常石塊到東京鑑定、專門為人捉鬼〔註70〕等。鄭坤五哲嗣鄭麒傑先生曾告知：其父是無神論者，經常和傳教、佛道教人士辯論，初任職到九曲堂被安排至公會堂住宿。半夜二媽常被二道冷光和淒涼叫聲驚醒，隔早即燒香跪拜。有一晚，鄭坤五拿拐杖追逐一母狗，因為牠以前住在這裡，白天不敢來，等夜晚才來。經追打後即不再有怪聲出現。他告戒子弟不可疑神疑鬼，不可迷信，要用科學方法去推理解套。

這些傳自後人口述的軼聞，都顯示出他的確具有探究事理的精神。報刊上他寫作「實若虛」、「顯微鏡下的宗教」等專欄，再有〈謝范二鬼卒的正身〉、〈打破迷信的小說〉等小說，往往剖析虛妄，究其內理，意欲提現實相。

又在其手稿本中，大量寫錄了科學新聞、奇聞異事的筆記，例如〈水能代油燃火〉、〈一年中六個月僅分兩晝夜之國土〉、〈動物之嗅覺〉、〈蟻之力量〉、〈亞米利加原無牛馬〉、〈太陽之黑點〉、〈天文鏡〉、〈禁煙秘法〉等等，顯示了對科學知識的廣泛關注。這些點滴筆記對其見識的擴展，具有必然的幫助，也提供了在文學寫作上絕佳的素材。包括〈火星界探險奇聞〉在內，其中的部分情節或事物，是源自於這些筆記新聞中。例如：小說中無線電技師巴

〔註69〕分見《鯤島逸史》上冊23回第255頁、上冊5回第60頁、下冊45回第203頁。
〔註70〕參羅景川《鄭坤五和鯤島逸史》第8、39、40頁。

百雷所在的威爾遜山，是採自〈天文鏡〉所記：當時世界最大的反射望遠鏡，是在米國埃爾啟士（エルケス）威爾遜山巔；秘密將海利奇攝相的鈕子寫真機，是〈科學探偵〉中所記：外國偵探常用的一種極小如鈕的送話機的延伸想像。最顯著的例子，莫若「心靈暗示機」，此當是原出於作者〈人與蟻通話機〉與〈虛言觀察機〉的綜合：

> 米國非利勃斯卓馬士博士發明一新式人蟻通話機，係以電氣所成，大約當與電話放大機略似，每一秒間可聽二萬振動數之音波，而蟻及其他小昆蟲之聲音，歷歷可辨。此後將以此機研究小昆蟲之語，以開千古未發自然界之一大秘密也。（〈人與蟻通話機〉）

> 腦力進化而科學日漸發達，他人昧心虛偽之言，竟可以機具辨明之，此機名曰網膜鏡（レチスコーブ），乃紐育眼科大家馬子（ベーツ）博士所發明者。因人有欺心之時，其眼必呈近視之變態，此鏡能透視眼中網膜故也，其價亦不甚昂，日本藥局近將輸入販賣也。（〈虛言觀察機〉）

試看小說中所言「心靈暗示機」的功能，可以讓火星人與地球人彼此通曉心意，無所窒礙，這是將人與蟻之間通話跨大到人與外星人間的通話，又再附加分辨虛言實言的絕頂智慧。足見想像是見聞經驗的重組與延伸。

（二）科學認知

科學認知是構成〈火星界探險奇聞〉一文的基底質素，據文本中所示可分為兩類來看：其一為科學知識的說解，其二為科技產品的提出。此二者能直接有助於讓整體故事發展，浸潤於科學的理性氛圍中。此外，由於科學發達而引起的各式聯想或幻想，是人們對未來科學發展的期許，也其實是作者內心理想的表露。茲就此三方面觀察之。

1. 科學知識的說解

此所謂「科學知識的說解」，是不論其科學事理是否已經被學術界證實，但應用在小說情節內，作者能給予一定程度、自圓其說的理論說解。達到科學知識傳播、理性思考示範的作用。

〈火星界探險奇聞〉中既描述飛行至外太空的壯舉，天文相關的科學知識，是必然觸及的部分。天文之事對一般人而言，絕大部分還是存在著遙遠、神秘的距離感。在行文中解說事物奧妙，可以讓讀者對神秘的外境經由理解

多一分親切，也直接產生教育傳導的作用，可說是科學小說的重要功能之一。鄭坤五在小說中自然也安排了許多科學現象或事物，包括太陽黑點、第二個月球、火星大氣層……等。有些僅予提點，有些則附加解說。

例如，在無重力狀態下才會有的現象，作者以「須知飛機在空氣外，速力是極端的」、「只見隕石如閃電一般橫飛而過，倘在地球空氣內，其聲勢不知要如何激烈！」二事加以提點。

又例如，當探險隊衝出地表幾千里外，看見太陽竟「如被釘住在天上一般，全然不見移動」的異象，作者解釋道：

> 蓋地球日夜旋返，自西而東，故見日自東而西，猶乘船進行，而陸地卻向後而退去之原理，如今飛機隊已脫出地球外矣，無復地球遮蔽太陽，自然是不似在地球上所見，有東西旋轉的現象〔註71〕了。

這等於是解釋了公轉自轉的原理，現今雖然是一種常識，但此一見解在人類科學發展上，有重要的意義，值得多加倡說。

小說的後段雖已回到地球內環境，但人事的新知，同樣有吸引人的科學發現，最顯著者，乃破案過程意外對雙胞胎指紋的大發現，作者特別慎重地道出此事，他說：

> 海利奇在未受刑前經警官印取指紋時，竟發見他的指紋與已死的海裡屈士相同，無絲毫的差異，經過多數學者考察方認定：雙生子中指紋往往相同，海利奇與海裡屈士是孿生兄弟，所以海利奇印在電信機把手上的指紋，遂被紐育大偵探家輕爾率士冤誣到海裡屈士，
> 至此海里屈士死後才回復他的清白，無垢的名譽。

由於先前對指紋奧秘的無知，致使有冤誣的情事發生。鄭坤五慨嘆「科學不精，其誤人如此。」在自認科學發達的時代，實際仍有許多未到與不足之處。當人類都已經可以登陸太空的時候，對自我本體，其實還有許多的不瞭解。一個學科是一個天地，太空與人體，各成宇宙，同樣都有持續窮究深探的無限空間，而這或者也正是科學精神之所在。

2. 科技產品的提出

小說中最重要的科技產品非「電」化類莫屬。包括電光（燈）、電信（報）、電話、電動機等，特別是無線電信，是其中應用次數最多者，也是情

〔註71〕「象」，原誤作「像」，今改。作者「現象」字均作此，以下同改。

節發展中最重要的事物，在小說中扮演重要的角色。試看：人類與火星界的
聯通，起因於「無線電學五十年來非常進步，既得完全返信能力，遂與火星
往來通信至數十次」；威爾遜山無線電信局命案的發生，源於發送偽電報，後
來破案的關鍵，則由於電信機上的指紋。顯然作者以無線電信作為科學的表
徵，突出電學在現代化進步中的關鍵地位。甚至在火星上看到的「心靈暗示
機」，也是一部「小型電機關」。這是一部令地球人驚異的妙物：

> 由火星人首領者，令人捧出一小型〔註72〕電機關置在桌上，關鍵一
> 啟，哈氏一行人眾忽然心機穎悟，覺對手者之心理意緒不言而喻，
> 真所謂彼此心照者也。……該機則「心靈暗示機」也。

經由電器發明測知他人心理，不僅是人們內在窺知慾的反映，更重要的是藉
由此一科技產物的提出，強調人際之間內在心靈真誠相待的渴求，而非笑裡
藏刀的浮面虛應。這在世局動盪爭擾不安的臺灣光復前後，別具特殊意義。
在科學面上，強烈期待著未來技術能突破心靈層面，更接近人性，以促進人
與人之間的互相瞭解，減少不必要的猜疑。如此的期待，強烈寄望著未來電
學科技發展的不可限量。

除了電化產品之外，應用新科技製造的用物，在小說中也有所出現。這
些科技的產品雖然多為當世所未見，但大多是在現實經驗的基礎上，再加以
相當程度的想像期待，例如：飛機的發明讓人們飛上青天的夢想成真，許多
人早已想像能更進一步，搭乘飛機奔向月球等外星太空，作者寫出了此一共
同命題。又，自動車當時早已出現（雖尚未普及），作者竟能發出奇想，要去
掉車之所以為車的關鍵部位——車輪，而出現無車輪自動車。

這些科技產品的想像，都已具備雛形，顯示了人們對現有生活精益求精
的內在要求，而這也其實是文明進步的重要原動力的顯現。

證之於後世科技進步的實況，有些部分果然能夠成真，例如小說中曾描
述：

> 裝在鈕子間的極小寫真機，暗中攝了勃亨利的面影了。即時用無線
> 電傳送勃亨利寫真到全國要逮捕他了。翌日新聞也堂堂印了勃亨利
> 面影在紙上。

此一場景在現今並不陌生。包括在 007 電影中常見的各型隱藏式攝影機、今

〔註72〕「型」，原誤作「形」，今改。

日大家耳熟的針孔攝影機，與小說所述豈不相同？而影像傳真機早已是日常聯絡事務的必備工具。今日與鄭坤五時代相距不過 70 餘年，而科學之進步已將前人夢想一一實現，真不得不令人讚嘆！再在如火星人家庭皆可見的「太陽能光熱器」，現在太陽能的應用在世界各國都已經很常見，特別是太陽能熱水器，早已深入許多民眾家庭的日常生活中，接近鄭坤五小說所描述的場景。

不過，有些部分則仍待之於想像而已，如：

> 每人各帶有輕便飛機，平素百步外，未嘗步行。衣服皆白色，似綿
> 非綿，似絹非絹，聞係蜘蛛絲所製者。

火星人穿著的蜘蛛絲白衣、個人日用的輕便飛機，都是目前仍無法可行的想像。

最令作者讚嘆的是火星珍寶「ラヂユム」，在西元 1920 年時「價值是比黃金十萬倍以上，而且採煉甚難，環球所有的，還不上一二磅呢！」此物不僅稀有而貴重，尚且需要高難度的技術才能提煉出來，十分難得。作者即以此證明「火星界科學發達」。

3. 科學幻想的內容

科學以理性帶領人們進入更大期待的想像，在想像實現之前，概可稱之為幻想。〈火星界探險奇聞〉既以探險火星為標的，小說自一初始，就對火星充滿了極大的幻想空間。這些幻想包括了：

（1）火星人的存在。這是本文最大的幻想，也是人類長期以來的共同想像。火星是除了月球之外最接近地球的星球，人們想像了月球有各種生物，中國流傳千百年的吳剛伐桂、玉兔、蟾蜍等神話，都是人們聯想下的產物。在太空科學益形發達的現代，外星人的形象與傳統大有不同。小說中描繪了火星人的樣貌是：

> 身高八尺，頭大額凸，眼耿耿有光，其他與地球人無甚差異，惟兩
> 足甚短，其行動如瓦雀跳躍。

現今人類已經可以透過無人太空船正式登陸火星，證實火星地表並無類似人類的高等動物存在，人類想像已久的火星人，果真純粹是幻想而已。

（2）相關於火星人生活使用的一切環境和用物。這是在火星人存在的前提下，連帶發展而下的一切聯想。火星人既然不能證實存在，其環境、建設、用物、生活、習尚等種種，自然也是可以作各式自圓其說的聯想構設。

（3）地球人類與火星人的會面相處。人類首次登陸地球以外的星球，是

1966 年美國人阿姆斯壯的登陸月球。這距離鄭坤五的時代，遠在大約四十年後。在此之前，不論古今中外，都對飛上天際抱持著無限的憧憬，嫦娥奔月的神話，便暗示了先民對星球之間相通可能性的期待。〈火星界探險奇聞〉其實也是此一千古以來人類共同夢想的再一次反映而已。

小說中對火星幻想的描述，止於探險歸來，因此全文幻想成分，大約只在前三分之一有強烈的表現。後三分之二段的文字，均發生在地球境內，且故事的發展迅即轉入命案偵探的情節，著重於抽絲剝繭的偵察細節描述，手法趨向於寫實，幻想的成分遽降，本文標題所稱「火星界探險」幾乎不存，僅於「奇聞」二字尚有其意義而已。

（三）文學手法

小說的基本要素，至少包含：人物、對話、情節。〈火星界探險奇聞〉當然都具備了這些基本結構，但這裡要強調的，應該是其作為一部文學的藝術美感成分。正如魯迅在其〈《月界旅行》辨言〉〔註73〕中分析理想的科學小說要做到「比事屬詞，必恰學理」、「經以科學，緯以人情」、「離合悲歡，談故涉險，均綜錯其中，間雜譏譚，亦復譚言微中」。簡單歸納之，意謂要具備人性、科學性、文學性三方面。也就是即使在傳播科學新知的同時，也絕不能脫離人性的基底，〔註74〕而既冠以「小說」之名，琢磨出文學的可讀與雋永，也才能親近庶民大眾，透過文學的溫存，交融理智與感情，產生跨越時空的成績。文學美感的表現，來自於內在與外在的相互煥發，因試從主題思想與文字意象雙方面析論之。

1. 主題思想——對美麗新世界的期待

鄭氏身處乙未割臺至光復後，歷經一甲子的社會動盪不安，他曾自許：「人生不幸為文人，已不能上馬殺賊，下馬作露布，落筆豈可不慎？」〔註75〕知識份子的自我要求，顯露出鄭坤五的時代關懷，並自勉要作有用之文。即使是一部小說，也期許能有益生民。

〔註73〕見魯迅〈《月界旅行》辨言〉第 4 頁，收入《魯迅譯文集》第一集，北京：人民文學，1958 年。

〔註74〕行動電話 NOKIA 的廣告文案：「科技始終來自於人性！」可見，世紀初的文學家魯迅，與世紀末的科技企業，二者雖相距百年，對科學的想法卻有類近的認識。

〔註75〕見鄭坤五〈鯤島逸史・序〉，《鯤島逸史》上冊第 16 頁。高雄：高雄縣立文化中心，1996 年 5 月。

　　做為臺灣本土最早期的科學小說，〈火星界探險奇聞〉的主題，主要是建立在對美麗新世界的期待上。文本中一方面對現實世界同時進行反映與反思；一方面則又在前者的基礎上，透過科學所提供的無限可能性，構思對理想世界的期待。因此，經由對現世的反映，勾勒未來的理想，是本小說發展主題思考的路徑。

(1)對現世的反映

　　文學的寫作，脫離不了作者的生活經驗。即使是帶有幻想成分的〈火星界探險奇聞〉，也可見許多當時代的場景出現在小說中。例如日本經驗，請看：

> 一行十四名**飛行壯士**，**英風凜凜**，一同對場上場下無慮數千百的大眾表示敬意，眾人亦各**脫帽為禮**，**高唱萬歲**，歡聲雷動。
>
> **在上空盤旋**一週表示告別之意，於**大眾拍手歡呼聲中漸漸上昇**。
>
> 哈博士不禁大聲高呼：「**萬歲！**」宛若閣龍博士在大海中初發見亞米利加大陸的歡躍。哈氏隨在機上發出通電，報知彼界人類，並在**機尾發出濃煙，屈曲成字**。
>
> 在**公會堂**開宴餞行。

上文所引各段，都讓人不禁想起日治時期飛行員升空前的行禮如儀、群眾集體高呼的場面，以及飛機噴出尾煙的形象。這些畫面，都是日本殖民軍國主義統治臺灣時，臺地同胞熟悉的場景。作者有意無意間寫入故事中，卻真實地反映著那一段的臺灣歷史背景。

　　文學是時代的側影，也是內心世界的反射。作者親身處在殖民高壓的異族政權底下，長期目睹著各國烽火蔓延的動盪不靖。小說中寫出當哈博士一行人已經親身見識到火星世界和平進步的同時，地球上私心計較、作奸犯科的情事，仍然在海利奇等人身上發生。作者其實在批評現世的你爭我奪，是非常落伍不文明的。更何況小說中敘述引動殺機的原因是：

> 馬克夫的叔父是與宇夕士博士同學，為爭一女子而爭鬥的。二比決鬥時，馬克夫叔父被宇夕士所殺，故馬克夫常常有復仇的念頭。……況兼這海利奇雖係宇夕士親戚，平素曾向他貸借，屢屢被拒絕的，所以也銜恨在心。

海利奇等人以個人恩怨置於人類理想之前，是燕雀心胸；其公然於空中行兇，是膽大妄為；而偽發電報掩飾行蹤，則是至愚之極。以此放大看待國際社會間

的爭戰，不也往往是自私自利、霸道躁進的愚行嗎？當讀者為海利奇等人的行為感到不值與羞恥時，其實也應該對人類世界的窮兵黷武感到汗顏與反省。

　　昭和初年所在的二十世紀前葉，國際間帝國殖民主義氣焰熾盛，物競天擇的思想風行，弱肉強食的場面在現實生活中處處可見。一次世界大戰，讓各國交相殘殺；中國經歷改朝換代的巨震；臺灣則武裝抗日、殖民高壓持續。不論島內或島外，大大小小的爭戰不斷發生，長期以來的社會情勢一直不能平靜。小說中藉著火星人領袖士氏之口，描述了一個恐怖紛亂的時代：

> 士氏答言：「火星界有今日平和者，亦平素經過許多慘劇之結果也。」哈氏復問曰：「何為慘劇？」士氏曰：「國與國戰，民與民爭，莫非茲茲為利所致。然此等現象僅在二百年前而已，此二百年前之火星界，真可稱為萬惡世界。所生人類父子無情，朋友無義，兄弟閱牆，互相殺奪，殆無人道，因此戰禍頻來，人口激減，兼之天災地變，饑荒疫病，無時或息。……」

火星人所稱兩百年前的「萬惡世界」，不就是鄭坤五當時現實世界同樣面對的戰爭亂世嗎？他在字裡行間盡是負面描述，勾勒出一個文明人的蠻荒世界，是向殘酷生存環境的控訴，也顯示了身處其間的人們內心所感受到對亂世的嫌惡。

　　亂世惡人多，強權霸道者興兵動武，導致顛沛流離；小人流氓者鑽營欺善，造成不公不義。這些都是期待和平的善良百姓最不想見，卻最無力影響的部分。達爾文的「物競天擇」說，成為殖民帝國主義者向外侵略的自大藉口，弱小民族心不能服，力不能擋，成為無辜可憐的受害者。鄭坤五在小說中為弱小無辜者提出方法：

> 哈氏又問：「大凡人民性質善惡混參，在難一律良善，貴地獨不然，何也？」士里氏答曰：「此卻不難，我國有『性質鍵別機』，於各兒童就學時代，由教師乞該生徒父兄立會鑑察，倘果是性質惡劣兒童，即便施以注射去勢法，以阻止將來惡種遺傳，是故于今全無惡劣份子也。」

利用「性質鍵別機」，把未來惡人施以「注射去勢法」，自幼除去其惡質，使世皆善人。此一建議頗為駭人，乍看之下似異想天開，以今日人權視之，尤其不符合人道的作法。但看看德國納粹主政期間，對其所謂的劣等民族猶太人進行滅絕性屠殺，以保持其亞利安人種族的優越純淨。小說中的作為，不就

是殘酷血腥手法的溫和改良方式嗎？此一情節正反映了當時代的種族優劣意識，同時也嘗試提出汰惡去劣的漸進可能。

從現代生物科技來看，DNA 的基因遺傳，對人類的軀體與心理，都同時具有關鍵性的影響。以注射法改變行為或意志，在技術層面並非全然不可能。鄭坤五在小說中提出如此構想，顯示他也默認了人類本性中存在著惡的一面，同時也認同以非常手段處理非常人物，但是是在有效維護世界和平的前提下進行。而這是他與納粹只求一族獨大最根本的差異。

(2)對來世的期待

世間本多善惡對立，相互參混。火星人在臻於善境之前，先經歷了痛苦的惡境。世間有努力達成使命的君子，如哈博士等先鋒，也有逞欲鬥狠的小人，如馬克夫兄弟。有自以為是的小聰明，如海利奇；卻也有洞燭秋毫的智慧，如偵探家惠林。如現世交戰各方，皆謂己善而彼惡，務使人服於我而後罷。世界因此紛擾不休，終至合久必分，干戈相見。

小說就在全球紛戰的大時代背景下產生。小說中則刻意地安排跨國背景：試看火星探險隊伍的成員由美、日、中、英、法、俄、伊七國聯合組成。作者透過小說，安排世界七大強國攜手合作，成就凌雲的壯舉。這與當時地表上各國相互權謀征戰的實情，是完全相悖的。在文學的世界裡，實現了作者期望國際和平，共創新局的理想。

即使小說後段，故事亦跨越大洋，以美國加州黃金海岸與法國巴黎為主要場域。辦案的警察除了兩地的警視廳，還有萬國中央警察部。顯示地球上已經成立跨國界的聯盟，促進更密切的合作。二次大戰後成立的聯合國，不就是此一概念的實現嗎？

小說中登陸火星的飛機由中國上海發射升空，降落後的火星人標本，也展示在上海博物館。作者將探險旅程的起點與終點，都設置在中國，言外之意，欲凸顯中國在世界居首要地位，鄭坤五內心維護與支持中國的情意是鮮明的。這與其寫作〈大陸英雌〉，顯示對中國漢人政府的忠誠，是相連貫的。身在日本統治下的臺灣，心意則傾向神州，這是作者的態度，也是當時許多臺灣文人的共同想法。

比國際合作更進一步的是星際發展，可喜的是，小說中人類與火星人的第一次見面十分友好愉快，並且踏出互相往來的第一步：

> 彼界（按：火星）無數人類已在他飛機停留場上歡迎，並發出飛機

> 二艘在空中接引列位。……哈氏一行安然著陸下機，即有為首一人
> 率領數人對哈氏點頭表示敬意。……
>
> 哈氏一行，帶領火星使者六人，與士氏及火星界國民作別。……新
> 聞報道：火星人在空行中因空氣不慣，一行六人全部發生疾病，於
> 未著陸時已經死了。

雖然火星人不幸地未能登陸地球，但小說中傳達的「星際和平」，遠較電影「星際大戰」，更能鼓舞人類勇敢熱誠地向外太空前進。星際宇宙猶如地球四海，都應該是彼此笑迎樂處，接納包容的。

作者將現在世的觀察與省思，反映在文學中，也藉由小說文學的寫作，發抒內心祈求和平早日到來的渴望。自古以來人們在身軀上所遭遇的困頓，往往藉由心靈的寄託來得到平衡。宗教、藝術等都是常見的方法。但在科學昌盛之後，生活的改變一日千里，理性的科學，也成為了實現未來夢想的寄託之所在。

當作者預知「科學的有限性」時，他虛擬了火星的「烏托邦世界」，並且交換火星人與地球人的生命感懷，預言人類的命運，更透過悲憫的諷喻，批判人類的自滿與狂妄。鄭坤五在小說中，初以光明和諧圓滿的火星探險為始，末以迷案水落石出，兇手繩之以法，有功者受勳褒獎的歡喜為終。全篇在多數正直誠懇的善性中，凝聚光明的能量，將少數心懷偏邪的惡行小人，終究驅散制服，顯示出邪不勝正的真義。當智慧得以發展，正義得以伸張，人之所以為人的尊嚴，方能具體呈現，美麗新世界的期待，才能真正落實。

相對於「萬惡世界」的令人深惡痛絕，小說中勾勒了未來美麗新世界的理想藍圖。火星人在痛定思痛之後，改造出一番全新美好的景致：

> 士氏答言：「……生存之人備嘗苦況，始悟人生真諦。拋棄一切爭權
> 鬥利之心，直向自然界努力，圖謀人類幸福，乃共同一致。費莫大
> 工程，開鑿四方八達之運河，以受北岳融化雪水，排除洪水憂患，
> 又利用以灌溉不毛之地，以滋播種，造成今日幸福。雖費百十年多
> 大勞力與大自然一戰，豈不較人類之互相爭鬥為有益乎？」

如此一個聯手興利除弊，共創和樂安康的理想，道出了飽受戰火與暴政摧殘的百姓的共同心聲。

人類的痛苦，源於自大愚昧。若能以國際合作取代分化攻伐，美好世界的塑造才有可能。小說中安排了兩對探險隊伍，前為哈博士領導的國際聯盟，

後為宇兮士博士領導的親友團隊。前者同心協力，順利突破困難，造訪火星成功，受到萬人仰戴；後者雖有富厚財力，但成員各懷鬼胎，出師不利，未上青天，已赴地獄。作者設計此二組互為對照，表彰團結合作的重要性，強調了分化攻伐，兩敗俱傷的不智。這正是對未來和平世界的期待。

2. 語言修辭——文白兼用

這篇小說是以探險火星作為題材，具有十足的未來感與新鮮感，在敘述工具上，也企圖利用更便於平易閱讀的淺白語言，做為主體敘述方式。這精神與白話文運動的大時代潮流是一致的。鄭坤五的白話寫作，在長期撰寫小品文的經驗中，已經磨練得頗為流利，小說中的白話寫作也頗為暢達，試看：

> 四人即時議定，事到其間，惠林是留他不得了。於是便各帶拳銃，分二人從屋後繞到惠林背後而來，二人自屋內惡狠很捏著胸脯而出，當先的海利奇獰笑著說道：「惠林小子，天堂有路你不去，地獄無門闖進來。」說著舉手便是一彈，望惠林胸膛擊來。惠林說聲：「不好！」，向旁〔註76〕一閃，背後馬克夫一彈已打入惠林肩膀上了，惠林立腳不住，望後便倒。那惠林同來的職工，見不是頭路，早已拔腳走向村外去。

此段敘述惠林面對海利奇從正面開槍射殺時，又受到馬克夫背後襲擊的危急場面，是小說中精采出色的一段描繪。鄭坤五以其一貫的流暢筆觸，在一百多字中，安置四個角色的走位，自前後內外逐項分解動作，穿插兩句自言自語，使人物告白心理，讓緊張危急的場面，栩栩如在目前。作者帶領讀者進入故事中的場景，感受酸甜苦辣的心緒起伏，這是訴諸心理美感的主觀，也就是文學情味的表現。這樣生動的文字，是透過富於情感的文學之眼觀察所得。

武打場面是鄭坤五最擅長描寫的主題，在《鯤島逸史》、〈大樹庄勇士黃輕〉等小說中，都可見有同樣靈活生動的描繪。例如：

> 輕突然勇氣百倍，一剎那間，已將日本刀奪在手中，順手將辮髮割斷，趁勢一腳，即將揪髮之匪跌翻丈外。……輕乃從憩息之方騰身突出，有如脫兔，背後群匪，激浪翻江蜂擁而進，銃聲如羯鼓，幸不命中，彈子多由頭上耳邊掠過，惟聞彈子與空氣相摩擦吱吱而響。（〈大樹庄勇士黃輕〉）

〔註76〕「旁」，原誤作「傍」，今改。

　　受到舊學的深刻訓練，鄭坤五的白話散文中，有著根深蒂固的文言文質素。以〈火星界探險奇聞〉為例，小說中的語言運用，其實是帶有明顯文言文腔調的白話散文，使得整體筆觸呈現文白兼用的型態。文白兼用的現象，顯示作者嘗試從文言文寫作轉換到白話文寫作期間，尚且一時還無法完全跳脫開傳統的語言習慣。在新舊文學交替的時期，如此現象是時代共性，當時許多文人也都有類似的現象。著名的梁啟超新民體，其實就是典型代表。臺灣新文學健將的作品中，如賴和、楊守愚……等人，也多少可見類似的情形。

　　這些轉換文學語言的過渡痕跡，表現在齊言、對仗、成語、虛字，甚至是典故等方面的大量運用。

　　散文因其長短參差的句型被稱為「散」文，而齊言式的句型有濃縮約束的規格要求，造成節奏端整的效果，易於塑造詩味，因此成為傳統詩歌的重要特色，也成為有別於現代詩的主要差異點之一。所以不論是否講究音韻，齊言式的句型穿插在散文中使用，都能產生一定程度的文言效果。

　　翻開〈火星界探險奇聞〉，開場即為「夜氣沈沈，秋星耿耿」一語，這是時節季候的描寫，但不也是一聯對仗工整、浪漫清美的詩語嗎？充滿文學情味的筆觸，讓科學的理性得到柔化的效果，也讓人性自然能夠較為顯明的表現。小說中處處可見齊言式句型的連用。例如下列段落：

> 　過後數日，冰已用盡，幸身體漸次鍛煉，早已成習慣，遂無所苦。
> 惟恐不眠不休，衛生有害，機中人乃輪流睡眠，與操縱機關。各機
> 所載糧食、飲料、藥品，供一月之用，儘有餘裕，而機體之推進器
> 及電動機，各備有三組。

行文多為短句，整齊的句型兩兩成雙的連用，呈現出簡潔俐落的節奏，也頗為符合科學的理性情調。類似這樣的許多片段，或長或短的組合成全文。再如：

> 從此地球上人人每日翹著首、伸著領，在那裏等著……。
> 自是一行每日遇見流星或隕石，常三五次，或大或小，種種不一，
> 但距離太遠，卻亦無何等妨害，一路安然。

　　綜觀全篇，以整齊四言式句型出現的頻率最高。當火星首領回答哈博士詢問國家政治完善之原因時，士氏的答言更是四言句最集中出現的段落。四言式中最富文言性質的，自是大量四字成語的使用。成語不一定是四言，如本篇中的「一不做，二不休」、「神不知，鬼不覺」、「天堂有路你不去，地獄無門闖進來」等皆是成語，但分別為三言與七言的形式。

　　成語在形式上多成齊言，在技巧上多講對仗，可視為最濃縮的詩語。〈火星界探險奇聞〉應用著極大量的成語，或僅是四字齊言者，如：

> 一網打盡、歡聲雷動、有恃無恐、敗興而歸、破門而入、兄弟鬩牆、
> 自不待言、不言而喻、不翼而飛、不毛之地、無為而治、無微不至、
> 無所不至、無可如何、無時或息……

或四字齊言中同時講求對仗者，如：

> 李代桃殭、肉林酒池、水落石出、天災地變、爭先恐後、無精打采、
> 喜地歡天、後先輝映、坐食山崩、剃鬚變裝、有晝無夜、凶多吉少、
> 抱頭鼠竄、無影無蹤、四面八方、四方八達、懸心吊膽、不知不覺、
> 前前後後……

如上諸成語以最少的字數，含括最大的意義，不僅具備齊言或兼對仗的詩學性質，也往往是典故的所在，直接促進文章精鍊，也使得散文的寫作中，呈現詩化的情趣。詩聯易於傳達幽微感情，與散文的便於流暢說明，是兩種不同的效果。交相運用，往往具有互補的作用。這與鄭坤五詩學涵養深厚，本是善於講究對仗格律的韻文高手，有必然的關係。

　　另外一提的是，傳統小說中常見的語彙或句型，如：「這且按下」、「云云」、「卻說……」、「閒話休提，且說……」等，也屢屢出現在〈火星界探險奇聞〉中。讓這篇早期的現代小說，還存留著傳統小說的殘影，顯示了新舊文學交替時的過渡軌跡。

　　文言文與白話文最顯著的差異之一，是虛字連詞的使用。文言文中之乎者也等虛字連詞是必然的常見，白話文中卻往往避開。兩者對虛字連詞的態度與用量不同，連帶的，語言風格也就迥異。〈火星界探險奇聞〉中仍頻繁地應用著虛字連詞，直接鮮明地增進了文言文的情味，試看下列各句：

> 不然，**豈**不在空間如瞽者之失路愴惶於曠野**乎**？
>
> 此何時**乎**？……國際聯盟飛行隊將向火星球探險出發之時**也**。
>
> 汝道哈博士之通電，彼界人士**焉**能了解？
>
> **誠**真不夜宮，似水晶，真壯絕**哉**！
>
> 貴地獨不然，**何也**？
>
> 言迄慘然，哈氏**乃**舉杯勸飲，**以**亂士氏愁懷。

　　　　冷庫**亦**極完備，**故**不致〔註77〕受愴。

諸如上列各句，不都是典型的文言文嗎？虛字連詞的運用，可以具有延展、抒發、緩和文氣的作用，現代白話散文為追求書面閱讀能接近口說語言，因此許多在一般口語中不常用的虛詞，往往遭到刪汰。自幼受傳統文學教育成長的作家，其長年慣用的文學語言，是不易完全翻改的。

（四）結語

　　〈火星界探險奇聞〉是假設在「彼界文明，果勝地球數倍」的前提下。換句話說，鄭坤五企圖將火星架設成比現實地球生活更加理想的新世界，〈火星界探險奇聞〉呈現的是小說家鄭坤五內心的美麗烏托邦。

　　手稿本上在題目「火星界探險奇聞」之前，作者自標「科學小說」四字，以註明其內容型態。這是作者鄭坤五所寫過唯一的一篇科學小說。「科學小說」一詞與現今慣用的「科幻小說」，在目前而言，是定義不同的兩種類型：

> 「科學小說」以普及科學為主要任務，小說的文藝形式只是為了傳播科學知識而服務，講求正面直接的科學傳授。……「科幻小說」的科學幻想，是未經證實的臆測，更不能信以為真，科學幻想的誇張新奇是科幻創作的手段，從而啟蒙讀者進行科學思考，培養科學的人生觀。……
>
> 「科學小說」忽略了小說的幻想性，易被解讀為記載科學的小說；「科學幻想小說」正可清楚表達「科學」、「幻想」、「小說」三要素結合的科幻特質。〔註78〕

換句話說，「科學小說」以科學傳播為主體，「科幻小說」以藝術聯想為依歸。前者重實，後者重虛；前者有普及科學知識的功能性，後者有開發美學創意的文學性。兩者的訴求有異，結構也不同。

　　若以「科學」、「幻想」、「小說」三項作為檢測標的，總體檢視〈火星界探險奇聞〉的寫作表現，可見此篇乃以小說表現為經、以科學理路為緯，再以幻想偶綴其間。整體而言，這是一篇幻想成分並未佔過半比例的科學小說。但其幻想仍具迷人魅力，是臺灣近代科幻小說的先驅。

　　在臺灣科幻小說發展史上，一直到民國 57 年（1968），張系國發表《奔

〔註77〕「致」，原誤作「至」，今改。
〔註78〕參林健群〈晚清科幻小說研究（1904～1911）〉，第二章第三節科幻小說的定義。

月之後》一文，才正式採用了「科幻小說」一詞。〔註79〕在此之前，概以「科學小說」稱之。不論是中國晚清以來，亦或是西方的科幻小說發展史，「科學小說」一直是早期通稱的名詞。臺灣也不例外。日治時期鄭坤五以「科學小說」標誌其小說，是符合時代性的認知。時至今日，在現代的詮釋分類上，仍歸屬科學小說類。

以鄉土文學知名的作家鄭坤五在〈火星界探險奇聞〉中，披露了廿世紀初期前後的世界處境，動盪顛亂的世局，為小我與大我帶來巨大的痛苦，帶著讀書人「天下興亡，匹夫有責」的傳統經世概念，他嘗試探索人類群體生活與生存的終極性，透過科學的無限可能，將理想的新世界，寄寓在遙遠陌生的外太空，火紅的星球上，有令人嚮往的白色和平與明亮舒適。

然而，鄭坤五並沒有主張移民火星，看看他如何讚賞火星的社會環境，他說：

> 行遊火星首都，人均平等，貧富不分，無罪惡之行為，無科罰之法則，誠如老子所謂「無為而治」。

他形容火星社會的無分無爭，以老子的政治理想作比擬。似乎地球人的理想，竟在火星上實現了。其實鄭坤五希冀訴求的，是學習回歸傳統的政治人文。科學的進步可以帶領吾人走出地球，飛向無邊無際的天體，卻不保證能帶給人類和諧平安。美麗新世界不需外求，端看人們如何而「治」。沒有放下方寸之心的蝸角之爭，即使飛到億萬光年之外的不知名宇宙，也絕對找不到安靖立足的淨土。當現實世界大多「有為」卻導致爭戰頻起之時，前賢「無為」的智慧，或者才能帶來真正的和平與進步。畢竟，近在腳下的地球，才是所有人類共同的家園。

三、《鯤島逸史》的臺灣話文

鄭坤五作品中最為人所熟悉的是《鯤島逸史》小說。這篇小說自昭和17年（1942）9月15日起在《南方》雜誌第160期開始公開連載。昭和19年（1944），正式皇民化運動最激烈的一年，《鯤島逸史》（上、下）由南方雜誌社統理，並邀請名畫家林玉山為其封面繪圖，於3月31日正式出版發行。此

〔註79〕見林燿德〈臺灣當代科幻文學‧下〉第45頁，《幼獅文藝》1993年8月。參黃炳煌〈臺灣科幻小說的發展概述〉《大眾科學》1983年6月，收入吳岩編《科幻小說教學研究資料》第89頁。北京：北京師大教育管理學院，1991年。

後迅速地風靡全臺，成為鄭坤五在小說類的代表作，也是他個人眾多創作中唯一一部正式結集出版的作品，而這同時也是目前所知臺灣第一部正式出版的歷史章回小說。

這部小說塑造了明末鄭成功遺臣後代尤守己，透過他的足跡遊歷大臺灣各地，藉由其一生貫串臺灣歷史，也經由其遭遇表現作者的博學與見解。是一部難得一見、深具臺灣在地風土情味的長篇小說。具體表現著鄭坤五深入臺灣在地文史、推廣鄉土教化的用心。

（一）臺灣話文與鄉土文學寫作

文學語言的選擇使用，也等於是選擇思想型態上的不同模式。作為一部鄉土文學的小說而言，臺灣話文便是《鯤島逸史》中展現鄉土情味的最佳語言形式。鄭坤五的理念代表了當時以臺灣為思考出發點的一群文學創作者，在那一個新舊文學作品各顯姿容的時代裡，在語言上以不同樣貌呈現，成為了重要的時代特色。誠如許俊雅在其《日據時期臺灣小說研究》一書中所指出：

> 日據時期的臺灣小說，在語言的型態上，呈現兩種不同的風貌，一是中文，一是日文。以中文創作者其語言風貌亦因人而異，如張我軍、天遊生、無知以純粹中文寫作；賴和、蔡秋桐、楊守愚以臺灣式中文〈即臺灣話文〉行文；而臺灣話文中，亦時雜日語借詞及漢字擬音。……由於其特殊的歷史背景和語言傳統，此其小說語言之風貌獨具一格，尤其為了啟發民智，小說創作者使用臺灣民眾熟悉的語言創作，具有濃厚的地方色彩，形成其時小說之特色。〔註80〕

雖然提倡臺灣話文與支持臺灣鄉土文學並非僅有鄭坤五一人，但是鄭坤五卻以最實際的文學創作，來實踐自己的理念。包括了〈臺灣國風〉，尤其是結合了傳統文體與鄉土內容的《鯤島逸史》一書，都特別在語言形式上，大量地運用了他所強調的臺灣話文，使得作品的鄉土性為之更加深厚，而與民眾之間的親切性也因之提升。

寫作《鯤島逸史》這部小說，作者其實是有所為而為之的。據鄭坤五四子鄭麒鋏表示：「先父曾化一年多的時間，搜集資料而成《鯤島逸史》。」〔註81〕鄭坤五之所以如此費心費力地籌備寫作，其實是有其內心極大的期許，在

〔註80〕見許俊雅《日據時期臺灣小說研究》第 497 頁。臺北：文史哲，1995 年 2 月初版。

〔註81〕見照史著〈鄉土文學先驅鄭坤五〉，《高雄人物述評（第二輯）》第 99 頁。

這部小說的〈著者序〉中他明白地道出其寫作旨趣：

> 竊謂人生不幸為文人，已不能上馬殺賊，下馬作露布，落筆豈可不
> 慎！已不能達而兼善天下，又豈可窮而不獨善其身哉！縱不能為國
> 干城，又何忍以無稽之文字貽害社會乎！著者有感於斯，乃有鯤島
> 逸史之著。宗旨在使養成守己安分之心，警戒任性暴躁之念。獎勵
> 忠孝，杜絕奸狡；破除迷信，宣傳科學；維持公道，懲戒匪類。……
> 自信對社會不無補。幸讀者諒之！〔註82〕

作者以文人自許的濃厚社會責任感，由此可見一斑。也因此這一部幾乎
完全以臺灣歷史地理為背景，年代「上自乾隆末年，下至咸豐代」的文言小
說，成為作者具體實踐鄉土文學寫作的場域。而最能表現鄉土氣息的方式，
毫無疑問的便是地方語言的切合運用。臺灣話文的使用，因而成為《鯤島逸
史》的重要特色之一。

（二）臺灣話文的書寫實踐

臺灣話文的書寫，一直以來都引起各方多樣的討論。鄭坤五對於如何將
臺灣話轉為文字書寫，有其獨特的看法，依據其手稿顯示，他主張：

> 屈文就話為主，屈話就文為賓。
>
> 用字以漢字為主，萬不得已時，用改良五十音補用，或漢字旁加符
> 號分別亦可。

顯然鄭坤五認為應該以語言為主，以文字為客。書寫文字的目的只不過是希望
以最接近真實的方式來呈現語言，讓文字的書寫，能貼近臺灣民眾熟悉的生活
語言。這樣的認知，其實可以說是當時中國所提倡「我手寫我口」的實踐。而
如前所述，這裡所謂的「口」，是臺灣人民日常使用的口，而不是官話或泉腔。

以《鯤島逸史》為例，除了行文主體的文言文之外，其字裡行間處處可
見臺灣話的穿插運用。在全文敘述臺灣人、臺灣事、臺灣史、臺灣地的背景
下，臺灣話的使用毫不突兀，反而增添其在地性與親切感。應當是為了行文
的流暢，在臺灣話文的使用上，本書中僅採用以漢字書寫一途，未見有任何
以五十音補用，或漢字旁加符號的例子。

《鯤島逸史》的寫作時代背景，在臺灣政權上，正好屬於受日本外來民
族統治的時期；在文學發展上，又恰好是新、舊文學相互衝激，鄉土文學正

〔註82〕見鄭坤五著《鯤島逸史》第 16 頁。高雄：高雄縣立文化中心，1996 年 5 月。

熱烈討論的時代；兼以作者是一位舊學根底深厚，卻能積極提倡民間歌謠採集仿作的文人。在鄭坤五以漢字書寫的臺灣話文中，都在在反映了此一特殊的時代背景。

臺語文字的書寫，除去教會羅馬字不論，其以漢字書寫者，民間的書寫也往往各取所好，體式不一，但大體區別之，約有本字與訓讀字二類：

1. 本字

臺閩語言是一種尚能保存中原古語的可貴語言，至今口耳之間所用，仍有許多詞彙可稽查其源流。連雅堂《臺灣語典》〈序〉（一）中曾指出：

> 夫臺灣之語。傳自漳、泉；而漳、泉之語，傳自中國。其源既遠，其流又長……乃知臺灣之語高尚優雅，有非庸俗之所能之；且有出於周、秦之際，又非今日儒者之所能明。……臺灣之語既出自中國，而有為中國今日所無者，苟非研求文字學、音韻學、方言學，則不得以得其真。〔註83〕

由《臺灣語典》中逐條列述的臺語典故，具體可見臺語之古雅，實非空言。

2. 訓讀字

臺灣地區由於臺語書寫的漢字規範一直未能有具體的共識，兼上本字的使用未能普及，民間創作包括文人寫作時往往以常用字任意替代，而文學表現中押韻的需求，也常常選擇適用字而非本字，再加上臺灣本為移民者的天堂，又數度歷經政權遞變，形成五方雜處，語言多樣接觸的現象，因此臺灣話中的訓讀字十分普遍〔註84〕。依據林慶勳〈論臺灣閩南語的訓讀字〉一文的分析，臺閩訓讀字可以分為三大類：

（1）屬於日本語詞彙的訓讀字

這是一種借用日本語詞彙原意的訓讀字，因為臺閩與日本語同時都使用漢字，所以能直接以訓讀方式移借。

（2）屬於臺閩詞彙的訓讀字

這些訓讀字大約是以臺閩實際語言使用為主要考量的詞彙。這些字也應

〔註83〕見連雅堂《臺灣語典》第 1 頁。南投：臺灣省文獻會，1992 年。

〔註84〕林慶勳〈論臺灣閩南語的訓讀字〉：「以臺閩為例，訓讀字產生的原因有臺閩書寫的漢字尚未規範化、因本字罕用而選用常用字代替、押韻的需要、語言接觸的結果四項。」高雄：中山大學中文系，第四屆臺灣語言及其教學國際學術研討會論文集，第 643 頁，2002 年 4 月 27～28 日。

當頗能反映民間真實生活中的語言現象。

（3）屬於華語詞彙的訓讀字

在國語雷屬推行的影響下，這類訓讀字也頗有數量，尤其在文學創作中，頗為明顯。

針對這部文言章回小說，爬梳其書中所使用過的臺灣話文彙集製表，以見其彰顯鄉土語言運用的廣泛與深入；並且嘗試以連雅堂《臺灣語典》為依據，標注其語詞的本字，並就其訓讀字型態做出分類，以側面呈顯臺灣語文受到不同族群影響所展現的多樣性。其中有未知者，則以缺空表示。

表 34 《鯤島逸史》所用臺灣話文詞彙表

序	詞　彙	詞意解說	回、頁	分　類
1	三保羌	三保薑，俗稱硬桃	一 20	屬臺閩詞彙的訓讀字
2	放送	廣播	一 20	屬日本語詞彙之訓讀字
3	寄附	轉贈、捐獻	一 21	屬日本語詞彙之訓讀字
4	欣羨	羨慕	一 23	屬臺語本字
5	在前	事前	一 23	屬臺閩詞彙的訓讀字
6	走	跑	一 25	屬臺語本字
7	阿媽	祖母	二 27	屬臺語本字
8	古怪	奇怪	二 27	屬臺語本字
9	大厝	大屋	二 28	屬臺語本字
10	刈離	割開	二 30	屬臺語本字
11	款待	招待	二 31	屬華語詞彙之訓讀字
12	匪類	不良份子	二 32	屬臺語本字
13	草地	鄉下	二 34	屬臺語本字
14	轉來	回來	三 36	屬華語詞彙之訓讀字
15	安	我	三 37	屬華語詞彙之訓讀字
16	查某孫	孫女	三 37	屬臺語本字
17	躂	踢	三 38	屬臺語本字
18	野球	棒球	三 38	屬臺閩詞彙的訓讀字
19	在前	之前	三 39	屬臺閩詞彙的訓讀字
20	天色漸光	天色漸亮	三 39	屬臺語本字
21	天光	天亮	三 39	屬臺語本字

22	保庇	保佑	三 39	屬臺語本字
23	後日	日後	三 39	屬臺閩詞彙的訓讀字
24	莫怪	難怪	三 40	屬臺閩詞彙的訓讀字
25	食飯	吃飯	三 40	屬臺語本字
26	阿片	鴉片	三 40	屬臺閩詞彙的訓讀字
27	阿公	祖父	三 42	屬臺語本字
28	怎樣	為何	三 42	屬華語詞彙之訓讀字
29	咱	我們	三 42	屬臺語本字
30	苦令樹	苦苓樹	三 43	屬臺閩詞彙的訓讀字
31	交代	叮嚀	三 43	屬臺語本字
32	汝等	你們	三 43	屬華語詞彙之訓讀字
33	汝	你	三 44	屬華語詞彙之訓讀字
34	生疏	陌生	三 45	屬華語詞彙之訓讀字
35	運動	疏通	四 46	
36	了後	之後	四 46	屬臺語本字
37	妗祖母	舅婆	四 46	屬臺語本字
38	大索	大繩	四 47	屬臺語本字
39	害了	遭了	四 47	屬臺語本字
40	縋下去	垂墜下去	四 47	屬臺語本字
41	妗婆	舅媽	四 48	屬臺語本字
42	心火大開	心花怒放	四 49	屬臺閩詞彙的訓讀字
43	一空	一個洞	四 49	屬臺閩詞彙的訓讀字
44	提出	拿出	四 50	屬臺閩詞彙的訓讀字
45	相辭	告別	四 50	屬臺語本字
46	打失	弄丟	四 50	屬臺閩詞彙的訓讀字
47	交陪	交情好、交友	四 50	屬臺語本字
48	烏陰	陰天	四 52	屬臺語本字
49	頭眩目暗	頭暈目眩	四 55	屬臺閩詞彙的訓讀字
50	入去	進去	五 55	屬臺語本字
51	兄哥	哥哥	五 56	屬臺語本字
52	膽寒	害怕	五 59	屬華語詞彙之訓讀字
53	昨年	去年	五 60	屬臺閩詞彙的訓讀字

54	小可	一點點	五63	屬臺語本字
55	阿母	母親	五63	屬臺語本字
56	早至暗	從早到晚	六66	屬臺語本字
57	專工	專程	六70	屬臺語本字
58	哈一口茶	喝一口茶	七77	屬臺閩詞彙的訓讀字
59	囉槽	囉唆	七78	屬臺閩詞彙的訓讀字
60	鱸鰻	流氓	八85	屬臺語本字
61	童乩	乩童	八86	屬臺語本字
62	剖劍	以劍劈身	八86	屬臺閩詞彙的訓讀字
63	情分	交情、情面	八86	屬臺語本字
64	著	打中	八86	屬臺語本字
65	目頭	額頭	八86	屬臺語本字
66	歸尾	最後	八88	屬臺語本字
67	好嘉哉	還好	八88	屬臺語本字
68	辜終	不得已	八89	屬臺語本字
69	外位	外地	八89	屬臺語本字
70	高砂族	高山原住民	八89	屬日本語詞彙之訓讀字
71	驚什麼	怕什麼	八94	屬臺語本字
72	發見	發現	九100	屬臺閩詞彙的訓讀字
73	著驚	嚇了一跳	九102	屬臺語本字
74	運途	運勢	九102	屬臺語本字
75	起見	原故	九103	屬臺語本字
76	人客	客人	十106	屬臺語本字
77	公孫	祖孫	十106	屬臺語本字
78	當不得	擋不住	十107	屬臺閩詞彙的訓讀字
79	好膽	大膽	十108	屬臺語本字
80	浪人	流浪漢	十111	屬日本語詞彙之訓讀字
81	作田	種田	十112	屬臺語本字
82	羌仔	山羌	十114	屬臺語本字
83	面目	面子	十一102	屬華語詞彙之訓讀字
84	隨時	即刻	十一120	屬華語詞彙之訓讀字
85	色水	成色	十一120	屬臺語本字

86	上北	北上	十一 121	屬臺語本字
87	閻魔王	閻羅王	十一 122	屬臺閩詞彙的訓讀字
88	冤仇	仇恨	十一 123	屬臺語本字
89	骨輪	關節	十二 126	屬臺語本字
90	腳瞳	小腿骨	十二 127	屬臺語本字
91	對指	對質	十二 128	屬臺語本字
92	補虜	俘虜	十二 128	屬華語詞彙之訓讀字
93	放浪	流浪	十二 135	屬臺語本字
94	晚晡	傍晚	十三 139	屬臺語本字
95	據實	其實	十三 141	屬臺語本字
96	上帝爺	玄天上帝	十三 142	屬臺語本字
97	觀音媽	觀世音菩薩	十三 142	屬臺語本字
98	下港	臺灣中南部	十三 145	屬臺語本字
99	名刺	名片	十四 153	屬臺語本字
100	乞食	乞丐	十五 162	屬臺語本字
101	胸砍	胸膛	十五 163	屬臺語本字
102	燒金	燒紙錢	十五 164	屬臺語本字
103	果子	水果	十五 164	屬臺語本字
104	痛愛	疼愛	十五 169	屬臺語本字
105	拍倒	打倒	十六 175	屬華語詞彙之訓讀字
106	起身	起見	十七 186	屬臺閩詞彙的訓讀字
107	反心	變心	十七 187	屬臺語本字
108	前生世	前世	十八 201	屬臺閩詞彙的訓讀字
109	一丸	一團	十八 203	屬臺語本字
110	在來	本來	十八 204	屬臺閩詞彙的訓讀字
111	柴頭	木頭	十九 207	屬臺語本字
112	下南	南下	十九 216	屬臺閩詞彙的訓讀字
113	目神	眼神	十九 217	屬臺語本字
114	厚酒	烈酒	二十 219	屬臺語本字
115	公俠婆	公背婆（藝陣之一）	二二 246	屬臺語本字
116	使犁兄	犁田哥（藝陣之一）	二二 247	屬臺語本字
117	洗手面	洗手洗臉	二二 247	屬臺語本字

118	另日	他日	二二 249	屬臺語本字
119	暗睡	晚睡	二二 250	屬臺語本字
120	一身	一尊、一個（單位名）	二三 258	屬臺語本字
121	束小	縮小	二三 259	屬臺語本字
122	土角	土塊	二三 259	屬臺語本字
123	全工	專程	二四 272	屬臺閩詞彙的訓讀字
124	挽瓜揪藤	摘瓜拉藤	二五 278	屬臺語本字
125	一叢	一株	二五 279	屬臺語本字
126	打圓鼓	打圓場	二六 7	屬臺語本字
127	紹介	介紹	二六 9	屬臺閩詞彙的訓讀字
128	有才調	有本事	二六 9	屬臺語本字
129	爬不起身	站不起來	二六 10	屬臺閩詞彙的訓讀字
130	細事	小事	二六 10	屬臺語本字
131	內面	裡面	二六 11	屬臺語本字
132	一位	一處	二八 26	屬臺語本字
133	媽宮	媽祖廟	二九 37	屬臺語本字
134	馬宮	馬公	二九 37	屬臺語本字
135	搧其面	打巴掌	二九 42	屬臺語本字
136	細漢	小時候	三十 48	屬臺語本字
137	大漢	長大	三十 48	屬臺語本字
138	目皮	眼皮	三四 84	屬臺語本字
139	虛糜	清粥	三四 84	屬臺語本字
140	信用	信任	三四 85	
141	眠夢	作夢	三四 85	屬臺語本字
142	按定	預定	三四 90	屬臺語本字
143	牲禮	肉類祭品	三五 93	屬臺語本字
144	奉待	侍奉	三五 98	屬臺語本字
145	羅漢	未婚單身流浪漢	三六 105	屬臺語本字
146	在地	本地	三七 114	屬臺語本字
147	車來	運送來	三七 117	屬臺語本字
148	寸尺	尺寸	三七 117	屬臺語本字
149	做尾	作尾牙	三八 125	屬臺閩詞彙的訓讀字

150	著傷	受傷	三八 133	屬臺語本字
151	食虧	吃虧	四十 150	屬臺語本字
152	省工	省事	四二 162	屬臺語本字
153	感心	佩服感謝	四二 171	屬臺語本字
154	生理	生意	四四 188	屬臺語本字
155	好尾	好結果	四四 190	屬臺語本字
156	面識	面熟	四五 201	屬臺語本字
157	跋下	跌落	四五 202	屬臺語本字
158	檨子	芒果	四六 206	屬臺語本字
159	結子	結果	四六 207	屬臺語本字
160	樹乳球	橡膠球	四七 214	屬臺語本字
161	輪墘	輪邊	五十 243	屬臺語本字
162	緊來	快來	五十 245	屬臺語本字
163	今那日	今天	五十 245	屬臺閩詞彙的訓讀字
164	燒甲	溫度太高	五十 245	屬臺語本字

第二節　散文

一、《九曲堂時文集》

（一）時代背景

　　臺灣在經歷日本政府五十年的殖民統治之後，終於在民國 34 年（1945）正式簽訂條約，回歸中國政府統轄，一般稱之為「光復」。「光復」對許多臺灣人民而言，是長久期待的終於實現，是回歸祖國懷抱的溫馨，是自主獨立的驕傲。對大部分當時臺灣人而言，「光復」是美好新時代的到來，是美麗新希望的開始。經過日治時期臺灣民間長期的文化運動、啟蒙運動等等的洗禮，智士仁人的諸多理念正等待著透過新政府來實現。戰後初期臺灣知識份子普遍自發性地、積極地進行文化、社會重建，樂於與政府配合以追求「中國化」。諸如推行國語國文、宣揚三民主義、擁護政府等行動，幾乎可謂為社會共識。

　　當時臺灣人民歡喜迎接「光復」的熱情，也反映在全臺各地大量報紙、雜誌的紛紛成立。根據民國 35 年（1946）臺灣省行政長官公署的報告指出：

「現全省新聞紙、雜誌申請登記者計九十九件，現在發行中者五十家，已辦理登記手續，即可發行者十三家，已登記而因故停刊者三十六家。」〔註85〕而延續自日治時期以來開展的新文學，在戰後依然持續發展，並且在報紙、雜誌肩負文化重建、反映社會的使命感驅使下，大量社論、報導藉助新文學白話書寫的特性，得到了最佳的表現方式。在此背景的推波助瀾之下，新、舊文學間的興衰差距也愈形拉大。

在全臺一片積極重建臺灣的熱潮中，南臺灣知識份子也不落人後。日治時期以歷史小說《鯤島逸史》知名、並以捍衛舊文學騷動文壇的九曲堂詩人鄭坤五，便迅速地投身報社，先後擔任《光復新報》、《原子能報》兩家報紙的主筆工作，以其熱情與快筆，在戰後初期以白話文大量發表許多評論性散文，其內容包羅萬象，文筆明晰可觀，在鄭坤五的文學生命中，是一段富於時代特色的呈現。他自己應該也有感於這些作品的獨特性，因此特別剪輯匯編成冊，於封面親筆署名題字為《九曲堂時文集》。此題名清楚地點出了其中作品共同的題旨特色，他並於頁內特別註明：「本集是在主《光復報》筆政時及兼《原子能報》筆政時保存之散文。」可見其中所輯錄的剪報乃其個人擔任主筆時的作品集。

檢閱幾乎貼滿剪報的厚厚書冊，總計輯錄了 80 題共 102 篇作品。（詳見「《九曲堂時文集》存目分類表」）這可以說是戰後初期鄭坤五議論性散文最集中的呈現。因此，審視《九曲堂時文集》的內容，也就成為瞭解戰後初期鄭氏文學寫作的最佳探討對象。本文即鎖定此一主題，藉以一窺戰後初期《光復新報》與《原子能報》的出現與內容，並且由此批文獻認識鄭坤五的關懷社會及議論時文的成績。

（二）從《九曲堂時文集》看《光復新報》、《原子能報》

《光復新報》與《原子能報》，都是在臺灣光復之後方才全新創刊的，其名稱即已十足反映新時代的來到。這兩份刊物在筆者多方探尋之下，仍然如同大多數戰後初期期刊雜誌的命運一般，目前多已散佚不存，始終未能尋得存件。而關於兩份刊物相關訊息的記載，除了零星提及，亦十分罕聞。而目前所能掌握的最直接文獻，便是鄭坤五《九曲堂時文集》中所見的相關原件

〔註85〕見陳鳴仲、陳興唐編《臺灣光復和光復後五年省情（上）》第235頁。南京：南京，1989 年。

剪報而已。當然，鄭氏《九曲堂時文集》中所輯者均為其個人作品之匯錄，可以較為明確地見出鄭氏在該二報上所發表的作品。只是以鄭坤五服務報社約1～2年以上的時間，筆者認為其中所輯可能並非鄭氏在該二報上作品的全部數量。即使如此，然而在對該二報史料認知極為有限的現今而言，原件提供了最直接、最可信賴的重現，這份《九曲堂時文集》確實是十分難得的第一手資料，具有高度的文獻價值，特別是作家文學文獻的提供，尤其彌足珍貴。

以剪貼簿的方式，是無法反映報紙在版面內容與形式上的整體呈現，但以《九曲堂時文集》的豐富內容，再配合鄭氏家屬慷慨示見的相關手稿與文件，仍然可以對該二報及作者有更進一步的相關瞭解。茲就觀察所得，綜合列述如下：

1. 關於《光復新報》與《原子能報》的創設與停刊

（1）《光復新報》

根據《光復新報・創刊詞》剪報日期可知，該報乃創刊於民國34年（1945）12月21日。查何義麟〈戰後初期臺灣報紙之保存現況與史料價值〉表一「二二八事件前創刊之報紙目錄」〔註86〕中列出《光復新報》的創刊日為「1945.11」，則與剪報不符。未詳此是否為誤植？

又根據民國35年1月27日《光復新報》報頭剪報及民國35年4月1日鄭坤五受聘為該報編輯之委任書可知：該報發行人曾國雄，編輯人鄭坤五，社長黃光軍，報名題字林偉儔，發行處位於屏東市榮町二丁目六番地，省內分社包括有臺北、新竹、桃園、臺中、高雄、鳳山、臺南。同樣由委任書可知，因地址重編之故，在民國35年（1946）4月1日時，社址已改為屏東市成功路。而至少於民國37年（1948）2月顧問聘書時，該社已遷移至高雄市五福四路。

依據民國37年2月顧問聘函的內文所述，該報初期以雙日刊形式發行，民國37年（1948）後將改為日刊，〔註87〕並擬向各界徵求股份基金，以擴大報務。在何義麟〈戰後初期臺灣報紙之保存現況與史料價值〉文中記錄：《光復新報》主持人曾國雄1946年以漢奸罪嫌被捕；該報在隔年2月發生二二八

〔註86〕見何義麟〈戰後初期臺灣報紙之保存現況與史料價值〉，《臺灣史料研究》第8號第97頁。1996年8月。

〔註87〕根據何義麟〈戰後初期臺灣報紙之保存現況與史料價值〉第97頁指出：《光復新報》為「三日刊～日刊」。然此未詳其出處，吾人目前亦未見有文獻可證其為三日刊者。姑存此說，以待後證。

事件之後遭到查禁。但以民國 37 年 2 月顧問聘函驗證之，則顯然曾國雄被捕一事並未完全影響到《光復新報》的持續營運，該報不僅沒有因此停刊〔註88〕，後來甚至還有籌募資金擴大營運的計畫。何文所述或有待斟酌。但是否因曾氏被捕而促使報社人事改組？甚至社址所在由屏東易地至高雄？則不得而知。至於《光復新報》往後的發展狀況如何？則有待更多資料的出現。

鄭坤五在該報創刊之時即膺任編輯主筆重任，在其民國 35 年 4 月編輯委任書上，鄭氏還親自以鉛筆在空白處註明：「原薪金壹千四百元，自本日起升百元，即一千五百元之證件也。」這或許可以作為鄭氏在主筆其間表現受到肯定而加薪獎勵的一個表徵。從有限的文獻中，目前尚無法確知鄭坤五卸下編輯人職務的時間。但民國 36 年 1 月 17 日尚可見到他發表的社論（見「《九曲堂時文集》存目分類表」），至民國 37 年 2 月則已改聘為顧問。可見鄭坤五擔任編輯人至少約 13 個月，而戰後初期有兩年以上的時間，他可說是《光復新報》最重要的主筆人或幹部，該報也成為當時鄭氏作品最集中發表的園地。

（2）《原子能報》

《原子能報》相關文件，目前所知僅有存於《九曲堂時文集》中的部分剪報而已。根據《原子能報·創刊詞》剪報日期可知，該報創刊於民國 35 年7 月 13 日。然而查何義麟〈戰後初期臺灣出版事業發展之傳承與移植（1945～1950）——雜誌目錄初編後之考察〉表一「1945.9～1947.3 創刊之雜誌目錄」〔註89〕中列出《原子能報》的創刊日為「1946.07.01」，時間比剪報提早半個月。未詳何故？

根據《人民導報》民國 35 年 8 月 24 日報導：對於未經呈准登記擅自發行之雜誌，長官公署宣傳委員會下令停止發行，總共有 12 家雜誌遭到停刊，其中包括《原子能報》。〔註90〕若此，則《原子能報》從創刊到停刊，期間總共大約一個月而已，不算是一份長壽的刊物。《九曲堂時文集》中〈要造成清

〔註88〕曾國雄同時擔任《臺灣公論》發行人，該刊物則因曾國雄以漢奸罪被捕，而於 11 月停刊。

〔註89〕見何義麟〈戰後初期臺灣出版事業發展之傳承與移植（1945～1950）——雜誌目錄初編後之考察〉，《臺灣史料研究》第 10 號第 18 頁。1997 年 12 月。

〔註90〕遭到停刊的 12 家雜誌為：《國民新報》、《臺灣經濟日報》、《商工日報》、《商工經濟新報》、《民聲報》、《臺灣公論》、《經濟週刊》、《海潮半月刊》、《心聲報》、《臺灣評論》、《心智月刊》、《原子能報》。

廉的官公吏需須保障他地位與生活物質〉一文為《原子能報》二版上的作品，其刊登日期恰好為民國 35 年 8 月 24 日，則此或許是《原子能報》的最後一期。

終戰初期由於朝野雙方均處於過渡摸索階段，形成了臺灣言論、出版最自由的時期。但猶如曇花一現般，進入民國 35 年後，由行政長官公署宣傳委員會依照出版法規定辦理：「凡在民國三十四年十一月二十五日以前發行之新聞雜誌，均應向發行所在地之地方主管機關申請登記，嗣後須先辦理申請登記，經核准後方可發行。」若有任何違規情事，主管單位可逕行勒令停刊。〔註91〕《原子能報》因此不幸地在國民政府加強言論出版管控中夭折了。雖然被察停刊的刊物有部分在後來復刊了，但《原子能報》是否復刊？則因為文獻不足的緣故，目前尚未能得知。

2. 關於《光復新報》與《原子能報》的〈創刊詞〉

《光復新報》與《原子能報》的〈創刊詞〉，均出自於時膺主編大任的鄭坤五之手。這兩篇〈創刊詞〉，詳細說明了報社創立的動機與宗旨，為兩報的發行，留下了珍貴的歷史文獻。《光復新報》創刊第一號中鄭坤五代表報社發表〈發刊詞〉一篇〔註92〕，暢述發行之宗旨，其言道：

> 當此曠古未有之光復盛事，豈容虛擲，於是為報同志，乃有《光復新報》之刊行。不但將留紀念，且冀進而發揚國粹，並追隨政府之後，推行國策，宣傳三民主義，啟發民智，以報諸公天高地厚殊恩之萬一者也。回溯昔年，日本文相平生，倡言廢棄漢文，雖彼國會未曾通過，而公學之漢文科目，自是消滅，民間書房，並罹禁止，甚至私塾學究，有橫被毆辱而自戕者，其對漢學，大肆其斬禁殺絕毒手，有若愚民焚書坑儒之慘。蓋渠不省我漢文，有五千年根基，豈容蜉蝣撼動之哉？且並不知日本文化，是從漢文而來，故敢倒行逆施，誰知苛政之下，各地尚有一二抱殘守缺碩儒，如漢之伏生、宋之邵雍者，毅然以繼往開來自任，冒險保存國粹，委曲組成詩會，隱然鼓吹革命，發揚正氣，如黃黎洲先生所謂其魂魄，不肯濫為冷風野馬者，藉以維持一線國學，於風雨飄搖之中，亦可謂徼天之幸

〔註91〕見陳鳴仲、陳興唐編《臺灣光復和光復後五年省情（上）》第 235 頁。又行政長官公署宣傳委員會編《臺灣一年來之宣傳》第 25 頁。1946 年 11 月。

〔註92〕見鄭坤五《九曲堂時文集》剪貼本。

> 矣。茲當本報，得光復之鍾靈而誕生，深冀僅存碩果，與島內外同
> 胞，撫之育之，俾無災無害，得以成長，盡其天職，竭其微誠，使
> 本島為模範省，更進一步，促進祖國強盛，與先進之美國，後先輝
> 映於東西兩半球也。

臺灣光復帶給臺灣百姓的歡欣鼓舞，讓有志之士樂於挺身在此風雲際會的當口，為歷史留下見證，也在此時希望能有貢獻一己才智的方法，而主動投入建設臺灣，在急於「去日本化」的同時，期能真正地融入中國的體系。這股積極團結的精神，讓社會充滿著一片追求「中國化」的熱潮。《光復新報》也基於類同的理念，成為新時代有志青年報國行列中的一份子。

而稍晚發行的《原子能報》，其〈創刊詞〉〔註93〕當年亦由主編鄭坤五所執筆寫就，文中說明辦報理念與稱名原由，茲節錄部分內容如下：

> 雖然臺胞固有漢民族一貫之本質及不變之精神，而其被隔離時間有
> 半世紀之久，是以和祖國之文化民情風俗間，難免有多少隔離之現
> 象，此乃吾人所不能不承認之事實矣。……吾人應各自負起國民之
> 責，獻其所能，擁護政府，竭力建設新中華民國，亦則建設真實新
> 國際之臺灣，因之同人等，為欲積極展開此基本任務，創辦本刊，
> 以宣揚國策，普遍文化、教育、政治、經濟，並介紹祖國歷史、地
> 理、風俗、習慣等等，使吾臺胞明瞭理解，同時指出臺胞對於祖國
> 之觀念及意識，貢獻與內外諸賢認識相信，免卻過去之誤會，從誤
> 會中，引起彼此互相理解，能協力合作，建設三民主義之新中國為
> 宗旨。然本刊同人等，雖願以十二分之熱情服務，而為力量有限，
> 誠恐難應付社會一般之要求，是以敢求內外各界諸賢，隨時而格外
> 指導鞭躂，以資本小刊處於社會，能達為大眾適合之讀物，是本刊
> 所厚懇也。

> 本刊何以取名為「原子能報」乎？乃它能發揮新力量，能建設和平
> 之事業，此後將成原子能世界，原子能將待人類利用其能力，大展
> 其天職，為人類造福，本刊要求亦能隨同「原子能」而發達，發揚
> 建設新臺灣之效能，導引大眾團結一致，建設美麗之臺灣，更進而
> 共同建設新中華民國，促進吾國國際長處於世界平等之地位，是為

〔註93〕見鄭坤五《九曲堂時文集》剪貼本。

本刊取名「原子能報」之所以也。

《原子能報》的創刊宗旨大體上與《光復新報》是一致的，只是更強調於在此新時代藉助新力量創造新世界的美好期許，透過以科學名詞「原子能」為稱名，以凸顯「新」的展望。

由鄭坤五所書寫的這兩篇〈創刊詞〉上來看，基本上兩報的訴求是一致的，歸納其交集，包括有以下四方面：

（1）呼應新時代的到來，展現新氣象，加入新建設的行列。

（2）傳介中國傳統文化，建立對中國文、史、政、經等多方面的正確認識，積極消弭臺灣在日本殖民五十年間造成的與中國之間的疏遠。

（3）支持國民政府，推行國策，宣揚三民主義，促進朝野合作，以期提升臺灣建設，壯大國家力量。

（4）均為民間性報社，讀者設定為廣大的一般民眾，自勉善盡報紙啟迪民智的職責。

國民政府接收了日本戰敗後留下來的殘破臺灣，「光復」的到來，讓臺灣百姓的愛國情操激發到了高點。這兩份充滿愛國熱忱的報紙，不僅相當程度地呼應了社會上的建設熱情，也恰好提供了日治時期早已是知名文人的鄭坤五，在戰後表現知識份子報國熱忱的重要契機。

3. 關於《九曲堂時文集》作品的發表出處與刊登時間

鄭坤五剪貼作品《九曲堂時文集》註明出處者十分有限，絕大部分作品無從區別究竟是屬於《光復新報》或是《原子能報》。目前可知登載於《光復新報》者僅有三篇，包括〈希望高雄縣改復為鳳山縣以符光復意義〉、〈對省內教育獻曝〉、〈希望火車站員自肅〉，前二者為社論，末者為短論；登載於《原子能報》者僅有二篇，包括〈要造成清廉的官公吏需須保障他地位與生活物質〉、〈起用人才應有的認識〉，且均未有專欄名稱。此外則因無註記，已經無從知曉。（參見附錄一：「《九曲堂時文集》存目分類表」的「時期、刊物」欄。）

唯一比較特別的是〈自殺是罪惡〉一文，這篇剪報上未見日期，但有「□□□報　（第三十九期）」字樣，且屬於「代論」專欄。以《九曲堂時文集》中屢見此專欄之故，則此文極有可能是《光復新報》上的作品。若此，則可知早期《光復新報》的出刊是以「期」稱之，如此也符合當時尚未進入日刊階段的作法。

　　再者，剪報刊登日期也或存或不存，欲以時間排序也不盡然可得，不過依作品內容觀察，《九曲堂時文集》應該是依照報紙刊登的時間順序，依次剪貼上去才是，即使中間有部分錯置，也是偶然的情形或事後補貼上去而已。若依據部分註明時間的作品來看，民國 34 年有 2 篇，分別是〈論日本五十年來之統治〉、〈利用日本兵是雙方的利益〉。民國 35 年達 39 篇；民國 36 年僅一篇，為〈對省內教育獻曝〉；其餘含「人民的世紀」、「真刀真槍」專欄 22 篇短文與 37 篇單篇在內的作品則全未標記時間。對文獻保存而言，這確實不是妥善的作法。

4. 關於刊物專欄

　　從現有《九曲堂時文集》剪貼部分可以知道在《光復新報》與《原子能報》中曾經有過哪些專欄，或者說鄭氏曾經在哪些專欄中發表過作品。其中以「社論」部分佔最多數，達 41 篇，遠超過全數的三分之一；其次為「真刀真槍」有 18 篇，另外還有「代論」11 篇，「人民的世紀」8 篇，「民聲」2 篇，「專論」、「短論」各 1 篇。這些作品絕大多數都是議論文章，內容自然以對時事的批評反省為多。再有 20 篇未標示專欄名稱的作品，就其內容觀之，多與上述專欄中各文性質相近，只有〈姑妄言之〉、〈駁蘇軾代張方平諫用兵書〉、〈我也來實行真感覺〉三篇應該不會是「社論」。至於〈畢業生送別歌（女校）〉是一份附有歌譜的剪貼，應該是鄭坤五任教屏東女中時期為歡送畢業生所作〔註94〕，此篇為工整的手抄印本，應該歸屬於《九曲堂時文集》的附錄，比較恰當。

5. 關於作者署名

　　比較有趣的現象之一是，現今所能知道鄭坤五於作品中所曾經使用過的署名，竟一一在《九曲堂時文集》中得見。《九曲堂時文集》中具簽的署名共有：「鄭坤五」、「高一中　鄭坤五」、「坤五」、「坤」、「虔老」、「虔」、「不平鳴生」、「其鈴」八個。鄭氏的署名，以本名及其簡稱最為常見，即「鄭坤五」、

〔註94〕鄭坤五自民國 36 年 8 月已擔任省立屏東女中國文教員，至 39 年 12 月退休為止。期間於民國 37 年 4 月創辦《臺灣省立屏東女子中學校刊・校慶紀念創刊號》，膺任主編。參見吳福助〈鄭坤五作品中的女子教育理念〉，東海大學中文系主辦／編輯《戰後初期臺灣文學與思潮國際學術研討會論文集》第 26～45 頁，2003 年 11 月 29～30 日。觀察該校刊創刊號為鉛字印本，而〈畢業生送別歌（女校）〉為手抄印本，形式不同，因此〈畢業生送別歌（女校）〉極可能為民國 37 年 4 月校刊創辦前所作。

「坤五」、「坤」。偶而附書服務單位，如「高一中　鄭坤五」〔註95〕。經常性地使用本名，當可視為鄭氏勇於負責、樂於面對的一種寫作態度，也同時是其個人性格的一種顯現。「不平鳴生」可望文知意，意在既見不平，為發大鳴之聲，鄭氏此名乃期許身為書生而能以筆為民發聲。而「其珍」一名實為鄭氏之子「鄭麒鈴」的轉用。

（三）《九曲堂時文集》寫作的基本理念

在戰後初期政權交替，臺灣百廢待興，社會正處於剝離與重建的過渡期，現存於《九曲堂時文集》中的作品，正反映了當時民間智識份子鄭坤五的關切層面，及其經世報國的理念與方略。

鄭坤五本是一位關心公共事務的人士。日治時期他曾經擔任大樹庄第一任庄長（1920～1924），後來雖然離開政壇，但也曾擔任九曲堂公學校父兄會長（略同今家長會長，1943）。光復之初，民國 34 年（1945）即任九曲堂保護者會會長，都可見得他在公共事務上的參與具有一定程度的領袖經驗。加上身為詩人的他以代書為業，善於運筆，長於論辯，一九四〇年代於《南方》半月刊上所掀起的新舊文學論戰過程，讓全臺文壇見識到他善論雄辯的長才，主編《臺灣藝苑》更是編輯的實務經驗（1927～1929），因此主持報紙筆政應該是他十分勝任的工作，甚至還能同時兼任兩份報紙的主編工作，實為其長才。主編報紙而寫作時文，可以讓他敏銳觀察社會百態的心得，得到充分發表的場域，而以報紙輿論對群眾的影響力，或許也讓他成為另一種形式的意見領袖。

報紙是一種有力的公器，以《九曲堂時文集》中所見剪報而言，鄭坤五採用了以社論、短評為主的議論散文形式，發表了許多個人對當時公共事務的觀察與意見，藉此達到了針砭時事、貢獻才智的目的，也突顯出知識份子積極論世的報國精神，特別是在政權交替的混沌時期，展現出敢於直言的勇氣。在《九曲堂時文集》中未見鄭氏擅長的古典詩文，論議態度也往往嚴肅認真，與日治時期經常嬉笑怒罵的鄭坤五，情態上頗有些不同。而鄭坤五在

〔註95〕鄭坤五於民國 35 年 7 月 1 日受聘為省立高雄第一中學國文專任教員，民國
　　　 36 年 4 月 1 日尚續聘為歷史教員與初一導師。參見筆者拙作〈鄭坤五及其
　　　《九曲堂詩集》初探〉附錄一〈鄭坤五年表初編〉，東海大學中文系編《日治
　　　 時期臺灣傳統文學論文集》第 68 頁，臺北：文津，2003 年 2 月初版一刷。
　　　 由此可推知：這篇署名「高一中　鄭坤五」的〈奉勸同胞破除迷信謹守衛生
　　　 防過虎疫〉作品，雖未註明發表日期，但應為民國 35 年下半年以後之作。

戰後也的確不止一次地顯現對國民政府的建言，除了在報端訴諸於普羅民眾的議論外，他甚至直接致函總統府，條陳八項意見，向當時的總統蔣中正上書建言。這樣的舉動可視為他對國事關切的極致表現，而總統府覆函中也以「足見愛國熱忱」稱許之。〔註96〕目前雖然無法完全確認鄭氏上書總統的建言書內容，但筆者認為，其中應當有極大部分與《九曲堂時文集》中諸篇所論內容，具有密切的關連。

鄭坤五曾於民國40年（1951）詩人節受總統召見，被讚為「民族意識濃厚」。這或許與他身為前清抗日武官之子有關，與在日治時期大倡漢詩有關，也與他在光復後持續關懷國事的言談作為有關，這些對於形塑其愛國愛鄉形象，都必然具有正面的作用。當時報紙曾在他北上前進行個人專訪，報導中提到鄭氏「在日治時思國之聲，光復後憂國之思，無時不已」〔註97〕。以鄭坤五作品綜合觀之，所謂「日治時思國之聲」，自是以日治時期大量詩歌表露心聲為多；所謂「光復後憂國之思」，則當推戰後屢屢析辨時事的議論思辨文章為主。不論是思國還是憂國，「國族認同」的嚮往，正是鄭氏文學生命中一項重要的基礎理念。基於這樣的理念，日治殖民時期國族淪喪，他寫作漢詩抒懷明志不輟、積極參與各地詩會、筆戰群雄維護舊文學、辦報普及文藝提倡風雅、寫小說推揚臺灣歷史……等等，似乎都一再呼應了「相約斯文延一脈」〔註98〕的傳承漢文化於不墜的民族意識。待至光復後，臺灣回歸中國，民族吐氣，於報端藉職務之便，他多方直言批陳，苦口殷勤勸誨，不僅有一吐胸中五十年積鬱的暢達淋漓，更有一朝恭逢其勝當竭智盡力的使命感。誠如他在〈統治臺灣的管見〉一文所中自言道：

> 筆者原是一寒酸的儒生，無所屬的棄人，對治國平天下的大事業，全是外行人，本不敢置喙說什麼，卻因「天下興亡，匹夫有責」這一句話，在民國統治下，有意見不說，是失國民的責任，所以大膽

〔註96〕這份「總統府覆函」內容提到：鄭氏於「六月七日上　總統函」，由總統府秘書長王世杰具名答覆，覆函日期為「六月二十七日」。可惜此份文件編號印記不清晰，無法直接看出函覆年代。然查王世杰於民國39年（1950）3月1日至42年（1953）11月17日期間出任總統府秘書長。鄭坤五曾於民國40年辛卯詩人節受總統召見，換算為國曆即6月9日。筆者認為：鄭坤五極可能利用蒙受召見的難得機會，大膽上書，向總統提出建言。此覆函年代當以民國40年最為可能。

〔註97〕以上引句俱見鄭坤五所藏民國40年6月4日剪報。然未詳何報。

〔註98〕見林獻堂〈庚戌櫟社春會，南北詩家畢至，喜而作歌，即呈在座諸君子〉。

來說說，或者愚者說憨話也有一得，也未可知。

民國 34 年（1945）臺灣光復之時，鄭坤五年屆 60 歲。能在有生之年得見臺灣光復，對一位大半生期待擁有自我獨立國族的文人而言，是極大的欣慰。即使光復初期國民政府在臺灣的表現引起許多爭議，鄭氏也不完全掩飾其所見所感〔註99〕，但或許是恨鐵成鋼的期望，讓逐步走入老年的他，依然熱情不減地提出許多觀察的心得，甚至務必要當局目睹親收，方才放心似的。若非基於對建設國家民族的熱切關懷，以當時政治敏感的氛圍而言，其實是有許多人寧可隱而不顯的。當然，或許鄭氏的言論頗為符合當道視聽，而互為相輔相成。

（四）《九曲堂時文集》與戰後初期的時局時政

時文主旨在於反映時政時局，時事多如牛毛，其經選擇披露於報端討論者，多為社會重大事項，《九曲堂時文集》的內容自然與當時社會實況緊密相依。以時文集中部分作品所記載的日期看來，最早者為民國 34 年（1945）12月 27 日刊出的〈利用日本兵是雙方的利益〉，最晚者則是民國 36 年（1947）1月 17 日刊出的〈對省內教育獻曝〉一文，則大約在民國 34 年底到 36 年初之間、為期一年多的國內外時事，都是《九曲堂時文集》中討論的主題。然而在紛亂複雜、事件層出的當時，主編鄭坤五所曾經關切過而為文討論的重要議題有哪些？

從《九曲堂時文集》的篇章內容來看（詳見附錄一），鄭坤五所討論的時政議題大約可以區分為二大類：其一為對時局時政的觀察與建言，其二為對精神意志的導正或宣揚。以篇幅而言，無非是以前者為多；以方略而言，自是以前者多樣的具體事務的處理獻策，最能見出鄭氏的胸壑；以理想而言，則後者呈現了鄭氏對於國家未來建設的前瞻性。

此二者之間有時也不盡然能完全區別之，例如：〈軍民合作建設新臺灣〉、〈論奸商不除國不能發展〉、〈呼籲保持我一等國地位〉、〈斬草要除根國防亦

〔註99〕例如：《九曲堂時文集》中民國 35 年 6 月 5 日刊登的〈論我國的前途〉剪報中提到：「相信祖國的父老兄弟，一定會帶給許多好模範的標本，來領導弟弟的省民。誰知一日千秋般的，等到陳長官蒞臺以後，祖國的同胞也陸續來到，各項機關亦前後出現了，到如今已八閱月，到底所謂希望的，成就程度若干，我也不敢說全無，讓大家一想便知。……壞的人物似比較好的多有幾倍……到臺灣來，帶點或（按：原作「或」，應作「某」）種的心理所致，這也可以，無奈聽著老實人傳說，言祖國各界也是同樣，禁不住令人感嘆！」

要充實〉等，既是針對時局提出反省建議，同時也在積極宣導某些概念。

以下就以此二大類，分別論述之。

1. 對時局時政的觀察與建言

鄭坤五在《九曲堂時文集》中所呈現的主要是社論性質的篇章，而社論本來就負有反映社會輿論，針砭時事現象的使命，也有其善盡言責的義務，報紙公論其實是社會教育中重要的一環。值此事事紛擾的特殊時期，時局時政的變化自是鄭氏報紙寫作的重要論題。其中包含了對時事的多元觀察、對時政的反省剖析等，其議論與時推移，具有反映時代面貌的作用。

民國34年（1945）10月25日臺灣行政長官公署正式成立，同日並通過任命陳儀為行政長官，集行政權、軍事權與司法權於一身，全面接掌臺灣各項事務。人民期望著祖國為臺灣帶來提升與繁榮，但首先面對的是交替時期的許多變化。鄭坤五在其〈論難〉文中記述道：

> 試就現在社會中種種重難問題，略舉一二，如生活難，入學難，治
> 安難，事業難，守成難，用人難，被人用難。七難之中，唯第一、
> 第二、第七，三難屬貧人問題，亦現在重要難題中之最難解決者。

文中指出最難者在貧人問題，所謂的「生活難」、「入學難」、「被人用難」，也就是民生問題重重，其中還包括嚴重的失業率。一般人民的生活艱難，十分痛苦。就《九曲堂時文集》中諸篇內容分類，對時局時政的觀察與建言可以概括為政治與民生兩大類，也大致體現了〈論難〉一文中所指出的社會問題。

在政治類方面，日本戰敗，國府入主，是當時全面影響臺灣最根本的改變。政治事務，自然是動見觀瞻，包括國際政治、中國政治、島內政治的諸般動向，往往為關心國家前途者所注意。時文集中對國際政治的相關作品僅見〈對國聯的希望〉一文；而〈武力侵略打倒後經濟侵略也要防備〉、〈對全國同胞號召願同心一志收復我東北主權〉、〈我國的內憂外患將何以處理〉、〈論我國的前途〉等篇章，則是將臺灣放在大中國一份子的角度上，對中國當時及未來的國內外情勢提出的觀察與展望，約略也可以顯示出回歸祖國的臺灣知識份子關心「國」政的參與性；至於島內政治的書寫則是最常見的觀察，例如：〈利用日本兵是雙方的利益〉、〈軍民合作建設新臺灣〉等關於戰後建設的見解，〈對省議完了後說幾點管見〉、〈要造成清廉的官公吏須保障他地位與生活物質〉、〈希望擴充警察為治臺原動機〉、〈停止公權人的辦法希望不宜廣泛〉等則相關於國家事務人員的要求與規劃。

在民生類方面，鄭坤五最常言及者首推物資短缺相關議題，包括〈米荒救急辦法〉、〈對魚價亦當節制方合道理〉、〈可憐屋漏又兼連夜雨〉、〈論奸商不除國不能發展〉等作，篇篇都指出民間物資不繼的苦況；連帶的，失業問題在〈希望急速實行救濟失業者〉、〈希望各地製糖工廠急速開始製糖以救失業工人〉諸文中語重心長地嘗試提出解決方案；由於政權交替社會動盪，當時臺灣的社會問題層出，例如治安、衛生、公娼等議題，鄭氏也提出〈希望當局嚴禁刀鎗〉、〈奉勸同胞破除迷信謹守衛生防遏虎疫〉、〈公娼禁止後私娼的增加是誰的責任〉等文加以探討與建言。時文集中涉及的層面可謂十分廣泛。

以下分就政治、民生二項，試舉省議員選舉及米荒等物資缺乏二事例，以窺鄭氏觀察之一斑。

（1）省議員選舉

光復後，臺灣脫離殖民專制政權，開始邁入民主政治的階段。民國35年（1946）3月24日各縣市參議員首先選舉，隨後4月15日全省參議員選舉，至同年5月1日臺灣省參議會成立暨第一次開會，議長黃朝琴，副議長李萬居，於5月10日閉會。〔註100〕議會的順利成立，象徵著臺灣正式走上民主的道路，是臺灣人民長年期望的實現。議員諸公們受到各界高度的寄望，以及廣泛的注目。鄭坤五談到理想的參政員應具備的條件是：

> 參政員的人格談何容易？他的應備的條件是學問（國文國語）、膽力、富有以天下為公的精神，百折不撓的氣節，纔算可以。（〈參政員發表後怎樣舊時的鬥士僅見二三名〉）

他認為參政員是為全體臺灣人謀福利的，其人格與才學最重要，也因此他納悶：為何日治時期為臺民積極奔走爭取的鬥士們，在此可以正大光明為民喉舌的議員選舉中，卻僅見二、三名當選而已？觀察選舉過程，鄭氏不諱言地指出動員群眾與財力後盾是重要的關鍵，他說：

> 參政員與鄉鎮長的人物，……近代除卻一二文化的國家以外，大多數是從運動，或使用金錢魔力所得，本省自然也是不能破例。……（〈參政員選後的觀感〉）

〔註100〕見〈民政處函請各機關查照省參議會議事日程〉，薛月順編《臺灣省政府檔案史料彙編——臺灣省行政長官公署時期（二）》第12頁。臺北：國史館，1998年6月初版。

但是剛選出來的議員先生們卻令人不盡然敢恭維，鄭坤五描述他們的醜態：

> 把被選人的姓名都弄錯了！（〈請不識字的參議老爺們替六百萬同胞顧面子〉）

> 或有要求政府求雨，……更有只把自己的議案急於發言，不管他人說完與否，中途欲脫軌而出的；甚至有把他人問答，置之馬耳東風，而提出他人已經說過，甚至答過案件，自己不知重複說出，被人指摘失態的；更有在神聖議堂，許人連褲脫去的；更有人問議長，放屁可否？……（〈對省議完了後說幾點管見〉）

問政過程中如此的無禮或洋相，實在令人搖頭！鄭坤五也直言不諱，代表當時六百萬臺灣同胞的參政員，在某些言行上並不是好榜樣。

（2）米荒等物資缺乏

終戰之前，由於人力及物資大量輸往戰區，造成臺灣米糧的產能與存量頗有缺乏，大多數百姓都以蕃薯簽為主食；但光復之後，臺灣竟然出現了較之前更為嚴重的米荒，並且連鎖帶動了蔗糖、魚產、布料等等的物資缺乏與價格哄抬，物價日日騰貴。以《光復新報》本身為例，原本每份四角，每月四元的報紙，在民國35年2月1日起改為每份六角，每月六元。在大約四十天之內，漲幅高達50%。物價失控直接衝擊了島內經濟的平衡，造成嚴重的通貨膨脹，使得尚且慶幸熬過日軍鐵蹄的臺灣百姓，竟至輾轉溝壑的慘境。〔註101〕

面對著來勢洶洶的物資恐慌，鄭坤五憂心忡忡地在報端連連撰文評述。探討發生的原因，鄭坤五認為最主要的在於人為因素。他曾直言指出：

> 《老子》說：「大軍之後，必有凶年。」這一句話，雖然不錯，但在臺灣，卻有幾分不相同。這是此回米荒，是臺內的人，有一部分無算出島人生活關係，而將米糧載到內地去的；又一方面貪圖厚利的不良份子，積囤居寄的、人為的、自殺的米荒，不是因戰爭無人耕種，與受天災所致。……（〈希望米糧配給制再現〉）

〔註101〕《二二八事件文獻輯錄》第651頁：「那時經濟不好，今天買得到一包米，明天只能買半包，後天只能買十斤。」南投：臺灣省文獻委員會，1991年。又，臺北《人民導報》民國36年2月22日第3版：「饑民僵斃路上，令人慘不忍睹。」。

這的確是一針見血的觀察。由於終戰的預期心理，大量的臺灣米流入中國大陸地區，以解內地糧荒，原本即勉強供應全省所需的稻米儲量，頓時嚴重不足。這些流入大陸的臺灣米，有的是政府准許的特權人士，有的是民間冒險走私。但是不論是何者，當時的行政長官公署卻一直沒有具體有效的管控，致使米荒更形嚴重。〔註102〕

鄭坤五陸續提出問題的分析，歸納之，可歸結為三點：其一法令不周延，竟致有劫貧濟富之嫌。其次為執法不徹底，以致法令雖在，而公權力不彰。其三乃商人的惡性操控，囤積居奇，從中獲取暴利，而無視於百姓的饑貧。

政府無能，商人無情，一般百姓只好自力救濟。鄭坤五恰好有這樣的一次經驗。在其晚年曾親筆寫下〈自傳〉一篇，這份未公開的手稿中提及光復之初政府未立，他被推舉為臨時鄉政代表，曾經為鄉民討回三百包食米的經歷，他敘述道：

> 光復初年，政府尚未設立，食米缺乏，島內匪類橫行，鄉中父老及舊庄長吳清疊等公舉余為臨時鄉政代表，攜日海軍走私米三百包，交鄉公所分配與庄眾，因與日軍抗拒數日，幾被所殺，時各鄉抗納之配給米救庄。日郡守知余可用，乃聘余往港仔墘鄉討還其所欠米三百包還大樹鄉。

可見當時局勢非常混亂，強凌弱，眾暴寡，食米已經到了「搶」的地步。本來長年有餘糧的臺灣竟然發生嚴重的米荒。民國35年（1946）2月23日他在〈米荒救急的辦法〉一文中提出因應的作法，他說：

> 望政府取積極的迅雷不及掩耳手段，速將各地現存米及米粉全部押收，以官廳酌量新價買入，但須要全島的推行，切不可局於一地，以防漏出復生偏重之患，使全島現存米糧盡出，按量配給，一面查算至新粟收穫期，尚欠米額若干，設法由外地輸入補用，庶幾得濟燃眉，並可維持治安，不然是將索民於枯魚之肆矣，願政府賢明諸公憐而援之也。

還是請官廳，斷行應急手段，全島的總搜，有受嫌疑的窩藏米粟者，

〔註102〕〈光復初期臺灣米荒問題初探〉：「米荒最根本的原因，則是由於陳儀管制經濟的崩潰，造成人民嚴重的心理壓力。」收在賴澤涵主編《臺灣光復初期歷史》第95頁。臺北：中央研究院中山人文社會科學研究所，1997年6月二刷。

全部以平價買集，復設糧米配給制度，使奸商不能措手，然後算出
本季不足米若干，及早設法，移入外米補用，民間生活，才能安定。
此議在米一斗三十元左右時期中，同人曾向某為政者，貢獻芻蕘，
謂若不如此設法，將來米價一定超高，至斗米百元以上，竟不蒙採
納，乃經時未久，不幸愚昧之言果中，猶豫不斷，始有今日，誠為
可惜。然事尚可為，急起直追，失之東隅，尚可收之桑榆，深望賢
明當局者，斷而行之，遲則將不及矣。（〈希望米糧配給制再現〉）

鄭氏建議政府必須以公權力介入，首先全面清查囤糧，以應現時急需，並掃
蕩不法，以維治安。其次恢復糧米配給制度，以有效控制糧價，並做合理分
配。鄭氏的意見頗為務實，但有關當局似未採行。民國 35 年（1946）2 月一
斗在來米達 150 元左右，到了 5 月更飆漲到了 270 元以上。〔註 103〕民間雖然
憂心忡忡，但米荒卻日形嚴重。

　　因為米荒而連帶出現了其他物資缺乏的問題。《九曲堂時文集》中的〈對
魚價亦當節制方合道理〉、〈希望各地製糖工廠急速開始製糖以救失業工人〉
提到了魚荒、糖荒問題，這些情況除了民間的因素，政府政策的可議是重要
的原因。例如：政府禁止非軍人不得穿軍服一事，雖是當行之法，但在戰爭
剛結束、物資不足的情況下，此法頗造成平民困擾，他指出：

可憐在這鬧米荒的時期內，貧民間又遭遇著鬧布荒的苦境了，前日
聽著，「禁止非有軍人身份者，一律不准穿用軍服軍帽，否則以假冒
軍人論罪」，一時感覺著慌恐者不少。……以前被戰爭的影響，民間
布類全無，貧民遮體衣裳，皆若鶉衣百結。幸日本投降，各人解隊
歸家，始得此以遮身免致裸體的，一為遵守法令，欲捨之，不但成
物不毀，且無可替代，欲染他色，則染工錢在百元左右，無法可施，
貧民境遇，真好似「屋漏又兼連夜雨，船遲偏遇打頭風」了。只此
二件衣食問題，所可憐的，單單是貧民，若富戶，不但不關痛癢……。
（〈可憐屋漏又兼連夜雨〉）

戰後初期臺灣人民的生活並非原先期待的美好，卻反而是一波接一波的生活
困頓接踵而來。《九曲堂時文集》中赤裸裸地將民生的艱難攤開來了，也間接
地指出政府在民生事務上的處理不當。

〔註 103〕見〈民國 35 年次等在來米零售價格〉圖表，臺灣省行政長官公署編《臺灣
　　　　五十一年來統計提要》第 910 頁，1947 年。

2. 對精神意志的宣揚或導正

鄭坤五氏本來善於論說，值此政權遞變，社會動盪，價值觀混淆的時代交替期間，知識份子最應做的事情之一，便是精神意志的導正或宣揚。鄭氏運用報紙宣導理念，做為為廣大民眾進行心理建設的公器。二次大戰在同盟國獲勝之後，國民政府一躍而成為與英、美、俄三國並駕齊驅的世界四強之一，臺灣隨著光復接收的完成，也由殖民屬地而復正為大中國的一省。撥雲見日、揚眉吐氣的歡欣頓時瀰漫全臺，士農工商也紛紛積極主動地與中國接合，即使國民政府從初期開始就出現讓臺灣人民有些錯愕的表現，但對前景光明的仰望，依然支持著不同階層的臺灣人士，特別是文化界，繼續進行認同中國的努力。鄭坤五曾在〈請大家須認識本省人的天性〉文中，直言其積極鼓吹愛國的態度，他說：

> 一般民眾在光復的初期，對祖國來的同胞，誰都信仰他們是兄長，
> 一定帶給許多好模樣，來給弟妹看樣。不幸卻遇見一部份不自檢的
> 老兄們，值不得弟弟尊敬，使弟弟失望，這是何等不幸。但是臺胞
> 抱著一顆的愛國真誠，即是正義的天性，卻是傳統萬劫不磨的，不
> 為眼前的失望便灰心的，依然醞釀建設模範省的壯志。

文字間坦率表露對部分來臺者的不滿，但站在「建設臺灣為模範省」的較高視野上來看，臺灣人的優秀天性是應該繼續發揮，不該就此受挫而退縮的。

從時文集中作品內容觀察，鄭坤五也可以說是戰後初期臺灣社會「中國化」風潮中的另一個例子。從《九曲堂時文集》中關於宣導精神意志的諸多篇章來看，鄭氏在此相關議題中的討論，大約可以區分為二類，包括有：1.提升一等國民素質、2.培育與善用人才。

在提升一等國民素質方面。光復後，臺灣成為了中華民國的一個省分，雖然戰爭過程導致國疲民弊，但許是戰勝國的歡欣促使臺人對未來抱持著樂觀的期待，從而在內在、外再等多方面要求改革與改善，不僅穩定生活現況，也冀求國民素質提升，以達到真正的一等強國。時文集中屢見鄭坤五對於道德、意識建設的見解，他在〈在國父忌辰中喚醒同胞維持廉恥〉、〈怎樣是國民的氣節〉、〈什麼叫做漢奸〉、〈呼籲國內同胞保持壹等國民的資格〉諸文中一再地表彰泱泱大國國民所應該具備的德行，藉由提倡恢復中國固有傳統，期望塑造新時代強國的根本肌理；而剛剛躋身民主行列的臺灣，也迫切地需要養成國民的民主素養，時文集中的〈怎樣是民意〉、〈論法律是要大家遵守

的〉、〈時間不嚴守的弊害〉等，可說是鄭氏藉由報紙所進行的社會教育之作。

善用並培育人才方面。國家建設伊始，人才最是需求孔急。如何善用並加強培育未來可用的人才，是國民政府的當務之急。鄭坤五在時文集中屢次論述到登用人才的相關見解，包括有〈論人才登用重在善用〉、〈起用人才應有的認識〉、〈暴殄天賦是罪惡〉，而人才的培育首重教育，國家教育系統的健全最是關係到人才的產出，鄭坤五一身擔任高雄一中與屏東女中的教師，對於教育尤其關注，他的〈對省內教育獻曝〉、〈對學界的芻議〉、〈希望學校速設公費生使貧家子弟沐一線恩光〉等，都是直接就學校教育系統提出觀察建議，特別是身為知名文人與國文教師的鄭氏，對於新時代的國文教育，也表現出積極的關心，〈國文的前途〉、〈希望刪除奴化倭文以推進國文國語〉諸文就明白道出其意見；而新時代的契機存乎於科學，包括〈喚醒國民注重科學〉、〈原子能的時代到了大家要覺醒〉、〈蘇聯也會製原子彈了我國怎樣啊〉、〈時期到了請大家恢復黃帝子孫的固有能力罷〉等各篇，都明白地指出認識科學對培植國力的重要性。

社會的進步建設需要各形各類的人才。有鑑於歐美各國由於科學昌盛，而使國勢強大，揚威寰宇，中國在成為四強之列後，尤其應該在科學方面急起直追。臺灣雖然經過清末及日治時期較為現代化的建設，但戰後的殘破，也使得知識份子意識到科學建設的必要性與急迫性。《原子能報》的創立，即是為了呼應此一社會需求。其實自日治時期開始，鄭坤五即對提倡科學精神不遺餘力，例如其名作《鯤島逸史》的創作宗旨之一便是「破除迷信，宣傳科學」〔註104〕。他在第5回「破迷信英雄捉怪」、第23回「施符水妖道煽惑愚民，飲銃彈半仙變成死鬼」、第29回「為知己贈言破除風水邪說，憫俗人迷信指導雷電原因」、第33回「說物理引證破群迷」、第35回「冤由土煞哲士斥胎神」、第44回「搗賊巢少英雄捉鬼，說夢境老義士破迷」等等章節中，有意地鋪排了許多以科學解釋破除迷信的情事，宣揚新時代的理性精神。大力支持傳統文學的鄭坤五，卻同時積極地提倡科學，這些作為可說是具體呼應了中國自清末以來「中學為體，西學為用」的潮流。

以下分就提升一等國民素質、培育與善用人才二項，試舉漢奸與氣節及推進國文國語二事例以窺一斑。

〔註104〕見《鯤島逸史》（上冊）第16頁〈著者序〉，高雄：高雄縣立文化中心，1996年5月。

（1）漢奸與氣節

國民政府於民國 34 年（1945）10 月 27 日經立法院通過「漢奸處置條例」，對逆謀反叛者進行整肅，對意圖離間國家民族者進行制裁。當然也是藉此強化對國家的忠貞與民族的整合，進而促進政權的穩固與社會的團結。當全臺籠罩在回歸祖國建設行列的氛圍中，「漢奸」是極其敏感而危險的字眼。鄭坤五曾在民國 35 年（1946）1 月寫過〈什麼叫做漢奸？〉，文中將漢奸分別為四個等級，他說：

> 在其中，大概可分作四等：第一等，是像張勳的臺人（不配的稱呼），他自發的，甘賣祖為日本奴隸，對祖國或臺灣全體圖謀不利者。二等，是為圖自己利益與地位，為虎作倀，陷害革命志士，或竟誣陷同胞者。第三等為自動的唱導臺灣奴隸化，或獻鉅金助戰費，以博日本政府歡心者。第四等，只顧貪圖自利與日人賣買禁物，作弊玩法者。凡此四者之中，一等至三等，屬純萃漢奸，而第四等罪略輕，可以作準漢奸。

基本上鄭氏所分別的四類是針對曾經受到日本統治的臺灣人民而言，他將破壞國族和諧者與媚日者皆視為漢奸，十分不齒，在此取國民政府所用之「漢奸」一詞稱之，可算是最嚴厲的字眼了。就當權政府而言，應該是歡迎這類言論的公開發表。

在唾棄漢奸的同時，他積極地標榜氣節的重要。他曾在〈呼籲國內同胞保持壹等國民的資格〉中說：

> 我國……國際地位始一躍而臻四強之一，可謂之創業成就了。然創業易而守成實難，此守成要素，似不外經濟、國防與科學。然此只就物質方面而言，最重要者尤在精神方面，還需要一個國民的良心，四美齊備，才可以保守我大中華民國億萬年的基業。若缺其一，則不能達守成目的。

鄭氏特別標榜出「精神」一項與「物質」相對稱，以「國民的良心」作為開展國運的重要基底，期勉以國民內在精神素質的提升，配合外在物質建設的成果，而達到一等強國的全面實質昌盛。這的確是重要的，歐美一世紀以來船堅砲利的物質文明，的確使中國感受到極大的壓迫，並且亟於直追，但世界大戰的勝敗，卻也重燃對固有文化良知的認同。鄭氏〈論日本五十年來之統治〉文中即言：

　　仁者建國，以德服人。霸者橫行，以力制人。……日本之劫臺灣，
　　雖歷五十餘年，其所得民心何在？……普通人且勿論，雖兒婦亦以
　　接近日人為恥，誰謂臺胞不愛國？只此便可證明省內同胞氣節之一
　　斑。……日本之失政，自貽伊戚，欲服人心，其可得乎？無怪光復
　　後，不留一絲之香火情也。

　　從明鄭、清領以迄日治的過往的歷史中來看，臺灣人向來富於氣節，是
本島人民最值得自傲的精神所在。透過〈說說臺省人的氣節〉一文，作者強
調了臺灣人不向強權險境低頭的傳統精神：

　　日本奪取臺灣以後，深深感覺著，臺灣人的民族性很重，與祖國有
　　密接系統，不容易使之同化，這是鑑於此一般人皆屬開臺的民族英
　　雄鄭成功部下子孫，他一種忠於漢民族奮鬥精神，雖數十代而不滅，
　　故被壓於滿人勢力下，猶時時有謀光復者，如朱一貴、林爽文等
　　等……直至日本上陸，……更有三貂嶺、獅球嶺、鐵砧山、以及簡
　　大獅之戰，……終雖不能成功，其一種不屈不撓，為民族爭氣節，
　　亦皆可以使日震悸，此等群雄在清、日政府視之皆屬反賊，在漢人
　　視之皆是民族英雄。

鄭氏在字裡行間標榜的正是臺灣人可貴的「硬頸」精神：有為有守、不屈不
撓、奮鬥不懈。在時勢混沌的時代中，要談氣節，鄭氏充滿著以身為臺灣人
為榮的自信，展現臺灣位在邊陲、心志堅毅的高尚情操。

（2）推進國文國語

　　光復後對臺灣最大的改變之一，是隨著政權遞變而來的語文轉換。基於
民眾普遍歡迎光復的心理，在戰後初期，社會上也自發性地興起學習國語國
文的熱潮。《民報》民國35年（1946）10月1日的社論便指出：「迨至去年，
臺灣光復，純真的學徒諸君的興奮……高興，非筆舌所能形容的。由諸君的
熱情，自動的禁寫日文，禁講日語，甘自忍受不自然的寫作與談話的不便，
對於學習國語國文的認真，有廢寢忘餐之慨。」民眾之所以有如此高昂的學
習熱情，主要原因，一則在於藉此能迅速拋離日本殖民的陰影，再則乃意欲
早日與中國主體銜接，融入整體中國之中。因而學習國語文也成為表現愛國
情操的一種方式。

　　以鄭坤五而言，日治時期他曾經在《南方》半月刊新舊文學論戰中筆戰
群雄，力倡傳統漢文學；及至光復後，自是更加放懷高倡國語文。在鄭氏的

概念中，國語文不僅僅只是一種語言或文字的工具性轉換而已，比較重要的是，語文是國家的表徵，它其實是國族意識的根本性認同或薰陶。他說：「『國文』二字的意義，不論什麼人，都可以瞭解是國家固有的文言……，不但如此，國雖可以滅亡，而他的國文，是不能隨之磨滅的，文藝也是如此。」(〈國文的前途〉)

日治時期日本政府以推行日語文、甚至皇民化家庭作為同化臺灣人的重要手段，臺灣人民或是自願，或是強迫，或是抗拒，其間受了許多的不平，鄭坤五希望大家不要忘記過去的苦楚與恥辱，在已經脫離殖民強權之後，一併要脫除被奴化的心理，應該大方地用自己民族的文字寫出自己的名姓與心聲，抬頭挺胸說出屬於自己國家本來的語言，他特別寫作〈希望刪除奴化倭文以推進國文國語〉一文強調道：

> 日寇自戰勝滿清後，即夜郎自大，趾高氣揚，輕視中華，甚至忘卻本來文化，實由我國所授，傲慢無理，數數唱廢漢文，至其文相平生，蠻橫更甚，通牒學界，盡廢漢文一科，進而波及新聞，將四十年中，存在漢文一切記事廢止，其意蓋謂不如是，不能使本省人奴化，且不能推進日語，更不能使本省人，與祖國絕緣。

> 至中日事變後，愈雷厲風行，不但禁止學生讀漢文，而且不許說本地話，偶有失慎，被發見時，則拳腳交加，倘有火車、汽車乘客，有用本地言語者，不但不賣車票，且或有在車內犯此，被辱打或趕下車者，此等省人所受恥辱，猶存心目中，略有民族觀念人士，猶在時時切齒痛恨。

> 故天幸光復後，則各地皆有自覺民眾，自發的專心研究國文國語，不敢使用日語，不論路上、車內、會場、偶有脫口說日語者，即被旁人指摘，其本人亦自慚愧無地，此誠不可多得，可喜可賀之現像也。

臺灣人民能自主地具有民族意識是十分令人欣喜的，在臺灣光復主權回歸中國之後，同為漢人後裔的臺灣人民，應該積極地與非我族類的強權日語文劃清界線，而以熟習國語文作為國族認同的第一步。但畢竟日人在臺統治時間長達五十年，日本語文早已習見習用，要將它在短期間徹底地從生活中轉移，仍舊需要透過公權力的強制執行，方能見到速效。鄭坤五因此一再地呼籲應該由政府下令「廢除報紙日文版」。民國35年（1946）5月29日同樣

在〈希望刪除奴化倭文以推進國文國語〉一文中他明白地指陳：

> 比較當初日人之制限我國文，與本地言語，何等苛酷！今日藉主座
> 威光，日寇一敗塗地，國土光復，方食肉寢皮，報復之不遑，乃共
> 許日文日語跳梁於民眾間，豈不令有心人愧死。究其原因，雖有種
> 種，然政府許准報紙存置日文之事，似屬最大原因。

> 如今光復已將三百日矣，日俸亦已送完，民眾對於國文國語，雖不
> 甚純熟，亦可以約略說得來，說得去，在此時期中，若將各報紙上
> 日文廢止，則民眾當不似在八箇月前，之或不便也，所以希望當局
> 急速英斷，廢止在本省內，不論報紙內日文及學校教科用之日文日
> 語，並通信日文使之絕滅，則將來國語國文，推進效力，當較現在
> 增進數倍，且不期然而然，而隔絕對日寇思想，並可以刪除奴化，
> 民眾幸甚、國家幸甚。

在期盼中，國民政府終於首先宣布自民國 35 年（1946）9 月 14 日起中等學校
禁止使用日本語。不久後宣佈將於 9 月 25 日起廢除報紙日文版，但後來延期
至 10 月 3 日由行政長官公署發佈公告：自 10 月 25 日起新聞報紙雜誌之日文
版一律撤除。鄭坤五毫不隱藏其歡迎欣喜之情，他在報端一再地表示出心情，
他說：

> 九月二十五日，是報紙上和文嗚呼哀哉的終焉日子了！明年的今
> 日，那崇拜和文的份子，大約會開一回的追悼會呢！常信政府這番
> 的英斷，足以催進國語國文的進步，同時也可以洗淨日本奴化的遺
> 臭，並提高省民的民族氣節。（〈真刀真槍〉）

> 從前新聞紙上，因為有日文，以致一般迷惘的同胞，把研究國文國
> 語的熱心，漸漸冷卻。幸喜當局英斷，宣言十月二十五日以後，不
> 准各報紙再發刊日文了。希望我們同胞，肯再對國文用功一點點，
> 請大家自強吧！（〈真刀真槍〉）

兩個多月之後的民國 36 年（1947）1 月 17 日，鄭氏並且在報端肯定廢除日文
版對推進國語文的正面影響，他寫道：

> 本報對於推進國語、國文的主張，曾在去年八、九月間，大揮不爛
> 筆舌，呼籲急廢日文，因時代的要求。不期然而然地，得著政府的
> 英斷，果然嚴令各報紙，徹廢日文版了。從那日起各界對日文、日
> 語的使用，也大形減少了，各學校國語、國文的推行，也大收成效

了。（〈對省內教育獻曝〉）

但正因為對國語文的殷殷期盼，鄭氏對於推進的阻礙也不免感到憂心，例如在〈對學界的芻議〉中他說：

> 鑑諸過去，政府欲劌除奴化教育，因國語師資缺乏，不得已蒐羅各省，略解國語者補充暫用，為急於應付，未遑選擇人品，未免有些言行不相符者。

> 或因有外省初來，風俗習慣不同，以招誤解；或有偽造證件混入學界，被發覺革逐者，遂致生出學界不祥事件，和那學界外的貪污醜態輝映，往往從新報上可以看見的。

> 試引民眾間一例。以前民眾皆誠心練習國語，因教師係各地應募，口腔一人一樣，不能一致，使學習民眾生出疑惑，有阻勤勉的心情。

> 就是現在學校間，也非絕無的。

從一般社會到學府之內，國語文師資的良莠不齊，對臺灣人民學習國語文的熱情的確是有礙的。當時來臺的大陸各省人士，在短期內大量地進入政教體系指導臺灣人民，但以語言來說，各省的腔調卻似乎徒然增加臺灣人民學習國語文的困惑。若再加上政治、人事的不公不義諸事所導致的心理排斥感，使得推進國語文的發展，並沒有原來想像的順利。〔註105〕

（五）結論

從日治殖民時期跨入民主共和的國民政府時期，鄭坤五在傳統文人、小說家的身份之外，再度投身報業，擔任《光復新報》與《原子能報》的主筆。藉由公開發行的報紙公器，宣揚支持民主理念、針砭當局時政，並且引導社教輿論，善盡知識份子的言責，加入戰後初期建設新臺灣的潮流中。雖然《光復新報》與《原子能報》已經無法得見其全貌，但是鄭氏剪貼珍藏的《九曲堂時文集》，成為當時主持筆政時的最佳縮影。不僅使後人得以管窺兩份已佚報紙的部分樣貌，為南臺灣報業史留存一份記憶，也為我們瞭解鄭坤五在戰後

〔註105〕例如：鄭坤五在〈對學界的芻議〉中指出的：「如此回所頒出教科書，不但印刷不鮮明，而且內容薄弱」、「舊時偽政權漢奸，改名換姓，混入學界，致貽禍患」、「牽親引戚的惡習」等等。又民國35年10月1日《民報》社論指出：「可是光復未久，由外省班入許多貪污頹廢的惡作風，把諸君的熱情吹冷了。……於是乎，諸君憤慨之餘，國文不高興學了，國語也不高興說了。……」

初期的心智關懷與生平活動等，提供了最接近時代脈動的第一手資料。

在外在形式上，《九曲堂時文集》是鄭坤五對自己在擔任《光復新報》與《原子能報》主編期間的寫作，所進行的一次有意識地取捨剪輯，可說是自發性、階段性、主題性的一次文學成果總結。雖然它並未出版，但卻足以成為瞭解戰後初期鄭氏及其時代的最重要文獻之一。再者，時文集直接提供了後世瞭解《光復新報》與《原子能報》這兩份目前已佚報紙的部分原貌，有助於勾勒戰後初期高雄、屏東地區的報紙新聞事業發展的部分實況。就本文所知，可以得見有關於這兩份報紙、及鄭坤五在其間的相關作為的重要訊息包括有：

1.《光復新報》。創刊於民國 34 年 12 月 21 日。發行人曾國雄，編輯人鄭坤五，社長黃光軍，報名題字林偉儔，發行處位於屏東市榮町二丁目六番地，後改為屏東市成功路，再遷移至高雄市五福四路。該報初期以雙日刊形式發行，民國 37 年後將改為日刊。該報並未因發行人被捕、與二二八事件的影響而停刊。鄭坤五在該報創刊之時即膺任編輯主筆重任，擔任編輯人的時間至少約 13 個月，至民國 37 年 2 月時已改聘為顧問。鄭坤五在該報早期擔任相當吃重的角色。

2.《原子能報》。創刊於民國 35 年（1946）7 月 13 日。可能因為未經登記發行，違反了出版法，而遭到停刊的命運。發行時間總共大約一個月而已。

3. 鄭坤五肩挑兩家報社的主筆重任，社論、評議多出其手，投身民間辦報行列，以傳介新聞，導正視聽，針砭時政自勉，期許有助於戰後臺灣建設。是當時臺灣社會普遍的中國化熱潮中的另一個具體例證。鄭氏自日治時期以來一直積極於倡作傳統漢文學、鼓勵新思想，戰後初期他在報界的言論，其實是相承於一脈的作為。因此主持報紙筆政，可說是其個人民族意志與時代建國風潮的一個理想性的結合。

在內在議論上，《九曲堂時文集》彙錄了鄭坤五在《光復新報》與《原子能報》上約達百篇的作品，就其中討論的議題綜合觀察，大致可區分為二大類：其一為對時局時政的觀察與建言，其二為對精神意志的導正或宣揚。前者主要在對政治實務或社會事件提出具體的省思獻策，分析辯理，力求深入重點，研議方略，期能對症下藥；後者則以精神建設為主體思考。戰後初期鄭坤五在編報事業上，頗具積極論世的企圖心。其實這兩類的最終目的，同樣都是在於因應時局的變遷，以建立優等國家。從各篇論述中可以見出作者

如下的態度：

1. 鄭坤五積極呼應國民政府建設臺灣，期許穩定戰後社會，昂首世界舞臺。基於愛護的心理，他對政府作為多有關注，並且不諱言提出批判與建議，顯示出知識份子入世救國、責無旁貸的熱誠。但在政治敏感的環境下，作者下筆措辭，仍不免有所斟酌，或加添歌頌、體諒詞語加以緩和。

2. 對臺灣百姓高度期許成為一等國民。良民才能造強國，鄭坤五在要求政府部門施政謹慎的同時，更教育百姓的改正惡習，提升素質。從最基本的個人衛生，到愛國意識的培養，他又彷彿是社會的導師一般，或訓誡、或教誨。

如果說日治時期強權霸道當政，文人不得不隱晦心志、賦詩抒懷；那麼戰後初期回歸組國，徹行民主，則當是知識份子傾心報國的最佳時機。鄭坤五跨越了日治與民國兩個政權，是時代的最佳見證者，以報紙做為文人報國的言論場域，也十分合適於擅長筆論的鄭氏。儘管這兩份報紙都無法長久，但卻是鄭氏生命經驗中一段對國家、民族、鄉土充滿活力與熱情的具體實踐。

表 35　《九曲堂時文集》存目分類表

（一）對時局時政的觀察與建言				
1. 政治類				
序號	題目	時期、刊物	筆名	專欄名
1	論日本五十年來之統治	34.12.24	（無）	社論
2	利用日本兵是雙方的利益	34.12.27	（無）	社論
3	對國聯的希望	（缺）	（無）	（無）
4	如何建設新臺灣	35.01.07	（無）	社論
5	建設新臺灣須用積極的辦法	35.01.10	坤五	代論
6	軍民合作建設新臺灣	35.01.15	（無）	社論
7	對全國同胞號召願同心一志收復我東北主權	35.03.01	（無）	社論
8	煮豆燃箕的慘事不宜再演	35.03.07	（無）	社論
9	和平與戰爭	35.03.17	（無）	社論
10	我國的內憂外患將何以處理	35.03.20	（無）	社論
11	對省議完了後說幾點管見	35.05.26	（無）	社論
12	論我國的前途	35.06.05	（無）	代論

13	對本省的前途有一點隱憂	35.06.09	坤五	代論
14	要造成清廉的官公吏需須保障他地位與生活物質	35.08.24 原子能報二版	（無）	（無）
15	參政員發表後怎樣舊時的鬥士僅見二、三名	35.08.24	（無）	（無）
16	斬草固要除根國防亦要充實	（缺）	（無）	社論
17	武力侵略打倒後經濟侵略也要防備	（缺）	（無）	社論
18	請不識字的參議老爺們替六百萬同胞顧面子	（缺）	（無）	社論
19	我也來說說今番本省內要選出的參政員	（缺）	（無）	真刀真槍
20	參政員選後的觀感	（缺）	（無）	真刀真槍
21	停止公權人的辦法希望不宜廣泛	（缺）	（無）	（無）
22	加貼薪津是絕貪污的辦法	（缺）	（無）	社論
23	歡迎蔣主座蒞高	（缺）	坤五	社論
24	希望擴充警察為治臺原動機	（缺）	坤五	民聲
25	統治臺灣的管見	（缺）	友鶴	（無）
26	說團結	（缺）	虔老	專論

2. 民生類及其他

序號	題目	時期、刊物	筆名	專欄名
1	對魚價亦當節制方合道理	35.01.01	（無）	社論
2	可憐屋漏又兼連夜雨	35.01.11	（無）	社論
3	米荒救急辦法	（缺）	（無）	民聲
4	論難	35.02.17	（無）	社論
5	希望米糧配給制再現	35.02.20	（無）	社論
6	請活用舊時會社園地	35.03.04	（無）	社論
7	對本季米糧辦法還是政府勵行已定法規不可放鬆	35.06.01	坤五	代論
8	代替忍饑服務諸君呼號	35.06.11	（無）	代論
9	公娼禁止後私娼的增加是誰的責任	35.08.10	坤	（無）
10	希望火車站員自肅	35.12.20 光復新報	不平鳴生	短論

11	希望各地製糖工廠急速開始製糖以救失業工人	（缺）	（無）	社論
12	希望急速實行救濟失業者	35 年初	（無）	社論
13	公娼廢止的是非	（缺）	虔老	（無）
14	禁止公娼的實益在那裡	（無）	坤	（無）
15	反對花天酒地	（缺）	（無）	真刀真槍
16	奉勸同胞破除迷信謹守衛生防遏虎疫	（缺）	高一中　鄭坤五	（無）
17	安不忘危的管見	（缺）	坤	（無）
18	希望當局嚴禁刀鎗	（缺）	（無）	（無）
19	論奸商不除國不能發展	（缺）	（無）	（無）
20	希望嚴禁帶槍	（缺）	（無）	社論

（二）對精神意志的導正或宣揚

1. 提升一等國民素質

序號	題目	時期、刊物	筆名	專欄名
1	要認識光復的意義	35.01.21	（無）	社論
2	什麼叫做漢奸	35.01.24	（無）	社論
3	說說臺省人的氣節	35.03.10	（無）	社論
4	在國父忌辰中喚醒同胞維持廉恥	35.03.14	（無）	社論
5	呼籲國內同胞保持壹等國民的資格	35.04.01	（無）	社論
6	時間不嚴守的弊害（上）	35.04.08	坤五	代論
7	誰為為之誰實致之	35.04.18	坤五	代論
8	怎樣是國民的氣節	35.06.03	（無）	社論
9	請大家須認識本省人的天性	35.06.15	坤五	代論
10	呼籲保持我一等國地位	（缺）	（無）	社論
11	怎樣是民意	（缺）	（無）	社論
12	自殺是罪惡	第三十九期	（無）	代論
13	論法律是要大家遵守的	（缺）	坤五	代論
14	物必腐而後虫生	（缺）	坤五	真刀真槍
15	駁蘇軾代張方平諫用兵書	（缺）	鄭坤五、坤五	（無）

2. 培育與善用人才

序號	題目	時期、刊物	筆名	專欄名
1	喚醒國民注重科學	35.01.18	（無）	社論
2	希望學校速設公費生使貧家子弟沐一線恩光	35.02.02	（無）	社論
3	暴殄天賦是罪惡	35.02.23	（無）	社論
4	原子能的時代到了大家要覺醒	35.02.26	（無）	社論
5	論人才登用重在善用	35.03.23	（無）	社論
6	希望刪除奴化倭文以推進國文國語	35.05.29	（無）	代論
7	起用人才應有的認識	35.08.10 原子能報一版	虔老	（無）
8	希望高雄縣改復為鳳山縣以符光復意義	35.12.20 光復新報	坤五	社論
9	對省內教育獻曝	36.01.17 光復新報	坤	社論
10	對學界的芻議	（缺）	（無）	社論
11	希望注重慎終	（缺）	坤	社論
12	國文的前途	（缺）	（無）	社論
13	蘇聯也會製原子彈了我國怎樣啊	（缺）	坤	（無）
14	時期到了請大家恢復黃帝子孫的固有能力罷	（缺）	坤	（無）
15	論重形式不如重實質	（缺）	（無）	（無）
16	我也來實行真感覺	（缺）	坤五	（無）
17	姑妄言之	（缺）	其鈴	（無）

（三）其他

序號	題目	時期刊物	筆名	專欄名
1	（無題8篇）	（缺）	（無）、坤、虔	人民的世紀
2	（無題14篇）	（缺）	虔老、虔、坤五、坤、（無）	真刀真槍
3	畢業生送別歌（女校）	（缺）	鄭坤五作詞	（無）

二、專欄什文

　　雖然鄭坤五在新舊文學論戰期間，以捍衛舊文學，建立了鮮明的型象，但身處於新舊文學交替的時代，鄭坤五依然不能自免於時代的洪流之外，在實際的文學寫作中，嘗試新文學散文寫作的筆觸，也出現在其文學生命中。

　　文學形式上的變革，是新文學有別於古典文學的重要表徵之一。在詩與文的兩大範疇內，鄭坤五都有嘗試性的作品，可以證明鄭氏不僅絕非頑固的守舊派，而且還勇於走在時代的前方，嘗試新體的寫作。

　　不論在形式風格上，亦或是語言題材上，鄭坤五的文學反映著與時代和土地緊密結合的自覺意識，他敏銳地觀察著文學的功能與其所能肩負的社會角色，並且實踐著他所認知的文學價值。簡單的說，鄭坤五以多元的語文表現，體現了文學的現代意義。

　　日治初期，鄭坤五對張我軍提倡新文學的理念，不盡然完全反對，〈致張我軍一郎書〉〔註106〕中說：

> 所說八不做主義，切中時弊，余亦贊成之，……惟當今吾臺文學，
> 不啻病後衰翁元氣未足，倘不求其本，而揣其末，妄加以劇藥或施
> 過慶之運動，余知其無益而有損，何用急於革新也。

八不主義部分其實也適用於舊文學的革新，只是對張我軍的態度，深深不以為然，他曾作〈張我軍欲革命文壇，肆罵舊學者為孽種、為無恥之徒，余曾肆廣長舌〔註107〕登一文於報紙，促其反省，無奈意有未盡，又成一律〉：

> 革命文壇敢自居，胡陳糟粕檢無餘。蜀中吠日憐狂大，井底談天笑
> 坐魚。評象總緣雙眼眊，薰人卻為下元虛。大言侃侃無尊長，口過
> 從來少讀書。

詩歌中對張氏的狂傲給予不客氣的反駁。但白話文的趨勢已無可當，從具有深厚舊學根底的文人眼光來看，白話文學中字詞錯用的情形最令人感到可笑，語文程度的下滑，讓詩人憂心。在〈對白話文有幾條不可解的話〉〔註108〕中，鄭氏直指道：

> 現在白話文中多有不合字義的事。倘若屬方言。亦是可以。如「馬
> 馬虎虎」這句話字義完全不可解。但是大家已經將就通用。固不妨

〔註106〕見《臺南新報》第 8244 號，1925 年 1 月 29 日。
〔註107〕肆，發揚光大。華嚴經有廣長舌，為佛 32 相之一。
〔註108〕見鄭氏手稿本〈筆記第三號〉第 95 頁。

採納。唯不可而作「不要」。如屏東市標語寫「不要攀卡車走」則是以禁止之「不可」。而強改為自動之「不要」。意思太相反。有時用「不可」的字眼時，則曰「不可以」，加一字「以」字，真是畫蛇添足了。又「感性隔膜，愈積愈深」。

深字亦不妥。改作「厚」字豈不巧妙？若真果要用「愈積愈深」的話，就當將上句改作「感性缺陷」而謂「愈積愈深」豈不合理？又國語文選內〈箱子叢〉一文極寫端午節競渡的狀況，頗可以謂之善加描寫實景了。但是末段卻說是月光明亮，照得一片景色和鍍銀一般的話，那就失真了。端午節是農曆的五月五日，不是陽曆的五月五日，豈有充分的月光？虧得筆者寫得出，而文選家也選得入。

鄭氏的指摘其實是在嘲弄白話文學家們的不讀書，不用功。

一直到光復之後，鄭坤五對於白話文的擴張，仍然抱持著不甚贊同的態度。在他向當時總統蔣中正上書建言時，也提出〈不可偏重白話文〉〔註109〕一文，力倡鼓勵傳統詩教的重要，說道：

主唱白話文者，以為易於學習，而不知我國三十五省，名省有各省鄉談、鄉音，反不如舊時之文言文全國通用。且通國文者能解白話文，而通白話文者，未必能解國文，所以現在寫標語或門聯者笑話百出。

學生當極力設法善導，學校是造就人才之機關，既可以使學生成器，亦可以使學生墮落，在國家多事之秋，在此方面，尤宜全力注意。

要獎勵詩學。詩能引人入高尚之心境，是故古來大人物，能詩者少大奸大惡之人，小人物亦可以作自己消遣工具，並可杜絕賭盜之習。且詩比文之字數少，易於學習。今之臺灣文人，多由詩而能文者，十之七八，在淪陷五十年中，得以維持祖國文脈者賴此，倘聽之自滅，豈不可惜？

白話散文的寫作，是一股完全擋不住的巨大潮流。作為最接近口語的一種書寫形式，文學家與非文學家們的白話散文，大量地出現在不同形式上的報刊上。特別是日治時期的社會運動者們，運用口語的散文發表各種鼓吹思想的文章，充分展現新文學運動所倡「我手寫我口」的精神，白話散文在臺

〔註109〕見鄭氏手稿本〈雜記〉第36頁。

灣發展的初期，藉此得到了相得益彰的擴張方式。

　　提倡「臺灣話文」的鄭坤五，主張「屈文就話為主，屈話就文為賓」〔註110〕，是推動臺灣白話文學的最前鋒之一。身為知名的文人，鄭坤五有大量雜文的寫作，對於磨練散文文筆必然有絕對的助益。他的雜文長期發表於報刊，面對著普羅大眾，相信讀者的反應不僅為作者所關心，也影響了作者筆下的議題與文筆。

　　鄭氏白話文寫作風格的演變是漸進的。日治時期是鄭氏文言文、白話文左右開弓的時期，只是白話文難免存在著文言的殘跡。

　　試看鄭氏雜文最集中的《三六九小報》，其中的〈雞與烏臼的談片〉、〈極樂國新解〉〔註111〕、「話柄」專欄、〈註莊摘誤〉〔註112〕、「種花小語」專欄〔註113〕等可說是以文言文為主體的作品，僅在文章中的部分敷之以白話詞句。但是這些文言文並未使用艱澀的字詞，也大多使用短句。大多輕鬆的主題，加之以簡易的文筆，使得閱讀上並沒有太大的距離感。

　　大約同時期的「海口大學講座」、「顯微鏡下的宗教」〔註114〕諸文，雖說文章主題或與經典批判有關，然而各篇幾乎全以流暢的口語敘述，宛若聆聽演講般親切自然，加之以作者見解往往別出新解，異於傳統說教，時時令人莞爾。鄭坤五白話文寫作的順暢流利，早在昭和六、七年（1931～1932）時即已呈現在讀者面前。

　　日治後期引起注目的文學論戰（1941～1942），鄭坤五縱橫其間捍衛舊文學的筆仗文章，雖談不上具有文學的藝術性，但筆下卻是有意識地使用白話文的形式。他在〈回答嵐映君〉〔註115〕中直言：

〔註110〕見鄭氏手稿。又鄭坤五〈就鄉土文學來說幾句〉亦言：「只恨著自己無力量，可以推翻這屈話就文的死板物罷了。」、「要鼓吹真正的臺灣文，實在刻不容緩的。」見《南音》昭和 7 年（1932）1 月第 1 卷 2 期第 14 頁。

〔註111〕〈雞與烏臼的談片〉，昭和 5 年 11 月 3 日起 17、18 號「開心文苑」專欄。〈極樂國新解〉，昭和 5 年 12 月 16 日 30 號「開心文苑」專欄。

〔註112〕〈註莊摘誤〉，《三六九小報》昭和 5 年 11 月 23 日 23 號 2 版「太空論壇」專欄。

〔註113〕〈種花小語〉、（二）、（三），《三六九小報》昭和 8 年 5 月 6 日起 286、300、314 號。

〔註114〕「海口大學講座」，見《三六九小報》昭和 6 年 2 月 19 日起 48、50、51、52、53、70、79 號。
　　　　「顯微鏡下的宗教」，見《三六九小報》昭和 7 年 3 月 6 日起 160～167 號。

〔註115〕見《南方》158 期 18 頁，昭和 17 年 8 月 15 日。

> 怎樣汝所主張說，北京語白話文是新文學不是漢文學，有什麼區
> 別？我現在所寫之文字，是臺灣福建語白話文，究竟舊到什麼程
> 度？況兼文學新舊區別，是在內容，不在形式，怎樣只限定北京語
> 白話文是新文學，而輕視臺灣在來文是舊文學？

在這些「臺灣福建語白話文」作品中，多數是口語化的文句，不論是嬉笑怒罵，亦或是高談闊論，行文均十分流暢，儼然親睹作者口沫橫飛，侃侃而談。文章中也常見引經據典，之乎者也紛呈其間，尚且可以看到文言文的語法和語氣，可說是文白互用的形式。而文戰對手們的文章也多不例外。畢竟文戰雙方文壇作手，同樣都是從傳統文教系統中成長而來，在對陣叫罵的激亢中，自然地流洩出內蘊的語文形式，在一個中西文化相融、新舊文學對激的特殊時代，半文半白的書寫形式，其實正是符合時代特性的反映。雙方各自引古證今，旁徵博引，對新舊文學各表擁護，在筆下卻同樣是不脫傳統文氣。

臺灣光復之後，鄭坤五隨即成為《光復新報》與《原子能新報》的編輯主筆，大量的社論、短文披露於公眾之前，談論的議題更為廣泛，與時局的關係更加密切，文筆似乎也更加自然流利。在現今所見的《九曲堂時文集》中，可見其散文敘述的筆調更接近現代白話文，文言的語法和用字已經大幅度地減少，是比較成熟的白話散文了。

除了談論性的文字隨著時代演進逐步地趨向於白話文寫作之外，鄭坤五也有比較富有文學藝術性的白話文學作品，這一部份主要呈現在小說的寫作上。從日治早期昭和 6 年（1931）起發表於《三六九小報》上的《大陸英雌》，到日治晚期昭和 17 年（1942）起連載於《南方》半月刊的《鯤島逸史》等長篇小說，期間包括未詳是否公開發表的〈大樹庄勇士黃輕〉〔註116〕、〈火星界探險奇聞〉、〈瞎訟棍〉〔註117〕等短篇小說，鄭坤五的小說作品多數屬於古典白話小說的型態。在文言語法的簡約架構中，大量滲入口語句型與方言詞彙，鋪設出流暢的書寫語言。兼之以活潑的對話，鮮明的個性，以及高潮迭起的情節等動人的質素，鄭坤五的小說散發著一股動人的神采。

最著名者非《鯤島逸史》莫屬，就文筆而言，鄭坤五透過這部充滿鄉土文史地理情節的小說，具體地運用臺灣本土方言，有效拉近了讀者與土地的

〔註116〕文見林翠鳳主編《鄭坤五全集及其評論（第一集）》第1～2頁。鳳山：華泰，
　　　　2004年8月。
〔註117〕二文見鄭氏手稿本。

距離；在緊湊的節奏中，為讀者導覽臺灣勝境，以細緻的文筆描繪山南山北的秀麗；運用行如流水的順暢白話文筆，像老練的說書人一樣，張揚著一件又一件的傳說故事。秉持著一貫對「臺灣話文」的意識，鄭坤五在《鯤島逸史》中塑造了濃厚的臺灣氛圍，也為光復前古典白話小說界，劃下了完美的句點。〔註118〕

　　光復後發表的《活地獄》史話小說，雖然內容描述當代事件，文筆也趨向較口語化的白話文，但仍然存留著文言文的餘緒，一種過渡時期的現代白話小說寫作痕跡，明顯地存在於鄭坤五的小說作品中。

　　整體而言，鄭坤五在雜文部分的白話文寫作比較其小說，是運用得更為成熟，也更接近現代白話。但其小說所呈現的藝術美感，則大大吸引了讀者注意的目光。

〔註118〕《鯤島逸史》於昭和 19 年（1944）3 月由南方雜誌社公開出版。昭和 20 年（1945）臺灣光復。

第六章 結　論

　　本論文聚焦於鄭坤五，以其人其文作為探討對象。嘗試建立對其文學史料的搜羅整編作為基底，進一步研究其文學藝術表現的內涵。整體而言，是屬於兩階段式的研究結構，亦即以文學史料為下層結構，以文學藝術為上層結構。文學史料部分，概括為作家文獻與作品文獻二單元，分別集成第二章「生平歷程」，與第三章「文學文獻研究」；文學藝術部分，概括為詩歌文學與散文文學二單元，分別集成第四章「詩歌文學研究」，與第五章「散文文學研究」。再加上第一章「緒論」，說明研究動機、文獻回顧、研究方法等，以及第六章「結論」，全文共計六章。在本論文的寫作過程中所獲致的幾項心得，分述如下：

一、田野調查之必要

　　臺灣經歷幾番動盪，文獻史料流失嚴重；再加上政治因素，臺灣文學的寫作，與實際保存之間，存在著相當大的差距。所謂「禮失求諸野」，文獻亦然。藏於民間的豐富素材，是充實臺灣文學史料最重要的來源。

　　本論文寫作過程中，透過田野調查所獲得的主要成果，包括：

（一）鄭坤五手稿、證件資料的公開

　　鄭坤五手稿、證件資料的出現，是對鄭坤五研究的一大鼓舞。這些是第一手的文學史料素材，亦即第一層位的文學史料，這是最基礎，也最重要的資料。

　　手稿本則不僅是作家本人的著作，而且具體呈現了作家的原始親手筆

跡，在哲人其萎之後，使後世能藉此更加親近詩人的夙昔風采，進而體會其時代風情，是使後人與作者拉到最近距離的文獻材料。

（二）七幅鄭坤五畫軸的發掘

鄭坤五曾是日治時期臺灣南畫的重要代表之一，素負盛名。但長期以來，畫作散佚，至今已難以一睹。在筆者瞭解鄭坤五的過程中，透過同好協助，積極地探訪各地書畫收藏家、古董商、可能友人，竟終無所獲！但踏破鐵鞋無覓處，終於在鄭家幽藏的暗角起出塵封將棄的一批書畫，讓鄭氏四幅親筆畫軸赫然開卷於陽光之下！加上已端藏於嗣孫鄭文華、藏家劉進財與臺灣文學館等處的三幅立軸，合計七幅，筆者立即著手撰文發表，分享此一得來不易的文化財。筆者興奮於終於獲見，更歡喜鄭氏手筆的終得流傳。在尋索畫作的過程中，深刻感受到文化的保存需要群策群力。

（三）《光復新報》、《原子能報》部分原件的出土

《光復新報》、《原子能報》是臺灣光復初期，高屏地區最早發行的報紙之一，但時至今日，相關資料甚難得見。所幸鄭坤五的剪貼簿中，剪貼了許多當年他擔任主筆時的個人作品，同時也如實地保留了這兩份報紙的部分原貌，具體提供戰後初期高雄屏東地區的報紙新聞事業發展的部分實況，可以為散佚嚴重的臺灣報業史，提供部分的參考。

二、大量運用一手資料，建構作家作品的認知基底

本論文經過實際的田野走訪，取得許多一般未見，或新發掘的材料，本文在建構作家生平歷程與其文學作品知見時，即嘗試盡量以其一手資料，讓作家的親身文物，為作家的生命歷程發聲。吾人相信這應當是最有力的呈現。本文中所使用的田調結果，包括有親筆手稿、證件、相片、畫軸、卷箋、用物、作家生前簿本、藏書等，也包括訪談口述資料、墓碑銘刻、地理踏察等等。

由於這批資料，才讓吾人得以確實掌握鄭坤五的生平歷程，脫開襲用傳抄資料的窠臼，讓作家為自己的生命顯影。也因為這批資料的出現，才能得見早期發表、而今已散佚的大量作品，讓作品校勘找到最堅實的底本，解決鄭坤五作品僅相傳於江湖口耳之間的窘境。更由於這批資料，才讓鄭坤五許多未及發表的作品，特別是晚年之作，有公開討論的可能。

以詩為例，鄭坤五善於以詩記事，每有遊歷輒作詩，友朋往來亦作詩，

詩歌吟會多有作，獨處閒居亦有作，漢詩似乎成為鄭坤五記錄生活的最佳方式。這其中有著詩人生活經驗的點滴內容，也有著詩人內心悲喜的婉曲情懷。因此透過鄭氏《九曲堂詩集》詩歌文獻的出現，可以有助於多方面的進一步瞭解，包括了：詩人傳記資料的客觀提供、文人酬唱往來的紀錄、文學作品相關背景資料的可能留存、文學社團活動的時代側影等等。對於瞭解這一位前輩詩人的內在與外在，手稿本無疑地提供了直接貼近詩人的文獻材料，而這最是無可取代的重要價值。

三、鄭坤五文學以詩歌為主體表現

　　鄭坤五的文學表現體裁有多元化的特色，他曾寫過傳統詩、白話詩、新體詩、詞、辭賦、駢文、古文、章回小說、現代小說、小品雜文、社論等等，其中，傳統詩可以說是其總體文學表現的根基，也是創作的主體。他一生始終以詩人自居，詩齡長達一甲子以上，作品數量自言達五千餘首，目前獲見者約二千首。其中，擊缽課題詩佔有極大的比例。一方面顯示詩人熱衷此道，常勝吟壇；一方面也呼應了日治時期臺灣詩社蓬勃的時代性。

　　一般視擊缽為遊戲，對擊缽詩多有不取。然而不僅新舊文學論戰時他提示注意擊缽的積極意義，而且鄭坤五自行選輯公開刊登的《九曲堂詩草》專欄，也大多是擊缽之作。顯然鄭坤五認為擊缽課題亦有可取。在學術思考與實務創作雙方面，擊缽詩在鄭氏詩作中，都具有一定程度的份量。擊缽詩著重競賽取勝，在技巧的運用、意境的塑造上，都不同於閒詠詩。

　　與精湛畫藝相得益彰的是其題畫詩的大量寫作。以南畫家聞名的鄭坤五，畫風偏向淡雅，其題畫詩也表現出雅麗的特色。這表現在其山水畫上最為顯著。

　　然而題畫虎的詩作，卻呈現出另一種武勇壯志。這與鄭坤五自幼習武有關，但也透露出畫家心底在殖民時期的強大壓抑與期盼。

　　白話詩的呈現，卻是鄭坤五用心於臺灣話文的重要表徵。尤其〈臺灣國風〉的創舉，突破概念，強調出鮮明的土地意識與在地群眾風采，顯現鄭氏濃厚的臺灣鄉土自信，在高壓殖民時期成為最佳的示範。

四、鄭坤五散文小說兼具濃厚的時代性與在地性傾向

　　鄭坤五左手寫詩，右手寫文，其散文與小說數量甚為龐大。基本上，時代生活觀察提供了他最大的寫作素材。包括個人的點滴酸苦甜樂、世界局勢

的風雲遞變、社會家國的奇情互動等等，他以嬉笑怒罵的筆觸和各式形式，擬喻寫實的不同體裁，以文學之筆，為動盪歷史留下側影。《九曲堂時文集》是其具體代表。

究其底層的內在心理，是其對臺灣的在地關懷。臺灣雖位處遠海一隅，又時當被殖民的壓迫期間，但鄭坤五身為臺灣人的自信，在其編錄〈臺灣國風〉時彰顯無遺；在他力辯群雄的文戰中，時時展現，更在他連載《鯤島逸史》時，達到最高峰。

《活地獄》的披露，是鄭坤五為故鄉同胞一吐滿腹殖民冤屈的吶喊；〈火星界探險奇聞〉則以科學精神的崇尚，寄託了對美麗新世界的嚮往。即使光復之後，地方報紙的編輯自是為在地服務，《九曲堂時文集》集中呈現了文人積極於社會建設行列的熱忱。

所謂「知識份子是時代的良知」，鄭坤五站在臺灣歷史的轉變期，以隻筆為土地留影，是臺灣文學上值得珍視的重要寶藏。

參考書目

一、鄭坤五作品

各式手稿本

1.《駐鶴軒詩集》，收在《高雄文獻》第 8 期第 131～137 頁，1981 年 9 月。

2.《鯤島逸史》（上、下），羅景川補訂，高雄：高雄縣立文化中心，1996 年。

3.〈大樹庄勇士黃輕〉校註。

4.〈九曲堂詩選〉校註。

5.〈迎春／消夏小唱〉校註。

6.〈讀史管見〉校註。

7.〈蓬萊清籟〉校註。

8. 以上收在林翠鳳主編《鄭坤五全集及其評論》。鳳山：華泰，2004 年 8 月。

9.〈九曲堂詩草〉校註。

10.〈九曲堂詩集（一）〉校註。

11.〈坤五詩話〉校註。

12.〈活地獄〉校註。

13.〈火星界探險奇聞〉校註。

14.〈華胥國遊記〉校註。

15. 以上收在林翠鳳主編《鄭坤五研究【第一輯】》。臺北：文津，2004 年 11 月。

二、專書

（一）文獻史料

1. 史志文獻

1. 《彰化縣志》，清周璽編。

2. 《臺灣人物評》，林進發編。臺北：成文，1999 年 6 月。據昭和 4 年（1929）刊本影印。

3. 《臺灣總督府警察沿革志》第五章第 901 頁，臺灣總督府警務局，昭和 17 年（1940）3 月 29 日發行。臺北：南天，1995 年復刻版二刷。

4. 《臺灣文化誌》，伊能嘉矩原著，臺灣省文獻會譯編，1985 年 11 月出版。

5. 《臺灣慣習記事（中譯本）》，南投：臺灣省文獻會，1997 年 6 月再版。

6. 《日據下之臺政》，井出季和太原著，郭輝編譯。臺北：海峽學術，2003 年 11 月初版。（原名《臺灣治績志》，臺北：日日新報社，1937 年。）

7. 《日本帝國主義下的臺灣》，矢內原忠雄著、周憲文譯。臺北：海峽學術，1999 年。

8. 臺灣總督府公文類纂與專賣局數位化檔案資料庫，南投：臺灣文獻館。

9. 《臺灣一年來之宣傳》，行政長官公署宣傳委員會編。1946 年 11 月。

10. 《臺灣五十一年來統計提要》，臺灣省行政長官公署編，1947 年。

11. 《臺灣省通志稿》卷六《學藝志文學篇》，徐坤泉纂修。臺灣省文獻委員會，1952 年 12 月。

12. 《臺灣省通志稿・政事志司法篇》，戴炎輝、蔡章麟纂修，南投：臺灣省文獻會，1955 年。

13. 《日據下臺灣新文學明集 5・文獻資料選集》，李南衡主編。臺北：明潭，1979 年 3 月初版。

14. 《臺灣地理及歷史・官師志・文職表》，鄭喜夫編。南投：臺灣省文獻委員會，1980 年 8 月。

15. 《二二八事件文獻輯錄》，南投：臺灣省文獻委員會，1991 年。

16. 《臺灣語典》，連橫著。南投：臺灣省文獻會，1992 年。

17. 《臺灣省政府檔案史料彙編——臺灣省行政長官公署時期（二）》，薛月順編。臺北：國史館，1998 年 6 月初版。

18. 《鹿港鎮志——藝文篇》，戴瑞坤編，彰化：鹿港鎮公所，2000 年 6 月。

19. 《臺灣特高警察物語》，寺奧德三郎原著、財團法人日本文教基金會編譯。臺北：文英堂，2000 年 4 月。

2. 報紙雜誌

1. 《三六九小報》，臺北：成文影印。

2. 《臺灣日日新報》，臺北：五南影印。

3. 《臺灣民報》，東方文化書局影印。

4. 《臺灣新民報》，東方文化書局影印。

5. 《臺南新報》，微捲。

6. 《風月》、《風月報》、《南方》、《南方詩集》，臺北：南天，2001 年影印。

7. 《屏東女中校刊‧創刊號》，民國 37 年（1948）4 月出版。

三、詩文集刊

（一）詩刊

1. 《詩報》（半月刊），1930 年 10 月 30 日創刊。

2. 《臺灣文藝月刊》（出版資料從缺。約 1923 年後不久）。

3. 《瀛海吟草》（天集、地集、人集），1952 年創刊，洪寶昆編輯兼發行。

4. 《詩文之友》（月刊），1953 年 4 月創刊，社長王友芬。

5. 《中華詩苑》（月刊），1955 年 2 月 26 日創刊，發行人兼編輯張作梅。

6. 《鯤南詩苑》（月刊）1956 年 6 月創刊，社長曾今可。

7. 《中國詩文之友》（月刊），1973 年洪寶昆創刊，彰化縣詩學研究學會發行。

8. 《臺灣古典詩擊缽雙月刊》，1994 年 11 月 30 日吳錦順創刊，彰化縣詩學研究學會。

9. 《中華詩壇雙月刊》，2002 年 1 月 25 日創刊，中華民國傳統詩學會發行。

（二）詩文集

1. 《詩畸》，清・唐景崧編。（北區）臺灣史蹟源流會印行，1982 年端午。

2. 《新年言志》，鷹取田一郎編。1924 年 4 月 25 日發行。

3. 《東閣唱和集》，豬口安喜編，1927 年發行。

4. 《東寧擊鉢吟前集》，曾笑雲編。1934 年 3 月 30 日發行。

5. 《東寧擊鉢吟後集》，曾笑雲編。1935 年 6 月 9 日發行。

6. 《臺灣詩醇》，賴子清編。1935 年 6 月 9 日發行。

7. 《東寧鐘韻》，吳紉秋輯，1936 年發行。

8. 《瀛海詩集》，黃洪炎編。臺北：臺灣詩人名鑑刊行會發行，1940 年 12 月 30 日發行。

9. 《臺灣詩海》，賴子清編。1954 年 3 月，臺北。

10. 《詩鐘集粹六種》，張作梅編。臺北：中華詩苑，1957 年 10 月初版。

11. 〈臺灣科甲藝文集〉，賴子清編。《臺北文物》8 卷 1 期，1959 年 4 月。

12. 《臺灣擊鉢詩選》，周定山編。1964 年 2 月初版，彰化：詩文之友社。

13. 《中華詩典》，賴子清編。1965 年 7 月，臺北。

14. 《圓機活法古今詩粹》，賴子清編。1966 年 12 月，臺北。

15. 《臺灣擊鉢詩選第二集》，洪寶昆編。1969 年 6 月，彰化：詩文之友社。

16. 《臺灣擊鉢詩選第三集》，洪寶昆編。1973 年 5 月，彰化：詩文之友社。

17. 《臺海詩珠》，賴子清編。1982 年 5 月，臺北。

18. 《陶村詩稿》，陳肇興著。臺灣文獻叢刊第 144 種。南投：臺灣省文獻會，1994 年 5 月。

19. 《古今分韻詩選——三十韻詩典》，高明誠編。1998 年 2 月，臺北：五洲。

20. 《工程師詩人——吳錦順漢詩作品集》，吳錦順、施坤鑑合著。彰化：張邑文教基金會，2003 年初版。

21. 《王少濤集》，吳福助／楊永智主編，2004 年 12 月臺北：臺北縣文化局。

22. 《蕭永東先生遺稿》，手稿本。

23.《詩詞合鈔》中《悶紅小草增錄》（未刊稿），賴柏舟編。

四、專著

1. 照史〈鄉土文學先驅鄭坤五〉，收在氏著《高雄人物述評（第二輯）》。高雄：春暉，1985 年 8 月 30 日。

2. 李豐楙等《中國現代散文選析 1》，臺北：長安，1985 年 3 月初版。

3. 袁枚原著、張健精選《隨園詩話精選》。臺北：文史哲，1986 年 4 月文一版。

4. 陳必祥《古代散文文體概論》。臺北：文史哲，1987 年 10 月初版。

5. 廖雪蘭《臺灣詩史》，臺北：武陵，1989 年 8 月。

6. 張光直編《張我軍文集》，臺北：純文學，1989 年 9 月二版。

7. 莊永明《臺灣紀事》，臺北：時報文化，1989 年初版。

8. 陳鳴仲、陳興唐編《臺灣光復和光復後五年省情（上）》。南京：南京出版社，1989 年。

9. 胡樸安、胡道靜《教讎學》，臺北：商務，1990 年。

10. 吳岩編《科幻小說教學研究資料》，北京：北京師大教育管理學院，1991 年。

11. 連橫《雅堂文集》，臺灣銀行經濟研究室編「臺灣文獻叢刊」第 208 種，南投：臺灣省文獻委員會，1992 年 3 月。

12. 許俊雅《日據時期臺灣小說研究》。臺北：文史哲，1995 年 2 月初版。

13. 黃冬富《屏東縣美術發展史》，屏東：屏東縣立文化中心，1995 年 6 月。

14. 潘樹廣主編《中國文學史料學》，臺北：五南，1996 年 12 月初版一刷。

15. 王彥坤《古籍異文研究》。臺北：萬卷樓，1996 年 12 月初版。

16. 賴澤涵主編《臺灣光復初期歷史》，臺北：中央研究院中山人文社會科學研究所，1997 年 6 月二刷。

17. 龔顯宗主編《沈光文全集及其研究資料彙編》。臺南：臺南縣立文化中心，1998 年 12 月。

18. 吳福助《臺灣漢語傳統文學書目》，臺北：文津，1999 年 1 月一刷。（〈續

編〉、〈補編〉為未刊稿）

19. 林文龍《臺灣的書院與科舉》。臺北：常民文化，1999 年 9 月一版一刷。

20. 林翠鳳《陳肇興及其《陶村詩稿》之研究》，臺中：弘祥，1999 年 9 月。

21. 林翠鳳《鄭坤五及其文學研究》，臺北：文津，2005 年 1 月。

22. 羅景川《鄭坤五和鯤島逸史——臺灣鄉土文學先進鄭坤五先生及其代表作鯤島逸史》，高雄：山林，2000 年 3 月初版。

23. 施懿琳《從沈光文到賴和——臺灣古典文學的發展與特色》。高雄：春暉，2000 年 6 月初版一刷。

24. 葉石濤《臺灣文學史綱》，高雄：春暉，2000 年 10 月再版。

25. 謝松山《新舊文學轉捩點的鄭坤五先生》，高雄：春暉，2001 年。

26. 黃靜嘉《春帆樓下晚濤急——日本對臺灣殖民統治及其影響》。臺北：臺灣商務，2002 年 4 月初版一刷。

27. 杜澤遜《文獻學概要》，北京：中華出局，2002 年 4 月北京二刷。

28. 王曉波編《臺灣的殖民地傷痕新編》，臺北：海峽學術，2002 年 8 月初版。

29. 吳登神《臺灣漢語語法概論》，臺南：臺南縣鯤瀛詩社／臺南縣國學會，2003 年 6 月修訂再版。

30. 林翠鳳《黃金川集》，臺南：國立臺灣文學館，2012 年 12 月。

五、期刊論文

（一）學位論文

1. 黃美娥《清代臺灣竹塹地區傳統文學研究》，輔仁大學中文研究所博士論文，1999 年 7 月。

2. 張桂華《苦悶時代下的文學——一九三二年〔南音〕的文學訴求》，國立成功大學歷史學系碩士論文，1999 年。

3. 黃文車《黃石輝研究》，國立中正大學中國文學系碩士論文，2000 年。

4. 陳淑容《一九三〇年代鄉土文學・臺灣話文論爭及其餘波》，臺南師範學院鄉土文化研究所碩士論文，2000 年。

5. 張溪南《黃海岱及其布袋戲劇本研究》,國立中正大學中國文學系碩士論文,2001 年。

6. 陳瑞明《臺灣閩南語諺謠研究》,國立高雄師範大學國文教學碩士班碩士論文,2001 年。

7. 陳韻如《郭秋生文學歷程研究(1929~1937)》,東吳大學中國文學所碩士論文,2001 年。

8. 林健群《晚清科幻小說研究(1904~1911)》,國立中正大學中國文學研究所碩士論文,2001 年。

9. 李陸梅《鄭坤五《鯤島逸史》研究》,東海大學中文研究所碩士論文,2002 年。

10. 蕭玉貞《鄭坤五小說研究》,中興大學中文研究所碩士論文,2006 年。

11. 周美雲〈鄭坤五《九曲堂時文集》與二二八前夕的臺灣社會研究〉,東海大學中文研究所碩士論文,2007 年。

(二) 研討會論文

1. 呂興昌〈論鄭坤五的「臺灣國風」〉,清華大學中文系主辦「臺灣民間文學學術研討會」論文,1998 年 3 月 7~8 日。

2. 施懿琳〈民歌采集史上的一頁補白——蕭永東在《三六九小報》的民歌仿作及其價值〉,中興大學中文系主辦「第二屆雅俗文學研討會」論文,2000 年 3 月 10~11 日。

3. 林翠鳳〈詩人畫家鄭坤五及其虎詩虎圖初探〉,高雄師範大學國文系主辦「第 11 屆所友學術論文討論會」論文,2002 年 10 月 5 日。

(三) 論文集論文

1. 吳福助〈「文學詮釋學」理論體系的建構〉,收在東海大學主編《傳統文學的現代詮釋研討會論文集》,臺北:文史哲,1998 年 4 月初版。

2. 徐國章〈臺灣日治時期「警察政治」體制之建立〉,收在《臺灣文獻史料整理研究學術研討會論文集》,南投:臺灣省文獻委員會,2000 年 11 月。

3. 林慶勳〈論臺灣閩南語的訓讀字〉。高雄:中山大學中文系,第四屆臺灣語言及其教學國際學術研討會論文集。2002 年 4 月 27~28 日。

4. 林翠鳳〈臺灣傳統詩歌及詩社〉附錄「臺灣傳統詩社彙編」，收在《九十一年暑期臺灣史研習營講義彙編》，南投：國史館臺灣文獻館，2002 年 7 月。

5. 林翠鳳〈鄭坤五及其《九曲堂詩集》初探〉，收在東海大學中文系主編《日治時期臺灣傳統文學論文集》。臺北：文津，2003 年 2 月初版一刷。

6. 吳福助〈鄭坤五作品中的女子教育理念〉，東海大學中文系主辦／編輯《戰後初期臺灣文學與思潮國際學術研討會論文集》，2003 年 11 月 29 ～30 日。

7. 吳錦順〈論傳統詩的寫作理論與實務〉，收在《臺灣傳統漢詩發展與教學研討會論文集》。社團法人臺中市國語文研究學會主辦，2004 年 10 月 30 日。

8. 林翠鳳〈臺灣漢詩總集的編纂與利用〉，收在《臺灣傳統漢詩發展與教學研討會論文集》。社團法人臺中市國語文研究學會主辦，2004 年 10 月 30 日。

（四）期刊論文

1. 陳世慶〈臺灣詩鐘今昔〉，《臺灣文獻》7 卷 1、2 期合刊，1956 年 6 月。

2. 賴子清〈古今臺灣詩文社〉（一），《臺灣文獻》10 卷 3 期，1959 年 9 月。

3. 賴子清〈古今臺灣詩文社〉（二），《臺灣文獻》11 卷 3 期，1960 年 9 月。

4. 林燿德〈臺灣當代科幻文學‧下〉，《幼獅文藝》1993 年 8 月。

5. 何義麟〈戰後初期臺灣報紙之保存現況與史料價值〉，《臺灣史料研究》第 8 號。1996 年 8 月。

6. 何義麟〈戰後初期臺灣出版事業發展之傳承與移植（1945～1950）——雜誌目錄初編後之考察〉，《臺灣史料研究》第 10 號。1997 年 12 月。

7. 葉連鵬〈重讀日據時期臺灣新舊文學論戰〉，《臺灣文學學報》第 2 期，臺北：政治大學中文系，2001 年。

8. 林翠鳳〈黃金川之詩學養成及其《金川詩草》內容探討〉，《東海中文學報》第十三期，2001 年 7 月。

9. 林翠鳳〈黃金川《金川詩草‧續編》原稿本的發現〉，《東方人文學誌》一卷一期，2002 年 3 月。

10. 林翠鳳〈鄭坤五手稿文件的文獻考察〉,《臺灣文獻》53 卷 4 期,2002 年 12 月。

11. 林翠鳳〈田中蘭社百年史──一個區域文學史的史料建構實例〉,《東海中文學報》第 16 期,頁 345～407,2004 年 7 月。

12. 林翠鳳〈鄭坤五《九曲堂時文集》與臺灣戰後初期的時局時政〉,《東海大學文學院學報》第 45 卷,第 243～278 頁,2004 年 7 月。

13. 林翠鳳〈臺灣首篇科學小說──鄭坤五〈火星界探險奇聞〉評析〉,《中國文化月刊》286 期,2004 年 10 月。

14. 林翠鳳〈鄭坤五〈活地獄〉的史實關照〉,《中國文化月刊》289 期,2005 年 1 月。

15. 林翠鳳點校;吳福助覆校〈前二二八時期的臺灣歷史見證──鄭坤五《九曲堂時文集》點校(一～八)〉,《東海大學圖書館館訊》新 124～新 131 期,2012 年 1 月 15 日～8 月 15 日。

16. 林翠鳳〈發民間真聲,揚臺灣正音──鄭坤五〈臺灣國風〉探析〉,《彰化師大國文學誌》第 33 期,頁 1～22,2016 年 12 月。

17. 邱琳婷〈論彩墨的歷史自生〉,《藝術家》322 期,2002 年 3 月。

18. 胡巨川〈民初以來高雄市的詩社概況〉,《高市文獻》15 卷 1 期,2002 年 3 月。

19. 胡巨川〈詩社創立時間考據〉,《中華詩壇》第 3 期,2002 年 5 月 25 日。

20. 胡巨川〈鄭坤五與太瘦生〉,《南臺文化》季刊 2002 第四期,2002 年 12 月。

21. 胡巨川〈日據時期高雄行政首長名錄〉,收在《高市文獻》第 17 卷 1 期第 85～106 頁,2004 年 3 月。